李高波◎著

企业战略差异
对融资行为的影响研究

Research on the Impact of
Corporate Strategic Deviation on Financing Behavior

中国财经出版传媒集团

经济科学出版社
Economic Science Press

·北京·

图书在版编目（CIP）数据

企业战略差异对融资行为的影响研究/李高波著
. --北京：经济科学出版社，2024.1
ISBN 978-7-5218-5614-9

Ⅰ.①企… Ⅱ.①李… Ⅲ.①企业管理-战略管理-
影响-企业融资-研究-中国 Ⅳ.①F279.23

中国国家版本馆 CIP 数据核字（2024）第 043929 号

责任编辑：杜　鹏　武献杰　常家凤
责任校对：蒋子明
责任印制：邱　天

企业战略差异对融资行为的影响研究

QIYE ZHANLÜE CHAYI DUI RONGZI XINGWEI DE YINGXIANG YANJIU

李高波◎著

经济科学出版社出版、发行　新华书店经销
社址：北京市海淀区阜成路甲 28 号　邮编：100142
编辑部电话：010-88191441　发行部电话：010-88191522
网址：www.esp.com.cn
电子邮箱：esp_bj@163.com
天猫网店：经济科学出版社旗舰店
网址：http://jjkxcbs.tmall.com
固安华明印业有限公司印装
710×1000　16 开　18.5 印张　330 000 字
2024 年 1 月第 1 版　2024 年 1 月第 1 次印刷
ISBN 978-7-5218-5614-9　定价：128.00 元
（图书出现印装问题，本社负责调换。电话：010-88191545）
（版权所有　侵权必究　打击盗版　举报热线：010-88191661
QQ：2242791300　营销中心电话：010-88191537
电子邮箱：dbts@esp.com.cn）

前　言

　　中国经济进入新常态，经济发展呈现速度变化、结构优化、动力转换三大特点。适应新常态、把握新常态、引领新常态是当前和今后一段时期我国经济发展的大趋势。然而，经济进入新发展阶段后的突出特点在于供求之间的失衡，其矛盾的主要方面集中在供给侧。以习近平同志为核心的党中央适时提出"推进供给侧结构性改革"，其目的就是要促进更高水平的供需平衡，以真正实现中国经济由高速增长转向高质量发展，而"三去一降一补"依然是推进供给侧结构性改革的重要内容。为了推进去杠杆、降成本的重大任务，国家需要积极稳妥处理好企业债务，切实防范化解金融风险。在国家供给侧结构性改革的现实背景下，对企业融资行为的研究无疑具有重要现实意义。

　　战略不仅是企业一切活动的出发点，更是企业发展的灵魂和纲要。财政部颁发的《管理会计基本指引》确立了战略在管理会计应用中的重要地位。《企业内部控制应用指引》建议企业应当根据自身发展战略，科学确定投融资目标和规划，强调企业制定与实施发展战略需要关注发展战略过于激进，脱离企业实际能力或偏离主业，可能导致企业过度扩张，甚至经营失败的风险。因此，作为供给侧结构性改革微观主体的企业，其融资行为与战略密不可分，势必受企业战略的影响。然而，作为企业资源配置的行动指引，企业的既定战略以及其变化如何影响其融资行为？其影响机理怎样？两者的关系受到哪些因素的影响？这些问题在新的历史时期更加具有理论及现实意义。

　　基于上述背景，聚焦本书的研究切入点，并从融资行为的三个方面即融资结构、融资期限与融资成本，主要按照如下的三个层次考察企业战略差异的融资效应：首先，考察战略差异是否影响企业的融资行为，此为主检验；其次，考察上述影响具体是通过何种路径影响着企业的融资行为（作用机制检验）；最后，考察战略差异对于融资行为的影响在什么条件下成立（异质性检验）。

本书首先基于规范研究方法，结合财务弹性理论、权衡理论、信息不对称理论、代理理论和流动性风险理论等经典财务与金融理论，同时借鉴心理学领域的感知风险理论等，尝试构建战略差异影响企业融资行为（融资结构、融资期限和融资成本）的理论分析框架，从逻辑上阐明企业战略差异影响融资行为的作用机理及其作用条件；其次基于制度背景及其描述性分析，利用2000～2017年我国沪深两市A股非金融上市公司相关数据，运用多种实证检验方法，对本书的理论预期及其假设进行如下三个方面的验证，并得出相应的研究结论。

第一，研究战略差异与融资结构的关系，战略差异对融资结构影响的作用机制，以及金融发展环境和资产专用性对两者关系的异质性影响。研究发现，公司的战略定位差异显著影响其融资结构，随着战略差异程度的提高，公司降低了其债务融资水平，这意味着，更大的战略差异会加剧公司的经营风险，使其意识到财务灵活性的重要性，进而出于权衡融资成本与未来收益的考量而降低其债务融资水平；作用机制检验表明，战略差异通过提升企业的财务灵活性与推高债务融资成本促使战略差异减少了债务融资；异质性检验发现，战略差异对于企业融资结构的负向影响在金融发展水平相对更低的地区和资产专用性较强的企业中更为显著。

第二，研究战略差异与融资期限的关系，战略差异对融资期限结构影响的作用机制以及产权性质、审计质量对两者关系的异质性影响。研究发现，公司的战略差异显著影响其融资期限，战略差异程度越高，公司融资期限越长。这意味着，为了应对战略差异引起的流动性风险，企业倾向于举借长期债务，采用较长的融资期限结构；机制检验表明，战略差异会触发公司的流动性风险，战略差异程度高的企业更倾向于增加资产流动性，以应对战略差异带来的流动性风险。这表明资产流动性在其中发挥了重要的中介作用。异质性检验发现，战略差异对融资期限的正向影响在非国有企业和非四大审计的企业中更加显著。

第三，研究战略差异与融资成本的关系，战略差异对融资成本影响的作用机制，以及市场竞争地位、财务困境程度对两者关系的异质性影响。研究发现，对于偏离行业战略的企业，其战略差异显著影响融资成本，随着战略差异程度的提高，公司的融资成本也在增加，这意味着投资者和债权人能够识别战略差异及其引致的现金流波动风险和融资约束，并对此要求了更高的风险补偿溢价，进而提高了公司的融资成本；机制检验发现，战略差异程度更高的企业其现金流波动更高、融资约束更为明显，从而进一步推升了融资成本；异质性检验表明，战略差异对融资正向影响在处于低竞争地位和高财务困境的企业更加显著。

本书的差异化贡献或其创新性主要体现在以下三个方面。

首先，本书基于战略定位视角，为企业融资行为的研究开辟了新的方向。相对于已有研究侧重于从企业特征等微观层面、行业差异等中观层面以及制度背景与政策变迁等宏观层面等多维视角考察企业的融资行为，本书基于战略定位及其差异的视角，将上述因素整合内化到公司战略及其调整之中再考量其影响效应，从而为公司融资行为的研究提供了新的方向，是对已有文献的有益补充。

其次，本书基于公司战略的全局性高度，为其战略差异之经济后果的研究提供了新的理论及经验证据。结合财务弹性理论、权衡理论、信息不对称理论、代理理论、流动性风险理论等经典财务理论并受感知风险等心理学理论启发，本书从融资行为的三大维度综合考察公司战略差异的财务效应，从而在财务会计、公司财务、管理会计以及审计等视角的研究之外，站在公司战略的全局性高度，为其战略差异之经济后果的研究提供了新的理论解释及经验证据。

最后，本书基于影响机制视角，对战略差异对融资行为的影响研究进行了有益拓展。从融资结构、融资期限和融资成本即融资行为的三大维度考察，本书为战略差异影响公司融资行为的不同传导路径（即财务灵活性和债务融资成本、资产流动性、融资约束及现金流波动等）提供了理论及经验证据，这是对战略差异与融资行为交叉研究的有益拓展。

李高波

2023 年 10 月

目　录

第1章 引言

1.1 研究背景与研究问题

1.1.1 研究背景

中国经济进入新常态，从经济速度的追求转向对经济质量的追求；经济结构不断优化升级，经济发展由单纯追求规模和速度的粗放型增长转向更加注重质量和效率的集约型增长；经济增长逐渐由要素和投资拉动转向创新驱动。速度变化、结构优化、动力转换是当前我国经济发展的三大特点。在新常态下，为推动我国经济的转型升级，国家适时提出供给侧结构性改革，此举重在改善供给环境、激发供给潜力、提升供给效率和质量。然而，在改革的初级阶段，依然面临固有发展模式的巨大惯性。为推动我国经济的高质量发展，国家及时推出"三去一降一补"五项重要任务。已有研究发现，国家制度或政策会影响企业财务行为（孙铮等，2005），而国家"三去一降一补"五项重要任务可能直接让企业承担了去杠杆、降成本的重大任务，同时还要求积极、稳妥地处理好企业债务，切实防范化解金融风险。因此，在国家供给侧结构性改革的现实背景下，对企业融资行为（融资结构、融资期限和融资成本）的研究无疑具有重要现实意义。

战略是为确立企业的根本长期目标并为实现目标而采取必需的行动和资源配置（Chandler，1962），战略不仅是企业一切活动的出发点，更是企业发展的灵魂和纲要。财政部推出的《管理会计基本指引》确立了战略在管理会计应用中的重要地位；明确了管理会计应当以战略为导向，科学确定投融资目标和规划，不断为单位创造价值，促进可持续发展。因此，作为供给侧结构性改革的微观主体的企业，其融资行为与战略密不可分，势必受企业战略的影响，而融资行为和战略之间的关系也一直是学术界和实务界关注的焦点。已有研究发现融资结构受如下战略定位的影响：多元化战略（Barton and Gordon，1988；Eduardo José Menéndez Alonso，2000；Singh et al.，2003；Singh and Nejadmalayeri，2004；La Rocca et al.，2009；顾乃康和宁宇，2004；邵军和邵兵，2005；洪道麟等，2007；章细贞，2009；邓可斌和丁重，2010；梁亚松等，2016；Cappa et al.，2020）、国际化战略（Burgman，1996；Chen et al.，1997；Mansi and Reeb，2002；Mittoo and Zhang，2008；Gonenc and Haan，2014；Lin，2012；Thomas et al.，2018；Cappa et al.，2020）、竞争战略（Jordan et al.，1998；O'brien，2003；章细贞，2008；王任飞，2004；于晓红和卢相君，2012）、战略激进（袁克丽等，2020）和战略差异（盛明泉等，2018）。

债务期限受多元化战略（Singh and Nejadmalayeri，2004；Olibe et al.，2019）、战略激进（翟淑萍等，2019）、战略差异（李志刚和施先旺，2016）的影响。融资成本受多元化战略（Singh and Nejadmalayeri，2004；Deng et al.，2007；Hann et al.，2013；姜付秀和陆正飞，2006；杨照江和蔡正毅，2011；Franco et al.，2016）、国际化战略（Reeb et al.，2001；Mansi and Reeb，2002；Singh and Nejadmalayeri，2004）、竞争战略（Khedmati et al.，2019）、战略激进（李晓东和张晓婕，2018；楚有为，2020）、战略差异（王化成等，2017；杨兴全等，2018；Liu et al.，2019）的影响。

通过对已有文献的梳理，整体而言，国内外学者对战略与融资行为之间关系的研究成果较为丰富。然而，基于战略差异视角的研究却还未引起足够重视。如盛明泉等（2018）研究发现，战略差异影响资本结构的动态调整，但没有考察战略差异对静态资本结构（融资结构）的影响及作用路径；李志刚和施先旺（2016）仅关注战略差异对每一笔银行借款期限的影响，未研究对总体债务期限的影响，而且尚未关注其影响机理；王化成等（2017）考察了战略差异对权益融资成本的影响；杨兴全等（2018）和刘等（Liu et al.，2019）研究了战略差异对债务融资成本的影响，但未从整体上考察战略差异对总体融资成本的影响。为了突出与已有文献的差异，本书将对战略差异与融资行为的关系进行系统研究，聚焦于融资行为的三个方面：融资结构、融资期限和融资成本，主要关注三个层次的问题，即企业的融资行为是否受偏离行业常规战略差异的影响？其影响机理怎样？两者的关系还受到哪些条件的影响？对上述问题的回答，不仅有助于加深对战略差异导致的融资行为经济后果的理解，丰富战略与财务相关领域的研究文献，而且对于促进企业的生存与发展、完善资本市场信息披露制度、保护债权人和投资者利益都有着重要的理论意义和实践意义。

1.1.2　研究问题

基于前面的现实与理论背景，明确本书的核心研究问题：从战略定位的视角，探究战略差异对企业融资行为的影响。这一核心问题分为三个层次：第一，战略差异是否影响企业融资行为（主检验）；第二，如果影响，那战略差异是通过何种渠道影响企业融资行为（机制检验）；第三，考察战略差异对融资行为的影响在什么条件下成立（异质性检验）。具体地，本书的核心问题可以从以下三个子问题展开。

（1）战略差异是否影响融资结构？战略差异通过何种机制影响融资结构（资本结构）？两者的关系是否因不同金融发展环境和资产专用性程度而存在差异？融资结构（资本结构）决策是管理层选择的结果，而公司战略被视为管理层价值观和目标的体现，管理层偏好会影响公司相对持有的债务和股权，因此，战略会影响融资结构（Andrews，1980）。巴顿和高顿（Barton and Gordon，1988）最早将融资结构影响因素研究拓展到战略领域。盛明泉等（2018）研究发现战略差异影响资本结构动态调整，那么战略差异如何影响融资结构（资本结构）？战略差异大的公司具有较高的经营风险，通常流动性风险或信用风险较高，面临融资压力，为了满足未来再融资以及投资需求，公司需要保持更强的财务灵活性，是否会策略性地选择更低的杠杆率以维持其财务灵活性？再者，已有研究发现，战略差异抬高了债务成本，企业在权衡融资成本与收益时，是否会降低企业融资水平？换句话说，财务灵活性与债务成本是否是战略差异影响融资结构的作用机制？更进一步，战略差异与融资结构的关系在面对不同的金融发展环境及资产专用性水平是否存在差异？此为本书首先要研究的问题。

（2）战略差异是否影响融资期限？战略差异通过何种机制影响融资期限（债务期限）？两者的关系是否因不同产权性质和审计质量而存在差异？融资期限是债务融资契约中重要的决策内容。在某种程度上，企业选择债务融资是对投资不足和长期债务定价错误成本（Myers，1977；Flannery，1986；Datta et al.，2005）与流动性/再融资风险和短期债务监控效果（Diamond，1991；1993）进行的权衡。面对战略差异引起公司绩效的大起大落，经营风险的提高（Tang et al.，2012）以及信用风险的升高（廖冠民等，2010），管理层是否会为了降低流动性（再融资）风险，期望选择较长的债务期限？高经营风险致使企业可能因短期债务到期无法继续融资，导致长期投资项目的资金需求无法得到满足。因此，企业为了减轻战略差异的负面影响，是否有动机增加现金持有（李高波和朱丹，2016；杨兴全和张兆慧，2018），通过主动提升企业资产流动性，从而影响债务期限？换句话说，资产流动性是否是战略差异影响融资期限的传导机制？更进一步，不同产权性质及审计质量的企业具有不同的融资能力，可能面临不同程度的再融资风险，融资期限受战略差异影响是否存在异质性？此为本书研究的第二个问题。

（3）战略差异对融资成本的影响？战略差异通过何种机制影响融资成本？两者的关系是否因不同产品市场竞争地位和财务困境而存在差异？企业的发展离不开与外界的资源交换，采用行业常规战略的企业更容易得到社会认可，获得发展所需的资源，而偏离行业常规的战略，难以得到本领域内专家的认可，影响了企业与外界的资源交换，降低了经营效率，使企业面临较高的经营风险和现金流波动（Dong et al.，2020）。此外，战略差异加剧了信息不对称程度（Carpenter，2000），处于信息劣势的外部债权人或投资者需要获得更高的资金回报，即企业外部融资成本较高；相反，企业的内部信息不对称程度较小，内部融资成本较低，因而，企业面临较高的融资约束。面对战略差异加剧的现金流波动和融资约束，债权人或投资者是否要求更高的风险补偿？是否进一步推升了企业融资成本？现金流波动与融资约束是否是战略差异影响融资成本的传导机制？更进一步，处于不同的产品市场竞争地位意味着不同程度的现金流波动，处于不同财务困境的公司面临的融资约束程度不同，战略差异对融资成本的影响是否存在差异？此为本书研究的第三个问题。

本书将重点围绕上述问题，梳理现有研究文献的成果和不足，在总结财务学、心理学领域相关理论的基础上，推演本书核心问题及其子问题的影响机理和作用条件，并通过实证方法检验本书所提出的研究假设，并总结研究结论，以期为政策制定者理解战略定位如何影响微观经济实体的财务决策提供参考。

1.2 核心概念界定与分析

为了对本书的选题展开研究，有必要对与本书研究主题相关的战略、战略差异与融资行为三个核心概念进行界定，图1-1是核心概念的逻辑框架。本书首先回顾战略有关的概念，其次在梳理战略定位分类的基础上引出战略差异①，最后对融资行为及包含的三个维度进行界定。

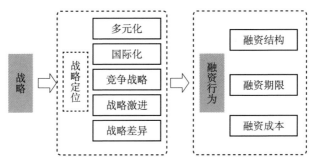

图 1-1　核心概念逻辑框架

1.2.1　企业战略

从 20 世纪中后期开始，伴随着管理实践的不断深化，企业战略理论得到蓬勃发展并取得了丰硕的研究成果，但遗憾的是，业界至今尚未对企业战略的定义达成共识。

彼得·德鲁克在《管理实践》（*the Practice of Management*）一书中，对战略进行了界定（Peter Drucker，1954）。在 20 世纪 60 年代初，战略的概念产生于对管理者（特别是总经理）需要帮助的呼应，需要以有序的方式解决他们每天所面对的事件和决策的混乱，并评估公司在其环境中的地位（Porter，1983）。从 1960 年到 1970 年的十年间，这些因素导致了围绕战略的理论建构过程发端于商业领域。

继德鲁克（1954）对战略概念进行界定后，将战略作为一个管理术语提出的先驱者是钱德勒（Chandler，1962）、安索夫（Ansoff，1965）和任德等（Learned et al.，1969），他们的著作奠定了战略管理领域的理论基础。

被称为战略管理领域的奠基者之一的钱德勒（Chandler）在《战略与结构》（*Strategy and Structure*）一书中，将战略比作是长期目标及行动方针，将战略决策与业务决策加以区分。具体来说，战略决策是基本目标、经营目标和方针、资源配置与调整，而业务决策是保障资源的合理使用以及日常的经营管理（Chandler，1962）。

被誉为战略管理鼻祖的伊戈尔·安索夫（H. Igor Ansoff），在其《公司

---

① 战略差异是战略定位的一种情形。

战略》（*Corporate Strategy*）首次出版时就宣称，战略管理的目的是发展一系列能使经理人用来经营公司的有价值的理论和程序，据此作出战略决策（Ansoff，1965）。

管理学大师肯尼思·安德鲁斯（Kenneth R. Andrews）将企业战略定义为"企业管理层为确定企业范围和支持企业的主要政策而作出的一系列决策"。他的意思是所采取的决策和政策必须根据和指导公司的目标或目的。企业战略定义了企业所从事的基本活动的范围，从而决定了企业将参与竞争的业务，以及企业将如何开展竞争。因此，企业的活动应该反映其在将来某些资源转化为活动中的能力和优势（Andrews，1971）。

美国著名的企业管理咨询专家亨德森（Henderson）基于不同角度阐述了战略的概念。从静态意义上来说，战略被认为是关于实力和弱点的问题；从军事意义上来说，战略被认为是集中实力反击竞争者弱点的问题。而更为有效的概念是将企业战略看作是平衡的竞争系统，这意味着企业建立竞争平衡和在一个更为有利的基础上重新建立竞争平衡的手段。因而，战略是一个涉及次序、择时和竞争反应的动态概念（Henderson，1979）。

来自美国的著名教授迈克尔·波特（Michael E. Porter）受产业组织理论的启发，对战略进行分析时认为，企业战略可以被看作是为了给企业带来价值，对一系列经济活动进行的提前谋划。因能够将公司与其环境建立起联系，战略被描述为"企业所采取的进攻性或防守性行动，在产业中能够进退有据，成功地应对五种竞争的作用力，从而为公司赢得超常收益"（Porter，1980）。

美国战略管理学家乔治·斯坦纳（George A. Steiner）认为，战略就是对组织的基本使命、目的或目标的研究与确定（Steiner，1982）。美国管理学家詹姆斯·希根斯（James Higgins）认为，战略是设法协调组织与环境的关系，并同时完成企业使命的过程（James Higgins，1983）。

加拿大学者亨利·明茨伯格（Henry Mintzberg）在借鉴市场营销学四要素（4P）的基础上，从计划（plan）、计谋（ploy）、模式（pattern）、定位（position）和观念（perspective）五方面进行阐述，提出企业战略的"5P"理论（Mintzberg，1987）。值得注意的是，明茨伯格将战略看成是一种定位，是确定一个组织在市场中的位置，并据此进行有效的资源配置，以形成可持续竞争优势。因此，韦伯斯特（Webster）认为，对一个整体的组织来说，战略是首要的、普遍性的、持久重要的计划或行动方向。

综上所述，随着不同学者对战略概念讨论的深入，产生了对战略不同的界定。有学者将战略看成是资源的合理分配（Chandler，1962）；也有学者将战略看成是长期目标的选择和实现这些目标的计划或计划的选择，以此作为战略概念的基本要素（Learned et al.，1969；Andrews，1971；Ackoff，1974）；还有学者强调战略是达到特定目标所需的行动和计划（Webster，1992；Steiner，1982；Mintzberg，1987）。事实上，战略作为一种将企业与环境联系起来的方法，是一个重要的要素（James Higgins，1983）。然而，在众多定义中还存在其他一些概念，将竞争优势和公司绩效作为战略的基本要素（Porter，1996），无论怎样界定，战略都是企业为了实现目标而作出决策的过程（Andrews，1971）。

进入 21 世纪后，兰德普博和盖瑞斯马丁（Ronda-pupo and Guerras-martin，2012）通过对 1962～2008 年文献中的 91 个战略定义进行定量分析，指出虽然"公司""环境""行动"和"资源"等术语构成了战略定义的核心，但随着时间的推移，其重点已从实现公司目标转移到提高绩效。因此，战略指企业与其环境的动态关系下，为实现目标和或通过合理使用资源来提高绩效而采取的必要措施。我国财政部在 2017 年发布的《管理会计应用指引第100 号——战略管理》明确指出，战略是指企业从全局考虑作出的长远性谋划。战略管理则是指对企业全局的、长远的发展方向、目标、任务和政策，以及资源配置作出决策和管理的过程。

本书借鉴钱德勒的观点，将战略定义为确立企业的根本长期目标并为实现目标而采取必需的行动序列和资源配置。在整个定义中，企业的根本长期目标，是能在产业中占据一定位置，获得竞争优势，而竞争优势的获得，离不开企业长远谋划的行动指引以及有效的资源配置（Chandler，1962）。

1.2.2 战略差异

战略差异只是战略定位的一种情形，本部分在综述战略定位的基础上，引出战略差异，并进而对其进行概念界定。

"定位"一词最初源自产品领域，可以指商品、服务、公司、机构，甚至是个人。但值得注意的是，定位是针对潜在客户想法所做的。此后，定位被广泛应用于市场营销中（Webster，1991）。在消费者市场上，定位被视为设计公司的产品或形象，使其在目标市场中占据独特的位置（Kotler，2000），而营销人员则认为这是公司向客户提供价值的独特方式（Webster，1991；Kalafatis et al.，2000）。

在战略领域,"战略定位"(strategic positioning)的概念由杰克特拉特和艾瑞斯(Jack Trout and Al-Ries)在其开创性的著作《定位:心灵之战》(*The battle for your mind*)中提出。简单地说,一个组织的战略定位是其相对于同行的感知位置(Ries and Trout,1982)。迈克尔·波特认为,战略定位是企业竞争战略的核心内容(Porter,1980),而形成竞争战略的实质就是要在企业与其环境之间建立关联(李庆华,2004)。因此,对于战略的科学定位包括目标市场和差异优势的陈述,即公司在何处以及如何开展竞争(Hooley and Saunders,1993),因此,战略定位的整个概念是建立在比竞争对手更好地服务于所选择市场的基础上。要做到这一点,公司必须首先集中精力找出竞争对手的弱点,通过发挥自己的优势找准并确立自己在市场中的位置,进而形成可持续发展的竞争优势。

国内对战略定位进行系统研究的是中国人民大学商学院王化成教授,王化成教授在2018年首次提出企业战略定位与公司财务行为的分析框架时认为,对战略定位进行分析,需要结合战略定位的动因(王化成等,2018),而对战略定位的分类通常依据业务特征、地域分布、激进程度、竞争类型与差异程度①。

第一,按照业务特征,企业战略可以分为多元化与专业化两种不同的战略定位。定位于多元化意味着企业在不同行业领域中发展,生产制造不同行业的产品(Berry,1971;王福胜和宋海旭,2012)。从经济意义上来说,专业化是指个人和组织专注于有限范围的生产任务,往往有较好的业绩表现。专业化使公司能够因其对所属领域的深耕细作而脱颖而出,从而为获取强大的竞争优势奠定基础,这也是一种与学习过程相关的经验和核心技术交流而更容易获益的一种方式。这一战略是基于现有知识和核心能力、技术的商业潜力,以便与市场共同发展。相比而言,从金融投资组合的角度来看,多元化允许风险共担。总的来说,这种战略允许企业利用市场提供的新机会,从而拓宽企业的视野,防止市场锁定。

第二,按照地域分布,企业战略可以分为国际化与本土化两种不同的战略定位。波特(Porter,1980)、巴特利特和霍沙尔(Bartlett and Ghoshal,1989)认为,企业为应对全球化竞争,国际化战略是理想的选择。国际化战略(internationalization strategy)是指企业产品与服务在本土之外市场发展的

---

① 王化成等(2018)提出战略定位的四分类,在此基础上本书增加按照竞争类型分类的第五种战略定位。

战略。随着企业实力的不断增强以及国内市场的日渐饱和，有远见的企业家开始将目光转向全球海外市场。企业的国际化战略是跨国公司为了把公司的成长纳入全球轨道，不断增强企业的竞争实力和环境适应性而制定的一系列发展规划的总称。而本土化战略（localization strategy），是为了快速适应所在国的政治、经济和文化活动，海外子公司在人员、资金、产品零部件来源、技术开发等方面实施本土化战略，使之成为真正的本土企业。

第三，按照激进程度，企业战略可以分为进攻型、分析型和防御型三种不同类型的战略定位。这一划分方式由迈尔斯和斯诺（1978）根据产品和市场变化、风险和不确定性容忍度和投资范围偏好方面存在差异而提出。进攻型战略注重市场创新，作为专注于开发和创新的结果，产品往往是独一无二的，没有可行的替代品，能迅速改变公司的产品市场组合，成为众多领域的创新型市场领导者，此战略是执行寻找和开发新产品或市场机会的经营战略。因此，企业在研究和开发方面投入了大量资金，并且非常注重营销工作，甚至在详细的计划完成之前，进攻型战略要求企业就经常参与新的机会，能很好地适应不确定性。此外，这类公司有许多业务单元，需要分散控制和加强业务单元之间的协作（Miles and Snow，2003；Bentley et al.，2013；Higgins et al.，2015）。防御型战略注重效率和稳定性，它是强调商品和服务的生产和分销成本最小化的经营战略。防御型战略专注于狭隘而稳定的产品，以便在价格、服务或质量的基础上进行竞争；有严格的资本支出，尽量减少与营销有关的活动，并倾向于利用现有资产；需要对未来结果的确定性，并且通常在进行新的机会联系之前进行详细的规划；具有高度的机械化和程序化，并且倾向于投资单一的核心成本—效益的技术。分析型战略则是处于进攻型与防御型战略的中间类型，既有进攻型战略又有防御型战略的属性（Miles and Snow，1978；2003）。

第四，按照竞争类型，企业战略可以分为低成本、差异化与聚焦战略三种不同类型的战略定位。自 20 世纪 80 年代初以来，迈克尔·波特的竞争战略一直被业界广泛讨论和应用，通过它来解释某一行业中企业相对竞争对手的行为或定位，已经成为管理理论的重要组成部分。战略已经成为任何有效商业计划不可或缺的重要元素，通过使用有效的竞争战略，公司找到了自己的行业竞争地位，为组织不断创造竞争优势（Herbert and Deresky，1987）。波特认为，战略允许组织从低成本、差异化、聚焦三个维度获得竞争优势（Porter，1980）。低成本战略是组织试图通过降低成本来获得竞争优势的战略；追求低成本战略不应被视为提供劣质产品/服务，而应被视为与竞争对手具有相同的比较质量和适当价格的产品/服务；差异化是指开发一种独特的产品或服务，因此，差异化战略是一个组织试图通过其产品或服务的质量来区别于竞争对手的战略；聚焦战略是一个组织专注于特定区域或细分市场、产品线或买方群体的战略（Porter，1985），能够基于低成本或差异化等相关领域的知识和经验，与对手展开竞争从而创造竞争优势。

第五，按照差异程度，企业战略可以分为高战略差异与低战略差异两种不同的战略定位。低战略差异的企业具有高战略相似度，高战略差异的企业具有低战略相似度。这种战略差异表现为基于资源配置视角的，企业资源投入与同行资源投入均值水平之间的差异程度。高战略差异度意味着企业定位于采取与同行战略偏离程度较大的战略，低战略差异度表明企业定位于采取与同行类似的战略选择（Deephouse，1999）。一般情况下，低战略差异的公司通常是那些为了成就卓越绩效，与同行保持战略相似性，减少战略差异，也称为战略遵从定位。基于战略依赖理论和新制度理论，低战略差异的公司之所以获得卓越绩效，是因为与同行战略差异较小，避免了资源获取方面的合法性挑战（Deephouse，1999）。

企业战略的相似度不同受企业所处的内外部环境因素的影响。在行业中战略差异度小，即战略相似度高的企业，经历了制度化的战略同构过程。在许多领域，组织都采用类似的战略，注意到这一现象的研究人员将其称为战略同构（Deephouse，1999）。同构研究最初分析了组织结构和惯例，但随着时间的推移，制度理论从业者将组织理论纳入本领域（DiMaggio and Powell，1991；Scott，2014）。大量实证研究表明，制度力量影响某些战略的采用（Dhalla and Oliver，2013）。现有研究探讨了战略同构与组织合法性之间的联系（Deephouse，1996）。根据其定义，当资源以相似的方式分配时，当他们提供的产品以相似的比例分布时，同构就存在。类似地，当一个组织的战略与该领域的其他组织的战略相似时，就存在战略同构。该领域的组织从遵循类似的战略中受益，因为这有助于它们变得更加合法。如果他们按照这些战略规则行事，他们的行为将被视为更容易被接受，社会行动者会认为他们是合法的（Meyer and Rowan，1977）。

然而，需要关注的是，同一行业内的企业通常会面临相似的市场环境和监管政策，进而形成一种满足企业基本生存条件的常规战略模式。一个遵循其他公司战略的公司有许多类似的竞争对手，这些竞争对手限制了公司的业绩并增加了失败率（Baum and Singh，1994）。而且，公司利用相似的能力瞄准相似的市场资源，这种情况接近完美的经济竞争，经济租金等于零。那么，为了获取超额利润，具有独特资源和能力的企业则会另辟蹊径（Chen and Miller，1994），采用脱离行业常规的战略。

综上所述，本书借鉴钱德勒（1962）的研究，基于战略的资源配置视角，将企业资源配置偏离行业常规模式的程度定义为战略差异（Carpenter，2000；Tang et al.，2011）。战略差异从能反映资源分配模式的公司战略的六个维度①与行业平均水平的差异②来进行刻画的。战略差异是资源配置偏离行业常规的一种表现形式，不同于同一企业在不同年份的战略变化。

1.2.3　融资行为

融资行为是指从企业自身生产经营及资金运用情况出发，根据公司战略与发展需要，经过科学预测，通过一定的渠道，利用内部资金积累或向企业的外部利益相关者筹集资金的经济行为。借鉴张学伟和徐丙岩（2020）对融资行为的分类，本书从融资结构、融资期限和融资成本三个维度刻画企业融资行为。

融资结构：指企业在融资过程中，从融资来源角度，对负债融资和权益融资的选择，融资结构即负债融资与权益融资的比重，负债在总资产中所占的比例与所有者权益在总资产中所占的比例相加正好为1，因此，本书用负债占总资产的比重，即资本结构（财务杠杆）来衡量企业融资结构③。在资本结构中通常保持一定比例负债，一方面可以为企业带来税盾收益，另一方面可以发挥债权人的公司治理作用，约束管理层机会主义行为，激励经营者积极工作性等正面效应。但对于公司管理层来说，负债经营也是具有挑战性的，因为负债比例过高，可能导致财务困境，使企业存在破产风险。

融资期限：融资期限即债务期限，也称为债务的到期年限，又称为债务期限结构。现有的文献一般用长期债务所占的比重来衡量债务期限结构④。不同期限债务的优势和劣势存在差别，从债务成本和风险的角度来看，短期债务成本低，但会面临频繁的再融资风险，而长期债务虽然再融资风险较小，但是要支付更高的成本；从代理成本的角度来看，短期债务通过频繁地

---

① 这六个维度分别代表企业市场营销行为的广告投入、代表企业创新行为的研发投入、代表企业生产扩张行为的资本密集度、固定资产更新程度、代表企业费用构成的管理费用投入和代表企业资本管理模式的企业财务杠杆（Mintzberg，1978；Mintzberg et al.，1998）。
② 关于战略差异的指标构建详见第3章。
③ 融资结构在本书中指的是资本结构、财务杠杆或资产负债率。
④ 融资期限在本书中指的是债务期限或债务期限结构。

再融资和再谈判能够对公司的管理者或者控股股东进行监督约束，而长期债务的监督作用则比较弱。最终债务期限的选择成为管理层、股东与债权人最终博弈的结果。

融资成本：在财务管理理论中，它是一个内涵十分丰富的概念。莫迪利亚尼和米勒（1958）认为，资本成本是投资者在进行投资时所要求的必要报酬率。本书所研究的融资成本①，即加权平均资本成本（Wacc），是由债务成本和股权成本的加权计算而成。相较于单独反映债务的融资成本和权益的融资成本，加权资本成本能从总体上反映企业的融资成本，即企业债权人和股东所要索取的总资本回报率。平均资本成本不仅可以衡量资本结构的合理性，而且还可以评价投资项目的可行性，并且还是评价企业整体绩效的重要依据。

1.3 研究方法与章节安排

1.3.1 研究方法

本书主要采用归纳分析法、规范研究法与实证研究法等相结合的方法对本书所要研究的核心问题进行探究。

首先，基于归纳分析法，通过学习国务院《降低实体经济企业成本工作方案》《企业内部控制应用指引第 2 号——发展战略》《企业内部控制应用指引第 6 号——资金活动》《管理会计基本指引》《管理会计应用指引第 100 号——战略管理》《深圳证券交易所上市公司投资者关系管理指引》《商业银行授信工作尽职指引》等指导文件，探寻本书所要研究的战略视角的切入点以及从实践上来分析战略对融资行为影响的可行性，从而提升本书所研究课题的重要性与实践意义。在对战略定位分类进行总结的基础上，从战略定位视角收集国内外有关战略对融资行为影响研究的相关文献，同时关注本领域研究最新进展，通过对已有文献进行梳理，归纳总结战略对融资行为影响的领域，提炼出现有研究中可能的拓展之处，并依此确定本书研究问题及研究思路。

其次，采用规范理论研究与实证研究相结合的方法，深入探讨战略差异

---

① 已有文献研究了战略差异对权益成本的影响（王化成等，2017）、战略差异对债务融资成本的影响（杨兴全等，2018；Liu et al.，2019），本书将从总融资成本的视角，从整体上考察战略差异对融资成本的影响（详见图 1 - 2），以体现与已有研究融资成本文献的差异。

对融资行为影响的理论分析逻辑，并用实证方法进行验证。在理论分析部分，运用财务领域的财务弹性理论、权衡理论、流动性风险理论、信息不对称理论及代理理论与心理学领域的感知风险理论，分析战略差异与企业融资行为的关系，明确在分析具体问题所涉及的相同或不同理论，从而构建本书企业战略差异对融资行为影响的理论分析框架。

在实证研究过程中，一方面依托国泰安、色诺芬中提取的有关公司治理、财务特征等数据指标，构建核心解释变量（战略差异）、被解释变量（融资结构、融资期限和融资成本）、分组变量（金融发展环境、资产专用性、产权性质、审计质量、市场竞争地位、财务困境）、中介变量（财务灵活性、债务融资成本、资产流动性、现金流波动、融资约束）以及不同检验模型中所使用的控制变量。实证研究主要采用 Excel 2016 及 Stata 15.1 进行数据处理与实证结果呈现。因此，整体采用"文献述评—假设提出—变量构建—模型设计—样本选取—统计检验—结果分析"的研究思路，采用描述性统计、单变量分析、相关性分析、OLS 多元回归及固定效应等方法对相关议题进行深入挖掘。为提升研究结论的稳健性及可靠性，本书针对模型的多重共线性、异方差、自选择、内生性等一系列问题进行了检验和处理。

1.3.2 章节安排

整体而言，本书内容可以分为四大部分。图 1-2 为本书研究内容与技术路线图。

第一部分由第 1 章和第 2 章构成，为本书的研究基础。第 1 章是对全书的总体概述，包括介绍本书的研究背景、研究问题和核心概念，阐述本书的研究思路、研究方法、章节安排、研究创新性和研究意义等基本情况。第 2 章是相关研究的文献述评，主要是围绕战略经济后果、融资行为影响因素，以及战略与融资行为交叉研究的相关文献进行梳理。考虑到为了获得竞争优势，不同的企业相较于同行采用不同的战略定位，因此，在文献梳理中借鉴王化成等（2018）战略定位的分析框架，主要以不同的战略定位为切入点，首先梳理多元化战略、国际化战略、竞争战略、战略激进和战略差异的经济后果文献，其次从融资结构、融资期限和融资成本三方面梳理融资行为影响因素的研究文献，再次着重梳理战略与融资行为交叉研究的相关成果，最后找到影响融资行为的相关理论，以期寻找到战略定位对融资行为影响的作用机理，为下面理论分析提供依据。

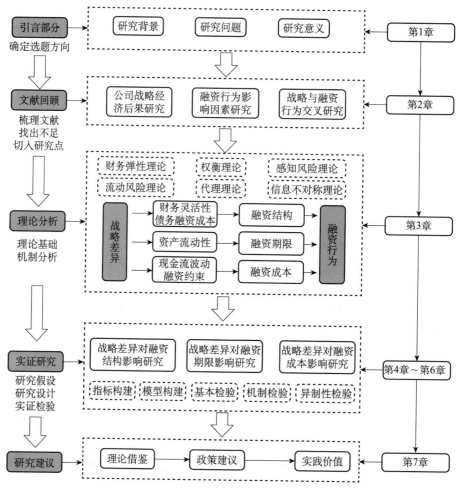

图1-2 研究内容与技术路线

第二部分为本文的第3章，是本书的理论研究部分。在理论基础部分，本书首先对研究所涉及的六大理论（财务弹性理论、权衡理论、感知风险理论、流动性风险理论、信息不对称理论及代理理论）进行介绍，为后面研究问题的理论分析进行铺垫。其次，对本书三个基本研究问题进行理论分析。通常战略差异较大的公司面临程度较重的经营风险和信息不对称，从而影响到企业的财务行为。进一步地结合本书的研究命题，从以下三方面展开分析：第一，对于战略差异对融资结构的影响，本书结合财务弹性理论、权衡理论和感知风险理论进行分析。基本逻辑：其一，偏离行业常规的战略差异加剧企业经营风险、企业管理层感知风险以及面临融资压力，为了满足未来再融资以及投资需求，公司需要保持更强的财务灵活性，会策略性地保持较低的融资结构来维持其财务灵活性。其二，对于偏离行业常规的战略差异，通常面临较高的债务融资成本（杨兴全等，2018），企业在进行融资结构决策时，不仅要考虑举借债务的税收优惠，还要权衡融资成本。较高的债务融资成本会使公司减少对债务融资的依赖，降低公司总体的债务水平。第二，对于战略差异对融资期限的影响，本书还结合感知风险理论、代理理论、信息不对称理论和流动性风险理论进行分析。基本逻辑：偏离行业常规的战略差异加剧企业经营风险和企业管理层感知风险，为避免再融资风险，企业举借长期债务；战略差异引起信息不对称和代理问题，通过举借短期债务，借债权人监督管理层，同时向外界释放公司高质量的信号。此外，债权人感知战略差异风险、发放短期债务具有信息和监督的优势。从而得出战略差异对债务期限结构的影响方向并不确定，这是一个需要实证检验的命题。第三，对于战略差异对融资成本的影响，本书结合感知风险理论和信息不对称理论进行分析。基本逻辑：偏离行业常规的战略差异，一方面，使企业面临现金流波动（Dong et al.，2020）。当现金流波动率增大时，债权人和投资者感知未来经营风险增大、不确定性增强，从而要求给予更高的资本回报，因此提高了公司的融资成本。另一方面，公司战略偏离行业常规加剧信息不对称程度（Carpenter，2000），使企业面临较高的融资约束。当融资约束增大时，投资者或债权人感知公司存在再融资风险，从而要求给予更高的风险补偿，从而提高了公司的融资成本。

　　第三部分由第 4 章、第 5 章、第 6 章构成，是全文的实证研究部分。本书以 2000～2017 年中国 A 股非金融类上市公司作为研究样本，通过构建战略差异指标，检验了本书的理论分析逻辑。通过第 4 章的实证检验，支持了战略差异对融资结构的理论分析逻辑，即随着战略差异的增加，企业显著减少了债务融资水平；检验财务灵活性和债务融资成本是否是战略差异影响融资结构的作用渠道；分析了不同金融发展水平和资产专用性因素对两者关系影响的差异。通过第 5 章的实证检验，支持了战略差异对融资期限具有正向影响的理论分析逻辑，即战略差异程度越高，企业债务期限越长；检验资产流动性是否是战略差异影响债务期限结构的重要作用路径；分析了产权性质和审计质量对两者关系的异质性影响。通过第 6 章的实证检验，支持了战略差异对融资成本影响的理论分析逻辑，即对于实施战略差异的企业，显著增加了融资成本；检验现金流波动和融资约束是否是战略差异影响融资成本的作用机制；分析了在不同产品市场竞争地位和财务困境下对两者关系的异质性影响。

第四部分是本书的第 7 章，本章是对全书研究结论的总结。在此基础上从政府、上市公司和投资者三个维度提出相应的政策建议，同时指出本书的研究不足和未来的研究方向。

1.4 研究创新与研究意义

本书论证和检验了战略差异在融资结构、融资期限和融资成本三方面的财务效应，对于研究创新和研究意义包括以下方面内容。

1.4.1 研究创新

首先，本书基于战略定位视角，为企业融资行为的研究开辟了新的方向。战略是企业对其所在的内外部环境及其变迁之影响的一种主动响应。相对于已有研究侧重于从企业特征等微观层面、行业差异等中观层面以及制度背景与政策变迁等宏观层面等多维视角考察企业的融资行为，本书基于战略定位及其差异的视角，将上述因素整合内化到公司战略及其调整之中再考量其财务影响效应，从而为公司融资行为的研究提供了新的方向，是对已有文献的有益补充。

其次，本书基于公司战略的全局性高度，为其战略差异之经济后果的研究提供了新的理论解释及经验证据。结合财务弹性理论、权衡理论、信息不对称理论、代理理论、流动性风险理论等经典财务理论，并受感知风险等心理学理论启发，本书从融资行为的三大维度综合考察公司战略差异的财务效应，从而在财务会计、公司财务、管理会计以及审计等视角的研究之外，站在公司战略的全局性高度，为其战略差异之经济后果的研究提供了新的理论解释及经验证据。

最后，本书基于影响机制视角，对战略差异对融资行为的影响研究进行了拓展。从融资结构、融资期限和融资成本即融资行为考察的三大维度，本书为战略差异影响公司融资行为的不同传导路径——即财务灵活性和债务融资成本、资产流动性、融资约束及现金流波动等提供了理论解释及经验证据，这是对战略差异与融资行为交叉研究的有益拓展。

1.4.2　研究意义

（1）理论意义。

第一，本书为战略影响融资结构提供了基于权衡理论和财务弹性理论的解释。偏离行业常规的战略差异，业绩大起大落（Tang et al.，2011），经营风险因此较高，面临较高的信用风险，为了满足未来再融资以及投资需求，公司需要保持较强的财务灵活性，会策略性地保持较低的财务杠杆来维持其财务灵活性（Graham and Harvey，2001；Killi，2011）；对于偏离行业常规的战略差异，通常面临较高的债务融资成本（杨兴全等，2018），在进行融资结构决策时，企业不仅要考虑举借债务的税收优惠，还要权衡融资成本（Myers，2001），债务融资成本的增加会使公司减少债务融资总额，因此会降低公司整体债务水平。

第二，本书为流动性风险理论的研究增添了新证据。流动性风险理论指出，公司对债务期限结构选择的决策应权衡短期债务的信号传递与流动性风险两个方面的利弊，对于流动性风险比较高的公司，应选择较长的债务期限（Diamond，1991）。廖冠民等（2010）考察经营风险对债务期限结构影响时发现，公司经营风险越高，其债务期限结构越长，支持了流动性风险理论。本书基于战略差异视角，检验企业在债务期限决策中是否以及如何考虑流动性风险的影响。研究发现，战略差异越大，债务期限结构越长，从而为黛蒙德（1991）流动性风险理论的研究增添了新证据。

第三，将感知风险理论应用到战略与财务行为关系的研究中，丰富了战略与融资行为的分析框架。本书尝试性地将感知风险理论（Bauer，1960）纳入分析框架，针对战略差异对融资结构的影响，随着战略差异增加，企业经营风险上升和融资成本增加。管理层感知风险存在，期望增加储备财务灵活性，同时权衡高融资成本与债务融资收益，降低债务融资水平；债权人感知风险，则会减少债务提供。在战略差异对融资期限的分析过程中，管理层感知战略差异隐含的流动性风险，期望筹集较长期限债务，而债权人感知风险的存在，则会缩短债务期限。股东感知战略差异的代理问题，则会举借短期债务以约束管理层行为，最后债务期限的选择是多方博弈的结果。在战略差异对融资成本的分析过程中，债权人或股东感知到战略差异企业的现金波动风险或融资约束风险，要求增加风险补偿，无形中增加公司融资成本。

（2）实践意义。

第一，对于政策制定机构而言，战略差异减少了债务融资水平，增加了债务期限，抬高了融资成本，说明战略差异的实施对企业存在风险，证实了财政部等颁布《企业内部控制应用指引第 2 号——发展战略》、银监会颁布《商业银行授信工作尽职指引》提醒利益相关者或债权人应关注企业发展战略，关注可能带来风险问题的必要性。尽管企业通过储备财务灵活性减少了债务融资，为减少流动性风险（再融资风险）增加了债务期限，但与此同时企业又面临较高的融资成本，企业本身隐含的债务风险不容忽视，应引起监管机构关注。此外，在国家"三去一降一补"的政策背景下，政府应大力发展金融市场，缓解企业融资约束，进而降低战略差异公司较高的融资成本。

第二，对上市公司而言，为了防止战略差异给企业带来的经营风险或流动性风险，应采用稳健的处理方式，积极储备财务灵活性，同时减少债务融资对企业的进一步冲击；另外通过增加资产流动性，向资本市场释放较高的公司质量信息，争取较长的债务期限，以减少公司的流动性风险。此外，对于战略差异对融资成本的影响，从影响机制来说，为降低实施战略差异公司的高融资成本，企业应当通过优化经营、加强公司治理、稳定业绩，从而减少现金流波动；从作用条件来说，为降低企业融资成本，实施战略差异的公司应提高企业竞争地位或缓解财务困境。

第三，对投资者和债权人而言，《深圳证券交易所上市公司投资者关系管理指引》指出，引导投资者关系的管理负责人应当对战略规划及发展前景等持续进行自愿性信息披露，帮助信息使用者作出理性的判断和决策。如何利用好战略差异信息进行决策是投资者和债权人需要面对的问题。虽然战略的初衷是为了获取竞争优势，但战略差异对经营风险的影响是不容忽视的，尽管上市公司已经通过减少债务融资或增加债务期限进行了积极应对，但潜在的经营风险仍然是存在的。因此，本书的研究发现提醒投资者和债权人在决策时要关注企业战略差异潜在的经营风险，通过提高回报率进行风险对冲。

第2章　相关研究文献述评

在对前面战略定位、战略差异与融资行为进行界定与分析的基础上，本章首先梳理不同战略定位（如多元化、国际化、竞争战略、战略激进与战略差异）经济后果的文献，其次从融资结构、融资期限和融资成本三方面梳理融资行为影响因素的研究成果，再次着重回顾战略定位与融资行为交叉研究的相关文献，最后对文献进行简要评价，分析已有研究的不足，进而提出本书的研究问题。

2.1　企业战略的经济后果研究

战略对会计与财务行为影响的经济后果主要体现于公司财务、财务会计、管理会计、审计内控等诸多领域。图2-1和图2-2展示了本部分的文献框架图。

现金持有	现有研究发现现金持有多受多元化、国际化、战略激进和战略差异的影响（Tong, 2011；王福胜和宋海旭，2012；杨兴全和曾春华，2013；Chiang and Wang，2011；Arata et al.，2015；Beuselinck and Du，2017；代彬等，2019；陈彦百和陈如焰，2017；李高波和朱丹，2016；杨兴全和张兆慧，2018；Donget al.，2020）
商业信用融资	学者们从多元化、战略激进和战略差异三个维度研究战略对商用融资的影响（吴昊旻等，2017；方红星和楚有为，2019；Cao and Lee，2020；朱杰，2018；黄波等，2018；侯德师等，2019）
企业投资	已有研究多元化、战略激进和战略差异三个维度检验战略对投资或投资效率的影响（Bazerman and Schoorman，1983；Shaver，2011；姚立杰等，2010；刘媛媛等，2016；王化成等，2016；Navissi et al.，2017；Habib and Hasan，2019；Lin et al.，2021；孙洁和殷方圆，2020）
股利政策	已有研究从多元化、国际化、战略激进和战略差异四维度考察战略对股利政策的影响（Subramaniam and Wasiuzzaman，2019；刘卿龙和杨兴全，2018；付玉梅和张丽平，2018；Desai et al.，2007；Akindayomi and AM，2019；Dong et al.，2020）

税收规避	已有研究发现多元化、国际化、战略激进和战略差异是影响税收规避的重要因素（Clausing，2009；吕伟等，2011；Higgins et al.，2015；Martinez and Ferreira，2019；袁蓉丽等，2019；潘俊和王亚星，2019）
股价崩盘风险	已有文献研究多元化、国际化和战略激进对股价崩盘风险的影响（徐业坤等，2020；Qi and Diao，2020；林川和张思璨，2019；孙健等，2016；Habib and Hasan，2017；佟孟华等，2017）

图 2 – 1 公司财务领域战略经济后果研究文献框架

盈余质量	已有研究从多元化、竞争战略、战略激进和战略差异四个维度研究战略对盈余质量的影响（Imen and Seboui，2011；张宏亮，2012；郭照蕊和黄俊，2020；Peng et al.，2007；袁仁森和周兵，2018；Houqe et al.，2017；刘行，2016；孙健等，2016；Hsieh，2019；叶康涛等，2014；叶康涛等，2015；张先治等，2018；罗忠莲，2019）
分析师行为	分析师行为受多元化、为际化、战略激进和战略差异的影响（Duru and Reeb，2002；蔡卫星和曾诚，2010；何熙琼和杨昌安，2020；Mauri et al.，2013；Luo and Zheng，2018；Zhang，2021；何熙琼和尹长萍，2018）
信息环境等	更有研究发现战略影响信息环境、公司违规和诉讼风险（Ye et al.，2018；Bentley-Goode et al.，2019；Guo，2017；Bentley et al.，2013；吴芃等，2016；王化成等，2018）

成本黏性	已有学者从多元化、竞争战略、战略激进和战略差异的视角研究战略对成本黏性的影响（Chi SK，2012；周兵等，2016；Zhong et al.，2020；杨澄，2018；田园，2018；Ballas et al.，2020；车嘉丽和段然，2016）
管理层薪酬	已有研究发现多元化、国际化、竞争战略和战略激进影响管理层薪酬（邵军和刘志远，2006；薛求知和李茜，2012；柴才等，2017；吴昊旻等，2018；王化成等，2019；Yan et al.，2019；Wang et al.，2020）

审计领域	已有研究发现，战略多元化、国际化、战略激进和战略差异影响审计师选择、审计契约、审计意见、审计费用及审计质量（Chang et al.，2017；李敏，2020；Tsao et al.，2017；吴芃等，2019；闫焕民等，2019；张蕊和王洋洋，2019；Sahbay Ghorghi et al.，2020；王百强和伍利娜，2017）
内控领域	内控缺陷或内控质量受战略激进的影响（Bentley-Goode et al.，2017；Zohreh，2019；张霁若和杨金凤，2020）

社会 责任等	战略还影响到社会责任、环保行动、可持续发展、风险承担及财务困境等 （Hoejmose et al., 2013；Dong et al., 2019；潘镇等，2020；陈永强和潘奇， 2016；Yuan et al., 2020；Kong et al., 2020；Liu and Kong, 2020；张先治和 柳志南，2017；马宁和王雷，2018；高梦捷，2018）

图 2 - 2　财务会计、管理会计、审计内控及其他领域战略经济后果研究文献框架

2.1.1　企业战略对公司财务影响研究

如图 2 - 1 所示，战略对公司财务影响的文献又细分为如下领域：现金持有、商业信用融资、企业投资行为、股利政策、税收规避和股价崩盘风险等。

（1）战略与现金持有。从理论上讲，战略作为企业长期导向的资源配置，势必影响到现金资源的储备。然而从战略执行角度，不同的战略定位影响企业的信息环境、市场风险与代理问题等，进而影响企业的现金持有。学者们基于不同的战略定位探讨战略对现金持有水平或持有价值的影响。

在多元化战略影响方面，多元化经营公司的现金持有决策往往受到内部资本市场与代理成本双重的影响。佟（2011）考察多元化对企业现金持有价值的影响时发现，相比专业化企业，多元化企业有较低的现金持有价值。进一步研究发现，在公司治理水平较低的公司中，公司多元化对现金价值的影响为负，这一发现支持了企业多元化经营的代理成本假说。后来托尔埃里克和田恬（2017）使用企业投资、储蓄和多元化决策的动态模型进行检验，发现多元化公司持有的现金明显少于专业化公司。国外学者的研究基本上证实了多元化公司持有较少现金并且有更低现金持有价值的结论。基于中国的研究背景，王福胜和宋海旭（2012）、杨兴全和曾春华（2013）得出了与国外研究类似的结论。王福胜和宋海旭（2012）研究发现，多元化经营具有分散风险和内部融资的优势，因此，随着多元化程度的提高，企业持有较少的现金。杨兴全和曾春华（2013）研究发现，多元化战略不仅减少了公司现金持有水平，而且减少了现金持有价值，而市场化进程的推进则强化了这种负相关关系。

在国际化战略影响方面，与本土企业不同，国际化企业拥有更多的投资机会，同时面临更多的经营困境。常和王（Chiang and Wang, 2011）的研究扩展了前人对现金持有的研究，首次提供了国际化与现金持有关系的实验证据。以美国企业为样本，研究结果显示，跨国公司的现金持有量高于国内企

业，国际化是现金持有量的决定因素。此外，现金持有量与国际化之间存在倒"U"型关系。具体来说，企业的现金持有量随着国际扩张的增加而增加，但仅在国际化程度较低的情况下增加。然而，在某个转折点之后，随着国际化程度的提高，企业的现金持有量开始下降。进一步，井浦新等（2015）使用 2006～2010 年巴西和墨西哥的非金融上市公司样本，采用固定效应回归模型研究发现，国际化程度是现金持有的决定因素，现金持有量随着公司国际化程度的增加呈二次曲线增长；巴西公司持有更多现金，但这种影响不适用于墨西哥公司，并且整个研究结论与（Chiang and Wang, 2011）所研究的北美公司样本不同；研究发现，在危机前的一段时间，公司在资产负债表上持有的现金减少了。费尔南德斯和冈恩克（2016）以 40 个国家的大型跨国公司为样本，探讨了现金持有量与跨国水平之间的关系。作者考虑了多元化的两个维度：地域多元化和行业多元化，发现地域多元化和行业多元化与现金持有量之间存在直接的负相关关系。这一发现与跨国公司总部在地域多元化经营中以有效方式规划其投资和现金需求的多元化论点是一致的。古（2017）使用包括企业实物和无形资产投资、跨境决策和财务政策的动态模型，研究发现美国跨国公司持有的现金明显多于国内公司。吴等（2017）研究发现，为了适应全球化，中国跨国公司对现金的利用越来越多。但文章表明，除非中国跨国公司大量依赖国外销售，否则中国跨国公司相对于国内企业持有的现金并未显著增加。博塞林克和杜（2017）研究了美国跨国公司（MNC）中国子公司现金持有的决定因素，研究发现拥有本地注册专利的外国子公司以及与公司总部在同一行业运营的外国子公司中持有更多现金。代彬等（2019）研究发现，国际化战略不仅提升了现金持有水平，而且增加了现金持有的边际价值，并且随着国内市场竞争程度加强，国际化战略对提升现金持有行为的影响更为显著。

在战略激进影响方面，陈彦百和陈如焰（2017）以 2011～2015 年我国 A 股上市公司的数据为样本，研究了不同激进类型的战略对现金持有水平的影响。研究发现，进攻型企业面临市场开拓，有较强的现金持有预防性动机，同时，此类企业面临较为严重的委托代理问题，导致企业持有更多的现金。进一步分析发现，这一正向影响在国有企业更为显著，在地方国有企业则被弱化，他们认为这可能是地方政府对国有企业的"扶持之手"和"掠夺之手"共同作用的结果。博塞林克和塞莱皮斯（2020）以 1970～2016 年美国公司为研究样本，考察了不同激进程度的战略类型对现金持有水平及调整速度的影响。研究发现，相比防御型战略（defenders），采用进攻型战略

（pvospectors）的公司持有更多的现金。此外，作者还发现，防御型公司的现金持有的调整速度（SOA）要强于实施进攻型的公司。而且更有趣的是，只有追求防御型战略的公司，现金的市场价值才会显著增加。

在战略差异影响方面，偏离行业常规的战略往往面临经营风险、信息不对称和代理问题，进而影响企业的现金持有。国内学者李高波和朱丹（2016）研究发现，采用偏离行业常规的战略差异的公司，出于预防性动机，持有了更多的现金。这一关系在非国有企业和完全市场竞争样本中更加显著。杨兴全和张兆慧（2018）也发现了战略差异与现金持有水平的正相关性，进一步的影响机理检验发现，战略差异通过提高企业融资约束、加剧企业风险及增加创新投资，进而提升了企业的现金持有。董等（2020）以1992~2016年的美国公司为研究样本，同样发现战略偏离同行业的企业持有更多的现金，但却有较低的现金持有价值。进一步研究发现，战略偏离的现金效应随着代理成本的增加而增加，但不随融资约束的增加而增加，支持了现金持有的代理动机。

（2）战略与商业信用融资。早期研究发现，公司战略是影响商业信用政策制定的基本决定因素（Mian and Smith，1992），相比竞争者，实施低成本战略的公司向客户提供了更多商业信用，换言之，客户从实施成本优势战略的供应商那获得了更多商业信用融资。近期的研究，学者们主要从多元化战略、战略激进与战略差异等维度研究战略与商业信用的关系。

基于迈尔斯和斯诺的战略分类方法，方红星和楚有为（2019）考察了公司战略对商业信用融资的影响。研究发现，相比防御型战略的公司，遵循进攻型战略获得了更多商业信用融资。机制检验发现，实施进攻型战略的公司，加剧了公司面临的信贷约束和降低了供应商集中度，从而获得更多商业信用。然而从商业信用供给方的视角，曹和李（2020）研究发现，采用进攻型战略的公司向客户提供了更多商业信用，这可能与使用慷慨的信用政策来主动吸引更大的客户群和维护良好的客户关系有关。进一步的横截面分析表明，这种关系对于库存水平过高和财务状况良好的企业更为明显。吴昊旻等（2017）研究发现，实施多元化经营战略的公司通过增加公司银行信贷进而增加了商业信用供给；进一步研究发现，这种影响在面临融资约束和处于经济衰退时期的公司更为显著。

战略差异与商业信用融资的研究，也受到学者的关注（朱杰，2018；黄波等，2018；侯德帅等，2019）。朱杰（2018）研究发现，偏离行业平均水平的财务战略使公司降低了商业信用融资能力；机制检验发现，收益波动与盈余质量下降是这一负向影响的中介路径。基于战略定位差异整合观视角，黄波等（2018）研究发现，战略差异减少了公司获得的商业信用融资，而且这一影响在处于强环境不确定性和非国有上市公司中更为显著。至于为何企业因实施战略差异而获得较少的商业信用融资，侯德帅等（2019）基于供应商决策行为视角，从企业战略定位差异的溢出效应方面进行了解释。研究发现较高的企业战略定位差异度会对外部供应商决策产生负向冲击，致使目标企业获得较少的商业信用融资。李高波（2020）研究发现，供应商采用偏离行业常规的战略差异，加剧了现金流波动性，减少了对客户的商业信用提供，而环境不确定性的增加则加剧了战略差异对客户商业信用提供的负面影响，公司竞争地位的提高有助于缓解这一效应。进一步地，基于商业信用融资的结构性视角，李高波和于博（2021）研究发现战略差异能够显著影响不同成本商业信用模式的取得，随着战略差异程度的提高，企业获得了较少低成本商业信用和较多高成本商业信用；影响机制检验发现，战略差异增加了企业盈余波动风险，减少了低成本商业信用的获得，而战略差异增加了现金流波动风险，增加了高成本商业信用的获得。调节效应检验发现，内控质量与成长性正向调节战略差异与低成本商业信用的关系，负向调节战略差异与高成本商业信用的关系。

（3）战略与投资行为。战略作为企业全局性的资源配置及作出的决策和管理的过程。不同的战略定位影响企业战略投资方向，并通过采用不同的产品市场模式、技术、组织结构和流程来保持市场竞争力。企业的战略投资方向也会影响管理者的自由裁量权和信息不对称程度，进而影响投资决策及投资效率。

巴泽和肖曼（1983）研究了多元化战略选择对大型企业 R&D 强度的影响。研究发现相关多元化企业的研发强度高于非相关多元化企业。谢弗（2011）研究发现企业获得外部资本的机会有限时，它们必须依靠内部产生的资金进行投资。在这种情况下，企业的战略投资受到现金流的制约。地理上的销售多样化（即出口）预示着更稳定的预期现金流和企业质量，这可以增加外部资本提供者为投资提供资金的意愿。通过考察 1990～1998 年西班牙制造商的代表性样本，发现出口缓解了投资流动性限制，使企业能够进行战略投资，这突出了多元化如何成为创造和保持竞争优势的重要性。与国外学者研究不同的地方在于，我国学者更多是研究多元化对投资效率的影响，如姚立杰等（2010）研究发现，多元化程度与企业投资效率显著负相关，即随着多元化程度的提高，企业的投资效率降低。刘媛媛等（2016）研究了国有企业集团多元化程度对成员企业投资及其效率的影响。研究发现，多元化扩张加重了成员企业的过度投资水平，金字塔层级可以抑制过度投资的发生，但与投资不足都没有显著关联。

基于战略激进视角，进攻型和防御型战略使公司面临不同程度的投资、监督和管理自由裁量权，这对管理层的投资决策具有影响。王化成等（2016）研究发现，战略越激进，越倾向于进攻型，过度投资程度越严重，进一步研究发现高管权力和现金持有水平正向调节两者的关系。纳维西等（2017）探讨公司战略是否及如何影响企业的过度投资及投资不足决策。研究结果不仅发现采用创新导向的进攻型战略的公司更可能过度投资，而且也发现采用效率导向的防御型战略的公司更可能投资不足。这些过度投资和投资不足都与公司未来业绩较差有关。此外，在进攻型战略（防御型战略）公司中存在更多以股票（现金）为基础的报酬时，过度（不足）投资的水平会加剧。哈比卜和哈桑（2019）还考察了企业战略对劳动力投资效率的影响。由于企业战略既影响代理问题，也影响企业层面的不确定性，同时也影响企业行为的整体形态。作者利用大量美国样本数据研究发现，拥有进攻型战略的公司与低效劳动力投资相关，而拥有防御型战略的公司与高效劳动力投资相关。所提供的证据表明，不确定性而不是代理问题，导致进攻型战略的公司表现出低效的劳动力投资。文章还发现进攻型战略的低效劳动力投资导致了随后时期相对较低的盈利能力。林等（2021）探讨了公司战略如何调节企业社会责任对过度投资的影响。通过对 3 000 多家美国企业的抽样调查发现，防御型战略可以通过与社会责任履行好的企业互动来缓解过度投资。进一步研究发现，这种战略的调节作用是通过代理问题和信息不对称来实现的。以战略差异为切入点，孙洁和殷方圆（2020）研究了战略对金融资产投资的影响。研究发现，战略差异大的公司增加了代理成本，进而加大了对金融资产的投资，诱使企业过度金融化，然而行业竞争能够缓解由企业战略差异所引起的过度金融化。

（4）战略与股利政策。战略对股利政策的影响也受到了国内外学者的关注。德赛等（2007）以实施国际化的美国跨国公司为样本，分析了跨国外国子公司股利支付政策问题。外国子公司的股利政策虽然没有向公共资本市场传递任何信号，但与上市公司向分散的普通股股东支付股利的政策相似；外国子公司的股利政策几乎不受其母公司股利政策或母公司在公共资本市场的风险窗口的影响；不同组织形式的关联公司支付行为存在系统性差异，并受到税收因素的影响；然而，股利政策并非完全由税收因素决定，其在很大程度上是由控制外国子公司经理的需求动机所驱动的。当母公司的外国附属公司部分拥有、远离美国或处于产权薄弱的司法管辖区时，母公司更愿意投资基金，同时获得股利。林（2012）以1999~2008年我国台湾地区电子行业的数据研究发现，国际化电子企业支付了较低的现金股利。

基于战略差异视角，董等（2020）研究发现，公司偏离行业常规战略差异减少了股利发放，以为公司储备必要的流动性。以中国的制度为背景，刘卿龙和杨兴全（2018）、付玉梅和张丽平（2018）研究了多元化对股利政策的影响，研究发现随着多元化程度的提高，企业倾向于支付较低水平的现金股利。刘卿龙和杨兴全（2018）进一步研究发现，多元化加剧融资约束是减少股利发放的影响机制，而付玉梅和张丽平（2018）研究发现多元化经营产生的代理冲突是影响现金股利政策的重要渠道。苏布拉马尼亚姆和瓦苏扎曼（2019）以马来西亚上市公司为研究样本，也发现产业多元化的公司支付较低的股利，因为公司不能通过多元化进入不同的行业来发挥范围经济的作用。企业进行产业多元化经营的动机可能与企业绩效和股东财富的提高无关。相比之下，地域多元化正向影响股利政策，这种关系与资源基础观的假说有关，此项研究有助于了解不同性质的多元化对公司层面股利的影响。

基于迈尔斯和斯诺（1978；2003）战略激进分类，阿金达约米和阿姆（AM，2019）以1992~2017年美国非金融及非公用事业上市公司样本，考察股利支付政策是否受到公司战略的影响。文章使用固定效应回归模型研究发现，相比采用成本效益导向防御型战略的公司，采用创新导向进攻型战略的公司支付了较少的股利；进一步研究发现，相比防御型战略，进攻型战略的公司更可能延迟股利的发放过程，并保持目前的股利支付水平。股利支付的这种横截面差异是由于经营现金流波动程度较高所致，并且这种差异受到融资约束、股票流动性和税收不确定性的影响。

（5）战略与税收规避。公司战略决定了一个公司面对风险和不确定性的态度，而风险态度进一步又将影响企业避税行为（吕伟等，2011）。这方面研究涉及国际化、多元化、战略激进和战略差异等战略维度。克劳辛（2009）以1982~2004年美国跨国公司为研究对象，探讨了国际避税的实际类型和金融类型对税收政策的影响。郑（2017）探讨专业化企业与多元化企业是否存在避税差异。研究表明，相较于专业化企业，多元化公司持续从事较少的避税行为。这一发现不能用企业特征和股权结构来解释，主要是因为多元化企业较低水平的避税效应在企业多元化中并非处于首要考虑的位置。吕伟等（2011）基于中国上市公司数据探究了公司战略和避税行为的关系。

研究发现，相较于采用进攻型战略的企业，采用防御型战略的企业有更低的避税水平。可能的原因是，采用防御型战略的企业认为避税带来的成本和不确定性远大于节税的收益。而且研究还发现，对于知名度较高的企业，战略选择对避税行为的影响更为显著。

基于迈尔斯和斯诺（1978；2003）的战略理论分析框，希金斯等（2015）探讨了公司战略与税收计划之间的关系。研究发现，以创新和风险寻求为导向的进攻型战略的公司比防御型战略的公司（成本领先和风险规避）和遵循更一般分析型战略的公司实施更多的避税计划，这表明战略激进不仅能捕捉到利用其创新战略带来的税收筹划机会，而且反映出他们承担风险和应对不确定性的更大意愿。马丁内斯和费雷拉（2019）以巴西上市公司为研究样本，也考察战略激进与避税的关系，研究发现防御型战略的公司更倾向于积极的税收计划或承担更高的税收风险，得出与希金斯等（2015）不同的结论，研究表明每个国家的制度背景具有特殊性，美国等经济体的研究结果可能无法推广到巴西、俄罗斯、印度或中国等其他国家。基于战略差异视角，袁蓉丽等（2019）研究发现，随着战略差异度的增大，上市公司从事更激进的避税行为。影响机制检验发现，风险承担是企业战略差异度对避税影响的作用渠道。类似地，潘俊和王亚星（2019）研究也发现，行业常规战略偏离的程度越高，企业越从事更为激进的避税行为。

（6）战略与股价崩盘风险。已有研究发现，信息不对称与代理问题是引发股价崩盘风险的主要原因。而与战略结合的研究，主要集中在多元化、国际化与战略激进三个维度。

在多元化战略方面，徐业坤等（2020）以 2007～2017 年上市公司为样本，研究发现，多元化加剧股价崩盘风险，而实施非相关多元化的企业影响更为严重；机制研究发现，多元化加剧的信息不透明和增加的税收规避是多元化影响股价崩盘风险的传导路径。当公司战略由专业化向多元化转变或多元化经营程度加深时，股价崩盘风险显著增加（Qi and Diao，2020）。对于非国有上市公司、外部低审计质量和分析师关注较少的公司，多元化与股价崩盘之间的正相关关系更为显著。

在国际化战略方面，林川和张思璨（2019）以创业板上市公司为研究样本，实证考察了国际化战略对股价崩盘风险的影响及创始人所起的调节作用。研究发现，相较于非国际化经营的公司，实施国际化经营的公司有较低的股价崩盘风险。进一步研究发现，这一关系在创始人担任 CEO 时更为显著。

在战略激进方面，哈比卜和哈桑（2017）实证检验了企业层面的战略对未来股价崩溃风险的影响。研究发现，与防御型战略相比，遵循创新的进攻型战略的公司未来面临更大的股价崩盘风险。而进攻型战略更倾向于产生股价估值过高现象，这反过来又助推了未来的股价崩盘风险。孙健等（2016）以 2003～2013 年中国上市公司为样本研究发现，公司战略越倾向于进攻型，越面临更高的股价崩盘风险；机制检验发现，融资需求和管理层股权激励是这一影响发生作用的传导路径。类似地，佟孟华等（2017）的研究也发现了战略激进与未来的股价崩盘风险正相关，而大股东持股比例的提高有助于抑制公司战略对股价崩盘风险的影响。以探索为战略导向（以开发为导向）的公司更容易（较少）出现股价崩盘风险。原因在于，与以开发为战略导向的企业相比，探索型企业的失败与成功率更高，并且不太可能披露关于其创新项目的负面消息。进一步研究发现，对于代理问题更严重、治理质量更低的公司，上述关系更加显著（Jia，2018）。

2.1.2　企业战略对财务会计影响研究

如图 2-2 所示，企业战略对财务会计影响的文献主要集中于战略与盈余质量、战略与分析师行为以及战略与信息环境等研究领域。

（1）战略与盈余质量。企业的战略和商业模式决定了其经济活动，而会计是对企业经济活动的反映，因此，企业战略和商业模式对于企业会计信息及盈余质量产生显著影响。依据不同的战略定位，这方面的相关研究主要集中在多元化战略、竞争战略、战略激进及战略差异四大领域。

基于多元化战略视角，吉拉波恩等（2008）较早研究了多元化与盈余管理的关系。通过将多元化区分为行业多元化和地理多元化后，行业多元化使企业盈余管理降低了 1.8%；行业多元化和全球多元化共同影响有助于减少2.5% 的盈余管理。然而，仅仅是全球多元化并不影响盈余管理，研究支持了抵消应计利润假说。后来，伊门和塞布伊（2011）以美国企业为样本研究发现，地域多元化增加了盈余管理，支持了代理冲突假说的预期，而行业多元化降低了盈余管理，这与盈余波动假说一致。中国学者张宏亮（2012）以2000～2008 年中国资本市场的上市公司数据，从盈余管理、应计质量、盈余稳健性、盈余持续性、盈余价值相关性和资产减值计提水平六个维度，系统地考察了多元化对盈余质量的影响。实证检验发现，相较于地域多元化，实施行业多元化的上市公司盈余质量较低，具体表现为更高的盈余操纵、更低的会计稳健性、更低的价值相关性，支持了代理冲突假说。类似地，郭照蕊和黄俊（2020）也发现，公司多元化战略显著降低了会计价值相关性。进一步研究发现，对于国有企业、产权保护程度较高地区的上市公司而言，多元化经营对价值相关性的负向影响更为显著。通过对多元化战略进行细分发现，非相关多元化才是使公司会计信息价值相关性降低的主要原因。

基于产品市场竞争战略视角，有学者以 2010～2012 年 2037 家中国 A 股上市公司为研究对象，考察了竞争战略对盈余管理的影响以及市场竞争的调节效应。研究发现，遵循成本领先战略的公司的实际盈余管理水平更高，而遵循差异化战略的公司不太可能使用真实盈余管理。进一步研究发现，对于采用成本领先战略的公司而言，市场竞争进一步提高了实际盈余管理水平（Peng et al.，2015）。类似地，袁仁森和周兵（2018）以中国 A 股上市公司2005～2016 年的数据，检验了竞争战略、股权制衡度等与盈余管理活动的关系。研究发现，无论采取何种竞争战略都能发现上市公司普遍存在盈余管理现象，企业的成长性和股权制衡分别对两者关系起到了加剧和抑制作用。胡楠等（2020）研究发现，实施差异化战略的企业具有较少的盈余波动性和较高的盈余持续性，这一影响在处于成熟期和震荡期的企业中更为显著。

基于战略激进视角，胡克等（2017）以 1998～2014 年 19 个国家的44 264 个公司年度观察数据，检验企业战略对盈余质量的影响。研究发现，进攻型战略的公司表现出较高的会计稳健性水平，而执行防御型战略的公司表现出较高的盈余管理水平。基于中国的制度背景，孙健等（2016）研究发现，与防御型战略的公司相比，采用进攻型战略的公司盈余管理水平更高。机制检验发现，融资需求中介了战略激进对盈余管理的影响。闫焕民等（2020）结合战略激进程度，检验了战略对不同盈余管理路径的选择效应。研究发现，战略越激进，公司越偏好应计盈余管理；战略越保守，公司越偏好真实活动盈余管理。而审计专家能够对两者关系起到调节作用。刘行（2016）考察了战略类型对会计稳健性的影响。研究发现，当企业的战略类型越倾向于进攻型时，越拥有较低的会计稳健性水平；当企业的战略类型越倾向于防御型时，有较高的会计稳健性水平；分析型战略的会计稳健性水平则位于中间水平，得出了与胡克等（2017）不同的结论。现有研究认为会计稳健性可以解释为对模糊性的理性反应。与注重利用现有资源的防御型战略相比，进攻型战略通过寻找新的商机来积极开拓未来，面临着更大的模糊性，因而公司财务报告表现为更高的稳健性（Hsieh，2019）。

由于经营战略从根本上决定了企业的产品和市场领域、技术和组织结构，它影响着企业的经营复杂性、环境不确定性和信息不对称性。因此，公司战略确定了财务报告披露的级别、措辞和复杂性。以此为研究背景，相关研究发现，年报可读性受公司战略的影响，与追求效率导向的防御型战略的公司相比，追求创新导向的进攻型战略的公司具有更弱的可读性（Lim et al.，2018）。类似地，哈比卜等（2020）研究发现，具有进攻型商业战略的公司产生的财务报告的叙述可读性较差，而具有防御型商业战略的公司产生的叙述可读性较强。研究还发现，战略与可读性之间的关联部分是由组织绩效传导的。

基于战略差异视角，叶康涛等（2014）首次考察了企业战略差异对会计价值相关性的影响。研究发现，当企业战略越偏离行业常规时，所有者权益的会计信息越具有较高的价值相关性，而净利润的会计信息则具有较低的价值相关性。叶康涛等（2015）研究发现战略差异影响会计盈余管理方式的选择，战略差异度与应计盈余管理正相关，与选择真实活动盈余管理负相关。张先治等（2018）发现财务报告可比性受公司战略差异的影响。研究发现，战略差异与财务报告可比性负相关，而提高内部控制质量能够显著改善这一负向影响。罗忠莲（2019）从会计信息质量多维度，系统考察了公司战略差异度对会计信息质量的影响。研究发现，公司战略差异度越大，会计信息可靠性越低，会计信息相关性越弱，会计信息可比性越低，年报披露及时性越弱，而非效率投资、经营风险、管理层代理成本与增加审计报告的时滞分别是上述影响的传导路径。

（2）战略与分析师行为。战略信息是分析师进行预测的重要信息来源，因而战略势必对分析师预测产生影响。已有文献主要从多元化、国际化、战略激进和战略差异四个维度分析战略与分析师预测行为的关系。

基于多元化战略视角，杜鲁和里布（2002）较早考察了多元化对分析师行为的影响，企业国际多元化程度越高，预测就越不准确和越不乐观。研究结果表明，国际多元化反映了预测难度的独特维度，而这些维度在先前确定的决定因素中没有体现出来。这一证据表明，随着企业在地域上的多样化，对其收益的预测变得更加复杂。蔡卫星和曾诚（2010）以中国上市公司数据为研究样本研究发现，对于多元化水平较高的公司，分析师有较高的信息搜寻成本，而相对较高的信息搜寻成本使分析师减少或放弃对这些公司的关注，因而得出了公司多元化水平越高，证券分析师对其关注度越低的结论。进一步研究发现，与非相关多元化相比，相关多元化的公司受到了更多证券分析师的追捧，其原因在于相关多元化的公司间具有相关的共性，减少了证券分析师的信息搜寻成本。

　　基于国际化战略视角，毛里等（2013）以两种与地理分散和跨境整合相关的国际化战略模式来描述企业的国际战略，实证考察了跨国公司在海外扩张的国际化战略对财务分析师预测的影响。经验证据表明，地理分散有助于提高预测的准确性和减少乐观偏差。其研究结果支持跨境整合会导致预测准确性的下降。相关学者探讨分析师如何评估企业国际化的战略。在对 326 家大型上市公司 13 年数据的实证分析中，研究发现企业国际化与分析师建议呈倒"U"型关系，而行业不确定性和行业竞争在两者关系中发挥了调节作用（Luo and Zheng，2018）。

　　基于战略激进视角，相关学者研究了公司战略如何影响股票价格信息，进而影响分析师的预测效率。利用股价同步性和知情交易概率作为股价信息量的指标，作者研究发现，实施进攻型战略的公司的股价信息量要小于防御型战略的公司。机制研究发现，通过影响信息传递渠道和知情交易渠道，公司战略影响分析师预测效率。通过信息传递渠道，实施进攻型战略公司有更高的股价同步性，而且分析师传递的信息越多，分析师预测效率就越高。对于知情交易渠道来说，有较高知情交易概率的防御型战略的公司加剧了知情交易者和分析师的竞争，这种竞争对分析师覆盖效率产生了不利影响，导致分析师对实施防御型战略的公司覆盖效率低于实施进攻型战略的公司（Zhang，2021）。

　　基于战略差异视角，由于与行业常规偏离的战略引发了企业发展的不确定性，加剧经营风险和业绩波动，因而分析师则更倾向于悲观预测，导致盈余预测的结果低于真实值，从而降低了预测的准确性（何玉润和徐云，2017）。何熙琼和尹长萍（2018）研究发现，战略差异程度越大，分析师关注越少，预测误差越大，产生的分歧越大。在信息透明度较高的上市公司则弱化了这一关系，环境不确定性则强化了两者的关系。刘会芹和施先旺（2018）研究发现，企业战略差异越大，企业资产收益波动性越强，有较低的分析师关注水平、公司层面乐观分析师占比较低，而且分析师盈余预测偏离越大，机构持股对两者的关系越具有显著调节作用。

　　（3）战略与信息环境。关于战略与信息环境的关系，学者们从战略信息是否能融入股价、是否影响公司内外部的信息环境以及是否能影响公司信息的行业传递等几个方面展开研究（Ye et al.，2018；Bentley‐Goode et al.，2019；Guo，2017）。

　　由于股票价格反映了整个市场、行业水平和公司特定的信息。莫克等

（2000）引入了股票收益同步性的概念，其代表股票价格中所包含的企业、行业和市场层面信息的相对数量。如果股票收益同步性水平越低，则说明价格中包含的信息越具体。基于战略差异视角，相关学者预计市场和行业层面的信息不太可能被纳入战略偏离公司的股价，从而导致公司的股票收益同步性水平较低。进一步研究发现，偏离行业常规战略的公司比非偏离战略的公司更频繁地发布管理预测，并且拥有更高的大股东持股水平，影响了战略偏离与股票收益同步性之间的关系（Ye et al.，2018）。

对于企业战略是否会影响其信息环境？组织理论认为，相较于采用防御型战略，公司采用以创新为导向的进攻型战略则有更大的动机、更频繁地发布自愿信息披露，更有可能吸引更多的外部信息中介。宾利古德等（2019）证实了组织理论的预期。研究发现，相比防御型战略，采用进攻型战略的公司更频繁地参与管理层盈利指导，发布更多新闻报道，并被更多的分析师跟踪。此外，相关学者探讨了战略对公司的同业信息传递的影响。研究发现，当宣布盈利的公司是进攻型（防御型）战略时，向同行公司的信息传递较弱（较强）。此外，当同行是进攻型（防御型）战略时，从发公告公司到同行的信息传递较弱（较强）（Guo，2017）。

（4）战略与财务报告违规。采用进攻型战略的公司更容易发生财务报告舞弊或违规，这一点得到了学者们的认可（Bentley et al.，2013；吴芃等，2016）。由于采取进攻型战略的公司为了抢占市场机会，快速发展新产品，或采用股权激励，需要更为广泛地进行研发活动融资，以应对盈利下降的趋势，管理层很可能铤而走险。本特利等（2013）探讨客户战略是否对财务报告违规行为发生影响时发现，实施进攻型战略更可能涉及财务报告违规行为。以中国上市公司为样本，吴芃等（2016）研究发现，采用进攻型战略的公司更可能发生财务报告舞弊，而高管过度自信则加剧了进攻型战略公司财务舞弊行为发生的可能性。无论是发生财务报告违规，还是财务舞弊，都将使企业面临被诉讼风险。王化成等（2018）研究发现，公司战略越激进，遭遇诉讼风险越大，越难以胜诉，且股票市场对诉讼事件的反应越不乐观。进一步研究发现，信息环境、内部控制和权益性薪酬规模是公司战略影响诉讼风险的作用机制，而改善信息环境、加强内部控制和控制权益性薪酬，能够降低实施进攻型战略公司的诉讼风险。

2.1.3 企业战略对管理会计影响研究

如图 2-2 所示，关于战略对管理会计影响的研究，学者们主要关注战略与成本黏性以及管理层薪酬等领域。

（1）战略与成本黏性。传统的成本模型假设成本随着经营活动的增加或减少而成对称性或呈比例地变化。然而，安德森（2003）的实证研究发现，成本行为存在不对称性，即成本随着业务活动增加而增加的速度比它们减少的速度更快，称为成本黏性。企业管理者会根据对销售的预期，通过直观地调整资源的投入方式，使企业的成本结构与企业的公司战略相匹配，从而企业的成本黏性受战略的影响。现有文献主要从多元化、竞争战略、战略激进和战略差异四个维度展开研究。

卡斯克（2012）利用韩国证券交易所 2000～2009 年 1 508 家上市公司的年度数据，探讨多元化程度对成本黏性的影响。研究发现，多元化程度高的企业有较强的成本黏性。同时，相关多元化程度越高，成本黏性越强。田园（2018）以 2007～2015 年中国上市公司样本数据，基于"企业战略—代理成本—费用黏性"的逻辑链条，结合战略理论与财务理论，以代理成本为中介变量，实证检验了战略对费用黏性的影响。研究发现，实施进攻型战略，由于储备充裕的现金、较高的高管权力、较高的环境不确定性加重了代理成本，进而使得企业战略与费用黏性之间的正向关系更加显著。然而，不对称成本行为被归因于审慎的管理资源承诺决策，而企业的战略选择是这些决策的重要决定因素。巴拉斯等（2020）以 1991～2014 年美国上市公司的抽样调查数据，实证检验了公司战略对不对称成本行为强度及方向的影响。研究发现，战略导向决定了成本不对称的方向和强度。被归类为进攻型战略的公司表现出较强的成本黏性，而被归类为防御型战略的公司表现出成本黏性。研究表明，企业的战略定位及其无形资源组合独立影响资源配置决策，而资源配置决策又是造成成本费用不对称的原因。基于战略差异视角，车嘉丽和段然（2016）考察了战略差异对成本黏性的影响。研究发现，基于代理问题及对未来的过度乐观预期，战略差异越大的公司，表现为较强的成本黏性，而女性高管对这一关系具有负向调节效应。

基于波特的竞争战略，周兵等（2016）以 2000～2014 年中国沪深 A 股上市公司数据研究发现，企业成本黏性受不同类型竞争战略的影响。相较于低成本战略，选择差异化战略的企业成本黏性更高，而且这一关系因管理层的不同预期而存在差异：管理层乐观预期会使得选择差异化战略的企业成本黏性更高；管理层悲观预期会使得选择低成本战略的企业成本黏性更高。在此基础上，相关学者研究发现，管理期望可以通过政府创造优势来调整企业战略与成本黏性之间的关系。因而，国有股权影响差异化战略对成本黏性的作用强度（Zhong et al.，2020）。孙嘉舸和王满（2019）以2008~2015年中国A股上市企业的数据，得出了与周兵等（2016）类似的结论。进一步研究还发现，地区要素市场化水平对成本费用黏性具有抑制作用，且这种抑制作用在采用成本领先战略的企业中更为显著。杨澄（2018）进一步将差异化战略分为短期和长期差异化战略后研究发现，在短期内实施差异化战略的公司会具有较高的成本黏性，而实施长期差异化战略则会导致成本黏性显著降低。进一步研究发现，扶持性产业政策正向调节差异化战略与成本黏性的关系。

（2）战略与管理层薪酬。著名人力资源管理学家戈梅兹—梅希亚在1987年提出薪酬与战略匹配的权变理论，即管理层或企业员工薪酬要根据企业战略与环境的变化而变化（Gomez - Mejia，1987）。已有文献重点从多元化、国际化、竞争战略和战略激进四个维度研究了战略与薪酬激励的关系。

在多元化战略方面，邵军和刘志远（2006）使用2001~2004年中国上市公司的数据，研究发现了国有企业多元化程度与现金薪酬负相关、与管理层持股正相关、与在职消费正相关。在国际化战略方面，薛求知和李茜（2012）以2006~2010年制造业上市公司的样本研究发现，企业国际化战略正向影响高管薪酬水平。在竞争战略方面，柴才等（2017）研究发现，相较于成本领先战略，实施差异化战略的公司采用了较为激进的高管薪酬激励机制，表现在无论是公司高管的货币薪酬激励、权益薪酬激励，还是高管之间的货币薪酬差距都显著提高。

基于战略激进视角，学者们分别从高管员工薪酬差距、在职消费和职工薪酬溢价三方面进行了研究。吴昊旻等（2018）从战略角度解释了高管与员工形成较大薪酬差距的成因。研究发现，公司战略越趋于进攻型，公司内部高管与员工的薪酬差距越大，其中高管薪酬相对越高，员工薪酬相对越低，这种影响在民营企业中表现更为显著。王化成等（2019）检验了企业战略对超额在职消费的影响。研究发现，企业战略正向显著影响超额在职消费，而较好的公司治理机制和更高的管理者能力能够抑制战略对超额在职消费的影响。研究发现，与防御型战略的公司相比，进攻型战略的公司有较低的职工工资。进一步研究发现，在国有企业中，公司战略与工资溢价之间的负相关更为显著，而政府干预则会削弱公司战略与工资溢价之间的负相关关系（Yan et al.，2019）。

最新的一项研究，探讨了公司战略如何影响基于业绩归属的组织股权激励计划设计。进攻型战略拥有多样化的产品市场组合，不断探索新的前景，而防御型战略很少调整产品市场组合，不断开拓现有市场。因此，与防御型战略相比，进攻型战略需要激励管理者承担更高的风险，拥有更广的决策视野。通过对中国上市公司绩效型股权激励计划的实证研究发现，与防御型战略相比，实施进攻型战略的公司更注重通过股权激励计划激励中层管理者。此外，进攻型战略在其股权激励计划中设定的利润目标难度较小，同时，更可能为了强调市场份额而设定收入目标。研究结论支持了最优契约理论，即股权激励计划旨在与组织战略相协调（Wang et al.，2020）。韩艳锦（2021）考察了战略差异对高管薪酬的影响，研究发现，因为企业战略差异越大的公司，经营风险通常较高，为管理层提供的风险补偿也越多，因此，战略差异度越高的企业高管薪酬越高，支持了效率契约假说。

2.1.4　企业战略对审计内控的影响研究

通过梳理战略与审计领域的相关文献可知，学者们已经关注到战略对审计意见、审计费用、审计契约、审计师选择及审计质量等方面的影响。战略对内控的研究主要体现为战略对内控缺陷的影响。图 2 - 2 展示了该部分文献框架图。

由于进攻型战略的企业具有较高的经营风险，在被审计过程中，审计师面临更大的审计风险，采取了稳健性更高的审计服务，无形中增加了审计工作量，并进一步增加审计判断的不确定性，这可能最终影响审计意见的类型、审计报告条款的数量以及审计费用。这方面的研究，如本特利等（2013）探讨了客户战略对审计工作的影响。研究发现，进攻型战略通常需要审计师付出更多的审计努力。在审计意见方面，使用创新导向进攻型战略的公司比使用成本领先的防御型战略的公司更有可能获得持续经营关注和重大缺陷意见，这一关系在财务困境公司样本中更为显著，然而在申请破产的客户样本中，审计师不太可能向进攻型客户发表持续经营关注意见，该研究证实了公司战略是持续经营关注和重大缺陷审计报告的一个重要决定因素（Chen et al.，2017）。在审计契约方面，张蕊和王洋洋（2019）以 2007 ~ 2016 年中国 A 股上市公司的样本研究发现，实施进攻型战略的公司，下一年更可能发生会计师事务所变更，并且这种影响在民营上市公司和被十大会计师事务所审计的公司中更为显著。此外，进攻型战略的公司下一年的审计定价均显著提高，这与是否发生会计师事务所变更无关。研究证实了公司战略是审计双方确定聘用关系时都会考虑的重要因素，会计师事务所能够识别进攻型战略背后隐藏的审计风险。萨赫贝和戈尔吉等（2020）以2011~2017年德黑兰证券交易的上市公司为样本，研究了公司战略对审计报告和审计费用的影响。研究结果显示，进攻型（防御型）战略与未经调整的审计报告（可接受）之间存在显著的负（负）相关关系。事实上，调整后的审计报告（或有、拒绝和未发表）更有可能由激进型战略的（潜在的）公司发布。研究还发现，进攻型战略与审计费用之间存在显著的正相关关系，而防御型战略与审计费用之间存在显著的负相关关系。从战略差异视角来看，王百强和伍利娜（2017）研究发现，企业战略越偏离行业常规，面临的经营风险越高，审计师面临越高的审计风险，更谨慎地提供审计服务，发表更严格的审计意见和收取更高的审计费用。

关于战略对审计师选择的研究，吴芃等（2019）以中国制造业上市公司为研究样本，考察了企业战略类型对其会计师事务所选择的影响。研究发现，实施进攻型（防御型）战略的公司对审计质量有较高（低）的需求，会选择大（小）会计师事务所进行审计，上市公司选择大会计师事务所进行审计的动因并非由于审计监督的需要，而很可能是出于风险转嫁和信号传递的考虑。与吴芃等（2019）的结论类似，闫焕民等（2019）使用全行业样本，研究发现战略定位越激进的公司越偏好于选聘"本土大所"。除此之外，越倾向于选聘与自身行业匹配度低的、不具备行业专长的会计师事务所，以迎合客户的盈余管理行为，但这种选聘往往聘期更短、稳定性更差。然而，基于战略差异视角，厉国威和沈晓艳（2020）发现，实施战略差异的公司，为降低代理成本、缓解信息不对称，越倾向选聘"国际四大所"或"国内十大所"。基于国际化战略视角，由于国际化加剧了管理者与外部投资者之间的信息不对称和利益冲突，从而导致更大的代理问题。跨国公司的管理者可能会引入监督或约束机制，限制他们从国际化中获取个人私利的能力。察奥等（2017）以2003~2009年的一组美国公司数据，研究发现公司的国际化程度越高越倾向于聘请高质量审计师。

也有学者基于知识溢出效应的视角，以我国台湾地区企业集团成员多元化为切入点，研究具有行业专长审计师的选择问题。研究发现，相关行业的集团成员公司更有可能将其选择集中在同一行业的审计师上，从而导致这些集团中选择行业审计师的数量减少。相比之下，非相关多元化增加了行业的多样性，降低了审计师的知识溢出效应。而不同的行业包含不同的专业审计师，可能会分散他们对不同行业专业审计师的选择，导致行业专业审计师的数量增加（Chang et al.，2017）。国内学者李敏（2020）选择2011~2019年中国制造业上市公司的研究样本，实证检验了行业多元化、地域多元化对企业外部审计的影响以及内部控制质量的调节作用。检验发现，行业多元化显著提高了审计费用，同时降低了审计质量；相反，地域多元化程度显著降低了审计费用，但对审计质量没有影响。进一步研究发现，企业内部控制质量弱化了行业多元化对审计费用的正向影响和对审计质量的负向影响，强化了地域多元化对审计费用的负向影响。

2002 年《萨班斯—奥克斯利法案》要求美国上市公司管理层审查并报告公司财务报告内部控制的有效性，并获得内部控制审计师鉴证。企业战略是会计控制系统设计的主要组成部分之一（Simons，1987），因而，在对内部控制审计中更是受到审计师的关注。宾利古德等（2017）探讨了公司战略对财务报告内部控制强度和审计师内部控制报告质量的影响。因为实施以创新为导向的进攻型战略给管理者设计和实施有效的内部控制带来了挑战，进攻者在内部控制方面的更大灵活性和频繁的内控修改，不仅增大了执行难度，而且还出现更多的内控缺陷，无形中增加了审计师评估客户内控有效性的难度。因而，采用创新为导向的进攻型战略公司的内部控制比采用防御型战略的公司更弱，而且此类公司更有可能报告内控重大缺陷，而不太可能补救重大缺陷。而在发现内部控制薄弱环节和评估其严重性方面，审计师在进攻型战略客户中比在防守型客户中面临更大的困难，因而进攻型战略的客户内部控制报告质量会更低。佐赫雷等（2019）以 2012 ~ 2015 年在德黑兰证券交易所的 127 家上市公司为样本，研究发现，进攻型战略的公司在内控审计报告中的内部控制质量明显弱于防御型战略的公司。然而，作者还发现进攻型比防御型有更少的审计报告延迟。张霁若和杨金凤（2020）研究发现，相较于防御型战略的公司，进攻型战略的公司更可能披露内部控制缺陷信息，证实了公司战略是影响内部控制缺陷信息披露的重要因素。

2.1.5　企业战略对其他方面的影响研究

除了关注传统意义上的研究领域之外，近些年学者们开始关注战略对社会责任、风险承担及财务困境等方面的研究。

在社会责任研究方面。战略是为获取竞争优势而采取的长期导向的行动方案，长期以来，企业社会责任一直被认为是帮助企业开发资源或能力，从而获得竞争优势的有效途径（McWilliams and Siegel，2001），因而社会责任的履行势必受到企业战略的影响。霍伊莫斯等（2013）利用波特（Porter，1980）的战略类型发现，与执行低成本战略的公司相比，采用差异化战略的企业具有更好的社会责任供应链管理。基于战略激进视角，研究发现，遵循进攻型战略的企业比遵循防御型战略的企业采取更多的环境保护努力，从事更多的社会责任活动（Kong et al.，2020），因而采用创新导向战略的企业（探索者）比采用效率导向战略的企业（捍卫者）具有更好的企业社会责任绩效（Yuan et al.，2020）。但是从绿色创新的视角来看，采用进攻型战略的企业比采用防御型战略的企业所采取的可持续发展行动更少（Liu and Kong，2020）。

基于战略差异视角，相关学者研究认为，采用偏离行业常规战略的公司通常会受到合法性受损和经营风险增加的影响。企业有动机进行慈善捐赠，参与企业社会责任活动，以防止潜在的合法性损失（Dong et al.，2019）。随着越来越多的中国企业走出国门而实施国际化战略，已有研究关注国际化的社会效应，即国际化对社会责任的影响。陈永强和潘奇（2016）以捐赠为例，考察国际化战略与社会责任履行之间的关系时研究发现，企业国际化程度越高，其国内的捐赠越少，但是获得政府补贴多、地处市场化程度高的地区的国际化企业的捐赠行为有所改观。潘镇等（2020）研究发现，中国企业国际化影响社会责任承担水平。国际化带来的企业身份意识的转变，促使它们通过改善社会责任表现克服新进入者的劣势。

在风险承担研究方面。在获取竞争优势的同时，应关注战略执行风险，一方面切实提高企业风险承担能力，另一方面要采取积极的风险应对策略。基于战略激进视角，张先治和柳志南（2017）研究发现，为提高市场竞争地位，与采取防御型战略的公司相比，采取进攻型战略的公司侧重于创新研发和新产品市场开拓等较为激进的经营战略，兼具高收益与高风险特性，因此使公司风险承担水平显著提高，防止出现财务困境风险，因为相较于防御型战略，实施进攻型战略的公司更容易发生财务困境（高梦捷，2018）。从竞争战略出发，马宁和王雷（2018）考察了竞争战略选择对企业风险承担水平的影响。研究发现，相较于成本领先战略，差异化战略会显著提升企业风险承担水平。

综上所述，从研究领域来说，现有关于战略影响的经济后果主要集中在公司财务、财务会计、管理会计以及审计内控领域；从战略定位的细分来说，主要集中在多元化、国际化、竞争战略和战略激进四个维度。虽然基于战略差异的经济后果研究已经开始引起学者们的关注，但对战略差异影响的研究尚处于起步阶段。在这种背景下，系统研究战略差异对公司财务行为的影响，无论是对拓展公司财务影响因素的研究，还是厘清战略—财务的传导机制以及丰富战略定位经济后果的研究都具有重要意义。

2.2　融资行为影响因素研究

2.2.1　融资结构影响因素研究

肖作平（2005）从宏观经济因素、行业因素、公司特征因素和公司治理因素等方面对融资结构（资本结构）影响因素进行综述。本书借鉴肖作平（2005）的研究，着重从三个方面，即微观因素（包括公司特征和公司治理）、行业因素（包括行业经营特征、行业竞争环境和行业生命周期）和宏观因素（包括宏观经济环境、制度因素和宏观经济政策）对融资结构（资本结构）的影响因素进行文献梳理。本部分的文献框架如图 2 - 3 所示。

（1）微观因素。对于融资结构微观因素的影响研究，本书主要从公司特征和公司治理机制方面展开文献梳理。

①公司特征因素。就企业资本结构的驱动因素而言，已有文献主要强调企业因素，如公司规模、盈利能力、增长机会和资产有形性（Rajan and Zingales，1995；Miguel and Pindado，2001；Fama and French，2002；Frank and Goyal，2009），这是因为资本结构影响因素的 2/3 归因于企业特定因素效应（Gungoraydinoglu and Öztekin，2011）。

一是盈利能力与资本结构方面。盈利能力与资本结构的关系在理论上和经验上都存在争议（Harris and Raviv，1991；Rajan and Zingales，1995；Booth et al.，2001；Sbeti and Moosa，2012）。

权衡理论表明两者之间呈现正相关关系，因为盈利能力更强的公司破产可能性更低（Fama and French，2002）。盈利公司的财务困境预期成本较低，即债务融资成本较低，公司为此可以举借更多的债务，因此两者之间存在正相关关系（Graham，2000；Delcoure，2007）。此外，拉罗卡等（2009）认为，为了从税盾中获益，利润更高的公司更可能举借更多债务（Frank and Goyal 2003；Frank and Goyal，2009）。此外，拉扬和津加莱斯（1995）认为，债权人更愿意向拥有高流动现金流的公司提供贷款。当存在关于公司质量的信息不对称时，利润越高的公司越可能举借更高的债务，向市场表明公司的质量信号。特别是当盈利能力与自由现金流问题存在正相关时，在这种情况下，举借的债务可以作为一种监督工具，抑制管理层的个人机会主义行为（Jensen，1986）。

微观因素	公司特征	公司规模、盈利能力、成长性和资产有形性等是影响融资结构的重要因素（Rajan and Zingales，1995；Miguel and Pindado，2001；Fama and French，2002；Frank and Goyal，2009；Gungoraydinoglu and Öztekin，2011）
	公司治理	管理层所有权、机构投资者、股权集中度、董事会特征、审计治理是影响融资结构的公司治理因素（Harris and Raviv，1988；Berger et al.，2012；Smith，1996；Michaely and Vincent，2012；Claessens and Fan，2002；Paligorova and Xu，2012；Dey et al.，2011；Chancharat et al.，2012；Kuo et al.，2012；肖作平，2005；Chang et al.，2009；周楷唐等，2016；江伟和雷光勇，2008）
行业因素	行业经营	行业经营特征是影响融资结构的因素（Harris and Raviv，1991；Talberg et al.，2008；郭鹏飞和孙培源，2003；姜付秀等，2008；张玲等，2012）
	竞争环境	行业竞争环境是影响融资结构的因素（Showalter，1999；Guney et al.，2011；MacKay Phillips，2005；朱武祥等，2002；姜付秀和刘志彪，2005；姜付秀等，2008）
	生命周期	行业生命周期是影响融资结构的因素（Adizes，2004；Rocca et al.，2011；赵蒲和孙爱英，2005；Tian et al.，2015）
宏观因素	宏观经济环境	宏观经济环境是影响融资结构的因素（Booth et al.，2001；Frank and Goyal，2009；Chen，2010；苏冬蔚和曾海舰，2009；Zeitun et al.，2017）
	宏观经济政策	货币政策、财政政策、税收政策是影响融资结构的宏观经济政策因素（Bernanke and Blinder，1988；Leary，2009；Voutsinas and Werner，2011；Lakdawala and Morelan，2019；曾海舰和苏冬蔚，2010；马文超和胡思明，2012；曾令涛和汪超，2015；雒敏和聂文忠，2012；Givoly et al.，1992；田高良和赵莉君，2008；Wu and Yue，2009；Faccio and Xu，2015；靳毓和文雯，2020）
	制度环境因素	制度环境是影响融资结构的因素（Demirgüç-Kunt and Maksimovic，1999；Giannetti，2003；Fan et al.，2012；肖作平，2009）

图 2 - 3　融资结构影响因素文献框架

融资优序理论表明两者之间呈现负相关关系。根据融资优序理论，留存收益是优先的融资选择，这与权衡理论的预测形成了鲜明的对比。正如迈尔斯（1984）所说的那样，盈利的公司会保留更多的收益，这是更好的资金来源。因此，公司所需的财务杠杆应该减少。法马和弗兰克（2002）、弗兰克和戈亚尔（2003）以及其他人的研究发现，杠杆率和盈利能力之间存在负相关关系。这说明，盈利的公司可能会选择持有其内部资金（留存收益）以利用未来的投资机会，从而降低杠杆水平（Hennessy and Whited，2005）。即便是在一个动态的环境中，盈利能力和杠杆率之间的关系也是负相关的（Flannery and Rangan，2006；Huang and Ritter，2009；Öztekin，2013）。以中国上市公司为考察对象，张则斌等（2000）、肖作平和吴世农（2002）、肖泽忠和邹宏（2008）研究发现，盈利能力与资本结构负相关，从而支持了融资优序理论。

二是成长性与资本结构方面。成长性与资本结构之间的关系已在当前文献中得到证实。然而，根据不同理论的解释，两者的关系往往存在差异。

基于代理理论，具有高增长机会的公司往往保持财务灵活性，以便能够在随后的几年里筹集到更多的资金，从而预测成长性和财务杠杆之间呈负相关性（Myers，1977；La Rocca et al.，2009）。权衡理论也认为增长机会与财务杠杆之间存在负相关关系。首先，有良好增长机会的公司不通过发行债务来为项目融资，这是因为对于拥有巨大增长机会的公司来说，财务困境和破产成本会更高，而一旦破产，无形资产将毫无价值（Harris and Raviv，1991）。其次，具有更高增长机会的公司可能表现出更低的自由现金流代理成本（Jensen，1986）。最后，资产替代问题在具有更大增长机会的公司中尤其重要。这反过来又会导致放贷者提高融资成本，权衡举债成本与收益，这意味着增长机会大的企业将减少债务。希亚姆桑德和迈尔斯（1999）、法马和弗兰克（2002）、巴克莱等（2006）以及当和加勒特（2015）研究证实了成长性与资本结构的负相关关系。以中国上市公司为研究样本，肖作平和吴世农（2002）、肖泽忠和邹宏（2008）研究发现成长性与资本结构负相关，支持了权衡理论。

然而，根据优序融资理论，增长机会也可能与财务杠杆正相关。根据迈尔斯（1984）的观点，降低不对称信息成本的首选方法是提供资金。尤其是企业更愿意首先使用留存收益，其次是债务融资，最后是权益融资。因此，当一家公司面临良好的投资机会，但缺乏内部现金流时，债务是项目融资的首选，其经济后果是使得此类公司具有高杠杆。最后，由于具有较高增长机会的公司呈现出更大的信息不对称，他们发现高负债是其投资质量的一种信号。相比之下，优序融资理论预测了增长机会和杠杆率之间的正相关关系，其理由是，由于股东不愿意披露有关其投资机会的太多信息，因此涉及更大的信息不对称。这些投资机会又需要投资支出，从而导致公司使用更多的债务融资。如常等（2009）、格尼等（2011）、当等（2014）和安德烈斯等（2014），都发现了成长性与财务杠杆呈正相关关系。

三是企业规模与资本结构方面。类似于盈利能力和增长机会，公司规模也是资本结构的决定因素之一，然而公司规模效应对杠杆率的影响方向主要取决于采用何种资本结构理论的解释。

根据权衡理论，一般认为小公司通常有更大的破产成本（Ang et al.，1982）；反之，公司越大，面临的破产风险就越小。因为规模越大的公司现金流的波动性越小，这主要是由于公司规模越大而产生的多元化效应（Titman and Wessels，1988）。后期的研究，如奥资坎（Ozkan，2001）、贝斯等（Bas et al.，2009）、刚伊等（Guney et al.，2011）以及当和加勒特（2015）也支持了这一观点。此外，黛蒙德（1989）认为大公司可以以较低的成本承担更多的债务，因为他们在债务市场上有更好的声誉（La Rocca et al.，2009）。我国学者肖作平和吴世农（2002）、肖泽忠和邹宏（2008）研究发现，公司规模大的公司使用更多的债务融资，与权衡理论的预期相符。

然而，根据融资优序理论的预期，则得出了相反的结论。因为大公司通过资本市场和金融市场受到更多的监控，信息不对称程度将降低。因此，规模较大的公司将能够以适当的价格、较低的成本发行股票，意味着较低的杠杆率，而且大公司能使用更多的内部盈余资金（Frank and Goyal，2009），减少对债务融资的依赖。拉扬和津加莱斯（1995）、陈（2004）发现公司规模与杠杆率之间存在负相关关系，支持了融资优序理论的观点。

四是有形资产与资本结构方面。有形资产是资本结构的决定因素之一，有形资产对杠杆率影响的方向也取决于不同理论的解释。权衡理论和代理理论都认为有形资产对资本结构具有正向决定作用，融资优序理论则认为具有负向决定作用。

权衡理论预测公司的杠杆率随着有形资产的增加而增加。其原因在于，与无形资产相比，固定资产更容易估值，为潜在投资者提供了更多的担保。这将降低债务持有人的风险，并最终降低公司的债务成本，使公司将能够以更高的杠杆率运作，而不会增加更高的财务困境成本（Titman and Wessels，1988）。融资优序理论的观点则相反，认为有形性将减少潜在投资者和股东之间的信息不对称，从而降低发行股票的成本和降低债务水平（Frank and Goyal，2009）。如格雷厄姆（2000）、巴斯等（2009）、哈伦和易卜拉欣（2011）以及奥罗基纳（2014）研究发现有形资产与财务杠杆呈负相关关系。

代理理论认为，如果公司没有债务的抵押物，由于存在道德风险，因此债务的代理成本增加（Jensen and Meckling, 1976；La Rocca et al., 2009）。如果有形资产可以使用，意味着有更多的资产作为抵押，从而降低债权人承受此类债务代理成本的风险，致使高比例的有形资产有助于企业获得更多外部融资，从而产生高杠杆（Titman and Wessels, 1988；Sbeti and Moosa, 2012）。债务抵押使得投资者很难进行资产替代，因为债务持有人在特定资产上有抵押物（Frank and Goyal, 2009）。因此，股东和债权人之间的代理成本应该较低，公司应该使用相对于其拥有的有形资产数量更多的债务。安东尼乌等（2008）、弗兰克和戈亚尔（2009）、范等（2011）、安德烈斯等（2014）以及当和加勒特（2015），他们发现资产有效性与公司杠杆之间存在正相关关系。反之，无法提供担保的公司将不得不支付更高的利息，或者被迫发行股票而不是债务。此外，由于新兴国家有较弱的债权人保护的法律制度，因此，担保品的使用在那些债权人保护相对薄弱的国家更为显著（La Porta et al., 1998）。基于中国的制度背景，研究中国上市公司资本结构影响因素的学者发现，有形资产与财务杠杆呈显著正相关（肖作平和吴世农，2002；肖泽忠和邹宏，2008）。

②公司治理因素。财务学文献试图研究企业资本决定因素，然而在众多影响因素中，公司治理是其中的一个重要因素，因为公司治理影响企业的融资选择。最经典的解释是，公司治理对资本结构影响与代理冲突的治理密不可分。在代理冲突中，管理者可以通过使用高水平的财务杠杆来限制其追求低效投资并降低代理成本（Jensen, 1986）。代理人与委托人之间的利益冲突和企业的独特性对债务水平有显著影响（Chang et al., 2014）。公司治理机制的设置无疑通过影响委托代理关系，进而影响企业的债务融资水平。在这一部分，本研究将重点回顾管理层、机构投资者、股权集中度、董事会、审计治理等治理元素对资本结构影响的相关文献。

一是管理层所有权和资本结构方面。当所有权与管理权分离的情况下，管理层代理所有者行使公司的管理权。对于资本结构决策来说，权衡债务的代理成本与债务的收益，可以获得最有利的资本结构（Jensen and Meckling, 1976）。如果债务使用率的降低，减少了财务困境的威胁，管理层持股与债务可能呈负相关（Jensen 1986）。管理者的主要目标是最大限度地利用股东的财富实现公司的最高业绩，用较少的债务来防止财务困境。因此，管理层所有权与杠杆水平之间存在负相关（Berger et al., 2012）。布瑞奥斯福德等（Brailsford et al., 2002）发现管理层持股与杠杆比率之间存在负相关。然而，迈尔斯（1977）发展了一个非对称信息模型，解释了管理层持股比例较大的公司负债率较高。哈瑞斯和瑞伍（Harris and Raviv，1988）为管理层所有权与杠杆水平正相关的假设提供了理论基础。他们认为增加债务可能会保留对公司的控制权。此外，其他研究，如布雷尔斯福德等（2002）、弗洛拉基斯和奥兹坎（2009）分别对澳大利亚和英国公司的样本进行了研究，发现管理层所有权和杠杆率之间存在显著的倒"U"型、非单调关系，这取决于管理层与股东利益的一致性程度。基于中国的制度背景，肖作平（2005）研究发现，管理层持股高的上市公司倾向于更低的负债水平，可能的解释是，中国上市公司存在内部人控制现象，从自身利益最大化的角度减少债权人的监督。

二是机构投资者与资本结构方面。在金融创新以及银行监管更加严格等因素的刺激下，机构投资者已成为全球资本市场的主要参与者（IMF，2016）。已有文献集中在机构投资者在公司所担任的监督者角色。主动监管假说认为，通过严密监控，可以在很大程度上减少管理层机会主义。迈克利和文森特（2012）利用美国公司的数据探讨机构持股与公司资本结构关系时发现，机构所有者与杠杆率显著负相关。同样地，史密斯（1996）发现了与公司监管假说相一致的证据，因为机构投资者可以迫使管理者过分强调公司绩效，而较少机会主义或自利行为。纳贾尔和泰勒（2008）、侯赛因和阿尔吉弗里（2012）发现负债率与机构持股负相关，并表明机构投资者持股比例较大的公司更可能使用较少的杠杆水平，支持了融资优序理论。然而，巴布拉等（2008）发现，机构投资者持股对民营企业的杠杆率具有正向影响。

三是股权集中度与资本结构方面。公司的所有权结构通过影响公司内部的代理关系，也会影响其资本结构（Claessens and Fan，2002；Wiwattanakantang，1999）。代理理论认为，集中所有权将导致更有效的监督，因为所有权集中缓解了管理者和所有者之间的冲突（Suto，2003）。然而，所有权高度集中的公司可能存在大股东和小股东之间利益冲突的代理问题，借助于债权人对管理层或大股东进行监督。维瓦塔那坎堂（1999）、帕利戈洛娃和徐（2012）发现股权集中度对财务杠杆具有正向影响，这表明股权集中似乎能够迫使管理者增加财务杠杆，以减少管理层机会主义行为。也有越来越多的证据表明，所有权结构对中东以外新兴经济体的资本结构产生影响。如塞斯佩德斯等（2010）以1996~2005年拉美企业样本研究发现，资本结构选择在大股东与负债率之间呈现出一种"U"型非线性关系。基于中国上市公司的经验证据，肖作平（2005）研究发现股权集中度高的公司更倾向使用更低的负债，说明中国上市公司控股股东偏好于权益融资。

四是董事会和资本结构方面。董事会是公司治理机制中最重要的组成部分之一，通过其代表股东大会管理公司活动、发展战略以及监督公司的运营。已有研究发现，董事会在减轻公司经营失败方面发挥着重要作用（Chancharat et al.，2012）。已有关于董事会规模和财务杠杆之间关系的研究结论尚未达成一致。一方面，伯杰等（1997）表明董事会规模对财务杠杆有负面影响。齐蒂亚维等（2013）、乌乌吉布（2013）指出，财务杠杆与董事会规模呈显著负相关。这意味着，董事会规模较大的公司通常倾向于内部融资，杠杆率较低。另一方面，延森（1986）发现，相比董事会规模较小的公司，董事会规模较大的公司具有更高的财务杠杆，这说明董事会规模较大的公司更可能使用更多的债务融资，这可能是因为拥有更多董事的公司能够利用其董事网络，从而更好地获得外部融资。侯赛因尼等（2012）证明董事会规模与负债率之间存在正相关关系，他们认为大型董事会追求更大的杠杆作用，以提升公司价值。中国学者肖作平（2005）研究发现，董事会规模大的上市公司倾向使用更低的负债，支持了伯杰等（1997）、齐蒂亚维等（2013）和乌乌伊贝（2013）的研究。

在董事会组成和资本结构研究方面。外部管理者在提高公司获得利益相关者认可的能力方面发挥着主导作用，能够减少公司的不确定性和提高公司的筹资能力。已有研究发现，非执行董事的级别越高，杠杆水平越高。如延森（1986）、伯杰等（2012）发现，财务杠杆水平越高的公司拥有合理的非执行董事，而非执行董事较少的公司杠杆水平较低。由于非执行董事所占比例很大，似乎也很容易获得贷款，因此他们有更高的财务杠杆（Al-Najjar and Hussainey，2011）。然而，研究发现，负债率与董事会非执行董事之间存在显著的负相关关系，因为管理者在面对稳定的资产负债时会采用较低的负债水平。可能的原因是，非执行董事会成员更有效地监督管理者，因此管理者降低债务水平（Kuo et al.，2012）。此外，独立董事具备与公司经营独特性相应的知识、能力或信息，从而使公司拥有更高的财务杠杆（Berger et al.，1997）。以中国上市公司的研究样本，肖作平（2005）研究发现，独立董事比例高的上市公司倾向于使用更多的财务杠杆，说明独董比例高的董事会 CEO 对中小股东的掏空程度更少，在一定程度上能抑制控股股东的机会主义行为。

五是首席执行官/主席的双重身份和资本结构方面。为保证权力相互制衡，首席执行官和董事会主席的职位应由不同的人来担任。对于首席执行官/董事会主席的双重性，有两种竞争观点，即公司是否有强有力的领导服务（管家理论）或通过有效的监督（代理理论）。法玛和延森（1983）支持 CEO 和董事长相分离，因为二元性将减少对公司董事会的监督（Dey et al.，2011），导致代理成本增加。但是首席执行官二元性可能显著增加首席执行官对董事会的权力，从而也可能降低代理成本。因此，将董事长和首席执行官的职位分开可能会导致更好的公司决策。因此，关于二元性与资本结构关系的实证结论是混合的。如阿玛吉特（2012）发现负债率与 CEO 二元性正相关，而甘尼尤和阿比奥顿（2012）则发现了相反的结论。已有研究发现，公司治理机制的有效性（Simpson and Gleason，1999）以及导致杠杆率过低或过高的原因取决于首席执行官的风险偏好。假设有 CEO 二元结构的公司和没有 CEO 二元结构公司的 CEO 对风险的偏好都相对较高，那么前者的财务杠杆往往高于后者。另一方面，当 CEO 更厌恶风险时，具有 CEO 二元性公司的财务杠杆率往往低于没有 CEO 二元性的公司。马利特和福勒（1992）认为，CEO 的双重性导致权力集中在一个人手中，从而使董事会的监督作用无效。经验证据表明，强大的首席执行官权力促进了首席执行官地位的巩固，削弱了董事会履行其监督职责的能力（Jensen and Meckling，1976）。法玛（1980）认为，根深蒂固的管理者可能更喜欢较少的杠杆率，因为他们希望降低企业风险，以保护其多元化不足的人力资本。中国的学者肖作平（2005）研究发现，CEO 兼任董事长倾向于使用更高的负债，可能是由于此类公司存在过度投资行为。

六是审计治理和资本结构方面。巴拉斯（2009）的研究表明，信息高度不对称的公司可能倾向于用债务融资，而不是权益融资。然而，高质量审计通过帮助客户改进公司披露政策，特别是财务报告，减少知情管理者和不知情资本提供者之间的信息不对称，显著降低了资本结构（Chang et al.，2009）。

基于资本结构代理理论，巴蒂亚（2015）发现，审计师为所有者、管理者和其他证券持有人之间的潜在利益冲突协调创造了一种环境，在这种环境中，外部审计师可能会为投资者贡献巨大价值，因此，支付高审计费用的公司更具杠杆效应，更倾向于发行债务。江伟和雷光勇（2008）具体考察了不同制度环境下的审计质量对中国上市公司长期债务融资的影响。研究结果表明，高质量审计有助于上市公司获取更多的长期债务。周楷唐等（2016）从审计意见视角研究了审计对债务融资的影响。研究发现，持续经营审计意见和非持续经营审计意见都能降低企业债务融资规模，但发表的持续经营审计意见更具有额外价值。

（2）行业因素。企业发展离不开所依赖的行业环境，学者们发现行业经营特征、同行竞争环境及行业生命周期对融资结构产生影响。

①行业经营特征方面。哈里斯和拉维夫（1991）指出，在一个特定的市场中行业的杠杆率是相似的。随着时间的推移，杠杆率相对稳定，然而各行业的杠杆率则各不相同。因此，行业是财务杠杆的重要决定因素，已有研究发现，仅行业变量就可以解释高达 25% 的杠杆率变化（Bradley et al.，1984）。施瓦茨和阿伦森（1967）以 1928 ~ 1961 年 32 家公司为考察对象，研究发现铁路、电力、燃气、矿业和工业之间的资本结构存在行业异质性，但同行之间具有相似的资本结构。众所周知，资本密集型制造业和公用事业具有高杠杆，而高科技和矿产开采业则具有低杠杆。塔尔伯格（2008）为行业间资本结构之间存在差异提供了进一步的支持性证据。由于市场体系中，受银行和资本市场监督的信任以及良好的盈利能力，建筑业、石油和天然气、食品和饮料、化工行业等成熟行业拥有更多的负债，而较年轻的软件行业，负债融资较少。基于中国新兴加转轨的经济体特征，资本结构受行业特征的影响较为明显。诸多学者对此进行了探讨，较有代表的研究中，如郭鹏飞和孙培源（2003）发现金融保险行业具有较高的资产负债率。姜付秀等（2008）发现，发展机会、资产流动性等行业特征的差异是行业间资本结构差异产生的主要原因。张玲等（2012）研究了房地产行业资产负债率较高的原因后发现，除了本身公司特征、行业环境因素之外，国内生产总值、贷款利率和货币供应量等宏观经济因素对资本结构产生了重要影响。

②行业竞争环境方面。以往的文献主要从三个方面来解释产品市场竞争与企业资本结构之间的关系。其一，根据有限责任假设，企业战略性地利用债务来影响产品市场竞争，并预测竞争与杠杆之间呈正相关关系（Showalter，1999）。其二，掠夺模型指出，低杠杆企业可能通过发起价格战等方式对高杠杆企业构成威胁（Bolton and Scharfstein，1990）。因此，掠夺模型预测了产品市场竞争和杠杆率之间的负相关关系。其三，投资效应模型指出，债务增加为未来投资的可行性发出了负面信号，因为未来的现金流将用于清偿债务。这种关于投资的负面信号对股东产生了负面影响，将股东的利润转移给了债权人。因此，投资效应模型表明，产品市场力量和杠杆率之间存在负相关关系。基于此逻辑，刚伊等（Guney et al.，2011）揭示了产品市场竞争和杠杆率之间的负相关关系，这与掠夺模型相一致。此外，作者发现，产品市场竞争和杠杆率之间的关系受企业规模、增长机会和行业类型的调节。格尼（2011）还发现，企业倾向于调整杠杆率以达到目标杠杆率水

平。麦凯和菲利普斯（2005）也发现行业集中度与财务杠杆之间存在正相关关系。米坦尼（2014）表明，公司的市场份额与其杠杆率之间存在负相关关系，这与投资效应模型一致。如果杠杆的代理成本超过收益，市场领导者会使用较低的杠杆来维持其竞争地位。在国内较早对产品市场竞争与资本结构进行研究的学者，朱武祥等（2002）通过燕京啤酒的案例研究发现，产品市场竞争与公司资本结构之间存在联系。姜付秀和刘志彪（2005）将生命周期纳入产品市场竞争与资本结构的分析框架，研究发现产品市场竞争与资本结构的关系受不同生命周期的影响。在成熟行业中，两者呈现正相关关系，在衰退产业和成长性行业中，两者存在负相关关系。此外，姜付秀等（2008）研究了产品市场竞争与资本结构动态调整的关系，研究发现产品市场的竞争与公司偏离目标资本结构的幅度负相关，而产品市场竞争的动态变化对资本结构的调整速度的影响则不显著。

③行业生命周期方面。已有研究发现，企业生命周期与融资决策相关，不同生命周期阶段的企业特征对融资决策非常重要（Adizes，2004），因为不同生命周期的不同融资决策反映了投资需求的程度（Fama and French，2005）。国内外学者基于不同的理论解释行业生命周期对资本结构的影响。

权衡理论认为资本结构决策的基础是平衡债务融资的成本和收益（Myers，1984；Deloof and Overfelt，2008），并且成本和收益在生命周期的各个阶段都有显著差异。处于产生和成长阶段企业的破产成本高于处于成熟和衰退阶段的企业，因为在这些阶段企业面临着更高水平的流动性风险和信息不对称问题。权衡理论还揭示，在复苏和衰退阶段，企业往往会经历收益下降，因此，企业可能会减少债务。致使处于产生和成长阶段的企业以及处于复苏和衰退阶段的企业，其负债率会低于处于成熟阶段的企业。

根据融资优序理论，高盈利企业的收益越高，负债越少，处于产生期和成长期企业的负债率越高，这可能是由于内部积累了较低的留存收益（Myers，1984；Bulan and Yan，2009）。而在成熟期，企业产生了大量的留存收益，可以满足资金的需求，因此，他们使用较少的负债融资（Michaelas et al.，1999）。罗卡（2011）以中小企业为研究样本，发现在银行主导型国家，处于不同生命周期的企业，在发展过程中往往会采取特定的融资策略和不同层次的财务决策。与传统观点相反，在早期阶段，债务融资是第一选择；然而到了成熟期，企业重新平衡资本结构，逐步用内部资金代替外部债务融资。而对于已经合并业务的企业来说，融资优序理论显示出了很强的解释力，这种融资的生命周期模式对于不同的行业是同质的，并且不受时间序列的影响。

基于中国制度背景，赵蒲和孙爱英（2005）较早研究了生命周期与资本结构的关系。研究发现，处于成长期的上市公司，由于内源融资能力较强，加之有较多的增长机会，因此，企业保持较低的财务杠杆；处于衰退阶段，由于财务风险低，公司选择较高的债务水平，资本结构显著增加。田等（2015）通过收集 1999～2011 年中国制造业上市公司的企业层面信息，比较生命周期不同的计算方法研究发现，相比企业年龄计算方法，现金流模式对资本结构的影响更大。而且资本结构存在随时间的动态变化，制造业上市公司在不同的生命周期阶段以不同的速度调整其资本结构。

（3）宏观因素。除行业因素影响之外，宏观经济环境、宏观经济政策以及制度环境等也是影响企业资本结构的外部因素。

①宏观经济环境方面。布斯等（2001）认为，资本结构是经济发展的函数，因此，反映经济发展水平的经济增长率、资本市场发展率、通货膨胀率等因素必然对资本结构产生影响。

商业活动通常伴随着一个国家的经济增长。因而，国内生产总值是资本结构最常用的外部宏观经济决定因素之一。在经济增长期，企业利用扩张和投资的机会，以期创造更多的利润，从而提高企业价值。权衡理论预测，更高的利润使债务融资由于更大的税收优惠更具吸引力。德容等（2008）表明，经济增长越高，企业利用债务为新投资融资的意愿就越高。然而，加朱雷尔（2006）研究发现，企业资本结构与 GDP（以及 GDP 增长）之间存在显著的负相关关系。这说明，经济的增长以及由此带来的国内生产总值的增长导致了公司利润的增加，而根据融资优序理论，公司会优先选择内部来源的留存收益，并不是债务。此外，根据融资优序理论，GDP 的增长与企业更高的利润相关，企业能够利用更多的内部资金，从而减少对外部债务融资的依赖。

除经济增长的影响外，通货膨胀率和利率也是资本结构决策中被广泛研究的宏观经济因素（Zeitun et al.，2017；Muthama et al.，2013；Öztekin and Flannery，2012）。通货膨胀率变化的预期影响信贷和再投资风险。一般来说，高通胀率预计将对债券市场和金融市场产生不利影响。如出资者追求更高的预期资本回报率，资金成本不断增加，使得一些投资项目无利可图，从而对经济增长率产生不利影响，进而对股市产生不利影响。因此，在通货膨胀率较高的情况下，债务对企业更有利。弗兰克和戈亚尔（2009）发现通货膨胀与市场杠杆率之间存在正相关关系，但与账面杠杆率没有关系。哈努塞克和沙姆舒尔（2011）也认为通货膨胀对资本结构有着强烈的正向影响。然而，通货膨胀的不确定性增加了经营风险，通货膨胀与债务之间可能存在负相关关系（Aggarwal and Kyaw，2006）。再者，通货膨胀通过减少投资和生产率增长来降低债务增长，这可能导致对杠杆需求的进一步减少。基于债务结构视角，发现通货膨胀与总杠杆率和短期负债率负相关，与长期负债率正相关。

一个重要的宏观经济因素是企业借贷的利率，它代表了债务成本。已有不少学者研究利率、企业杠杆率与宏观经济状况之间的关系（Karpavičius and Yu，2017；Halling and Zechner，2016；Baum et al.，2006；Frank and Goyal，2004；Korajczyk and Levy，2003），然而，大多数研究者并没有从企业的角度来探讨这种关系，即当借贷成本较低时，企业会借更多的钱。卡尔帕维修斯和余（2017）提出了一个例外，认为企业不会根据利率调整资本结构，除非他们预计会出现衰退期。另外，在经济衰退期，由于央行货币政策的干预，利率往往较低，但企业也降低了对外部融资的需求。雒敏和聂文忠（2012）研究发现，降低利率能明显加快实际财务杠杆低于目标财务杠杆企业的资本结构调整速度。

也有学者研究发现，宏观经济不确定性是企业融资决策中重要的决定因素。例如，鲍姆（2006）研究了宏观经济和企业特定的不确定性对美国非金融企业资本结构选择的影响发现，不确定性和杠杆率之间存在负相关性。这表明，当宏观经济环境存在较大的不确定性时，企业更为谨慎，借贷更少，因为他们预计收入会下降，现金流可能短缺。巴姆拉（2010）研究发现，在宏观经济不确定性加剧的时期，企业使用较少的债务来保持财务灵活性。因此，陈（2010）认为，宏观经济不确定性，特别是经济周期不确定性对公司决策很重要。在宏观经济动荡时期，企业面临较高的风险溢价或折现率，预期现金流增长率下降。因此，企业将经历较低的债务预期税收优惠折现值，这反过来又降低了杠杆的吸引力。

卡格莱安和拉希德（2014）以英国企业为研究样本发现，公司在经济高波动时期使用较少的财务杠杆。德罗贝茨（2015）研究了商业周期对企业融资行为的供给驱动和需求驱动效应。前者是由于经济中的总资本供应短缺，这使得获得融资越来越困难。在需求方面，先前的研究讨论了违约风险和信息不对称在经济衰退期间变得更加明显而导致的逆向选择效应，因而增加了外部融资成本。有经验证据支持杠杆率和经济周期之间的关系。例如，卡格莱安和拉希德（2014）认识到，经济衰退的宏观经济波动会影响借款人的可抵押净值以及外部资金的风险溢价，这可能会阻止公司对债务的使用。我国学者苏冬蔚和曾海舰（2009）首次从宏观经济视角发现，我国上市公司的资本结构呈显著的反经济周期变化，当处于经济上行期时，公司的资产负债率下降；当处于经济下行期时，公司的资产负债率则上升。

以新兴市场的企业债务大幅上升为背景，奥尔特和埃利克达格（2016）研究了新兴市场（EM）企业的杠杆率增长与美国货币状况的关系。研究发现，在过去十年中，美国宽松的货币条件使得新兴市场杠杆率较快增长。具体而言，美国政策利率下降一个百分点，对应于新兴市场杠杆率平均增长 9个基准点（相对于样本平均杠杆率每年 35 个基点的增长）。这种影响对于依赖外部融资的企业、中小企业和私营企业更为明显。研究结果表明，全球金融状况影响新兴市场企业的杠杆率增长，部分是通过影响国内利率和放松企业借贷约束的渠道实现。

金融危机一直是近些年学者关注的热点话题。在金融危机背景下，学者们关心在不同的经济状态下，公司如何迅速调整其资本结构以实现其长期发展目标。库克和唐（2010）基于先前分析的研究成果（Korajczyk and Levy, 2003）发现，宏观经济状况确实影响企业的融资选择，企业在良好的宏观经济状态下比在糟糕的宏观经济状态下更快地调整其杠杆率以达到目标。泽屯（2017）研究了 2008 年金融危机对 GCC 公司资本结构的影响。研究发现，2008 年的金融危机对杠杆率产生了显著负向影响，原因在于贷款供给方缺乏借债资金供应。进一步研究发现，危机前企业的债务需求是财务杠杆的主要驱动力，而危机后企业的债务需求和贷款人的债务供给都是财务杠杆的重要决定因素。此外，金融危机后，企业调整杠杆比率的速度要慢得多。并且金融危机对资本结构的影响在不同行业和不同国家是不同的。这些结果对于利益相关者理解和缓解危机对资本结构的影响具有重要意义。

②宏观经济政策方面。资本结构是资本市场融资需求方和供给方共同作用的结果。从供给方来看，资金供给又受国家货币政策、税收政策、信贷政策等宏观因素的影响。

货币政策是由中央银行管理的一系列举措的综合体现，主要目标是调整货币供应量或利率，以稳定经济。实施扩张性（紧缩性）货币政策，通过降低利率以增加货币供应总量（或通过提高利率以减少货币供应总量），影响银行等金融机构放贷量，进而影响微观企业的资本结构。货币政策的短期影响往往通过信贷渠道传导至企业（Stiglitz and Weiss, 1981; Bernanke and Blinder, 1988）。李瑞（Leary, 2009）研究发现，受企业规模和与银行依存程度的影响，对于规模较小的企业或对银行依赖较大的企业，其负债水平与信贷供给冲击具有同向性，随正向的信贷供给冲击而上升，随负向的信贷冲击而下降，而且这一变化与长期债务的可得性密不可分。以上结论再次证明，特定的货币政策会通过信贷渠道的传导影响企业融资。沃特西纳斯和沃纳（2011）以日本市场为研究对象，通过研究信贷增加或信贷紧缩对融资的影响，研究结论再一次证明信贷供给是资本结构的重要影响因素，而且信贷供给冲击受到企业不同特征的影响。然而一项最新的国际研究，如拉克达瓦拉和莫兰（2019）利用高频金融市场和季度投资数据研究发现，企业对货币政策的反应受企业杠杆的影响。在 2007～2009 年金融危机前后，杠杆在货币传导中的作用发生了变化。高杠杆率的企业在危机前对货币政策冲击的反应较弱，但在危机后反应较为迅速。更高的反应能力是由杠杆率更依赖于长期债务的企业推动的，这表明自危机以来，货币政策在影响长期债务的融资方面发挥了重要作用。

曾海舰和苏冬蔚（2010）以中国公司的微观数据为研究样本，检验了信贷渠道对货币政策影响实体经济的传导效应。研究发现，小规模、高民营化以及弱担保能力公司的财务杠杆受银行体系可贷资金变动影响较大，银行体系传导的政策效应很可能主要由这些受信贷资金约束紧的企业承担的，证实了货币政策可以通过影响银行系统的可贷资金，从而影响实体经济的资本结构。马文超和胡思玥（2012），依据信贷观下的贷款渠道及信贷配给理论，研究了受不同的信贷约配给约束条件下的货币政策变化对资本结构的影响。在货币政策紧缩时，当货币政策变化影响到信贷供给时，未受信贷配给约束企业的资本结构在政策紧缩时受到较小的影响，受信贷配给约束的企业正好相反，但在政策宽松时，受信贷配给约束企业的杠杆仍然较小，未受信贷配给约束的企业影响较大。雒敏和聂文忠（2012）研究发现，增加货币供给量能加快所有企业的资本结构调整速度。以放松利率管制为制度背景，王红建等（2018）研究发现，放松利率管制加快了资本结构调整速度。

财政政策是以稳定经济为目的的政府支出和制定的相关政策。从短期来看，政府要防止过度失业并加以控制通货膨胀。从长远来看，财政政策鼓励经济增长以提高居民生活水平。财政政策有两个主要工具，即改变税率和改变政府支出，配有扩张性和收缩性财政政策。在第一种情况下，政府通过增加支出或减少税收来调整预算，从而增加总需求，这些公司因债务而失去了税收优惠融资。此外，政府支出的增加可能会带来更大的销售额和利润，因此，作为内部资本的留存收益将是可用的和更可取的，总杠杆率因而将下降，紧缩性财政政策的影响则恰恰相反。曾令涛和汪超（2015）研究发现，地方财政政策对 A 股上市公司资本结构具有显著的正向影响。这表明，扩张性的地方财政政策在中国制度背景下助推了企业的加杠杆行为，形成了一个系统性风险的放大机制。并且作者还发现，企业资本结构具有显著的逆周期性，且股票市场状况与货币政策变量对资本结构具有显著的负向影响。雒敏和聂文忠（2012）进一步研究发现，增加政府财政支出加快了企业资本结构的调整速度，减少的企业所得税显著降低了企业资本结构的调整速度。

经典的资本结构理论认为公司税影响资本结构，税率较高的公司使用更多的债务（Modigliani and Miller，1958；1963）。吉沃利（1992）检验了1986 年美国税收改革法案对资本结构的影响。他们发现，在税制改革之后，公司税率下降幅度较大的公司减少了债务的使用。然而，1986 年的税收改革法案同时影响了个人税收，这也将影响资本结构（Graham，2003）。以往的研究主要是同时考察边际税率与杠杆率之间的关系，田高良和赵莉君（2008）就所得税对中国上市公司资本结构的影响进行了实证分析，研究发现，企业所得税税率与上市公司的流动负债显著正相关；红利所得与资本利得税率差异显著影响中国上市公司的资本结构，促使形成股权融资偏好。吴和岳（2009）利用中国特殊的制度背景，研究了税率的外生变化对企业资本结构的影响。研究发现，获得中央政策退税的公司面临着更高的公司税率。与税率不变的公司相比，享受中央退税政策的公司，有更大的激励提高杠杆率，而进一步研究发现，杠杆率主要是由获得银行贷款推动的。黄明峰和吴斌（2010）研究发现，所得税税负水平使得公司资本结构显著增加。由于新税法的实行，所得税税率下降的内资公司相应地减少了债务融资，而相较于税率不变的公司，两税合并前后税率下降的公司资本结构显著增大。法乔和徐（2015）通过使用 1981～2009 年 29 个经济合作组织中大量公司和个人所得税数据，研究了税收对公司杠杆比例的影响。检验结果显示，在税率比较低的国家，公司和个人所得税对资本结构有着显著的影响，在公司所得税上升时，公司倾向于使用更高的财务杠杆，而个人所得税则与财务杠杆负相关。靳毓和文雯（2020）研究税收政策不确定性对企业债务融资决策影响发现，税收政策不确定性显著降低了企业债务融资水平，并且主要降低了短期信贷融资水平，机制检验发现现金流波动是税收政策不确定性影响债务融资决策的作用路径。

③制度因素方面。考虑到契约的不完备性，企业能够可信地承诺金融契约，这不仅取决于企业特征，还取决于市场交换发生的制度环境（Demirgüc-

Kunt and Maksimovic，1999）。詹内蒂（2003）利用一个包含上市公司和非上市公司资产负债表信息的数据集，研究了企业特征、法律制度和金融发展对企业财务决策的影响。研究发现，制度在决定财务决策中代理问题的程度方面起着重要作用。具有良好会计准则和债权人保护高于平均水平的国家，投资于无形资产的公司更容易获得贷款。能够有效保护贷款人的制度充当了贷款抵押的有效替代。此外，同等条件下，在股市不发达的国家，公司的杠杆率更高，即使在控制了盈利能力、规模和融资能力等企业特征后，非上市公司的负债率也会系统地上升，支持债权并确保更严格债务执行的公司与更高的杠杆率相关。宋和菲利帕托斯（2004）在一项针对30个经合组织国家的研究中指出，国际资本结构中几乎所有的横截面偏差都是由企业特定决定因素和行业特定决定因素的异质性所造成的，而不是由法律环境或会计实务等制度差异造成的。此外，按法律渊源分类至少不能有效解释国际资本结构的偏差。如果将公司、行业或两者的异质性考虑在内，英国普通法系国家似乎出人意料地高度依赖债务杠杆，而德国大陆法系国家则可能杠杆最少。这一发现与国际资本结构的公认智慧相反。

范等（2012）以39个发达国家和发展中国家的企业为研究对象，考察了制度环境对资本结构选择的影响。研究发现，一个国家的法律和税收制度、腐败程度以及资本供应商的偏好在很大程度上解释了杠杆率的变化。证据表明，被视为更腐败国家的公司往往使用较少的股权和更多的债务，而在为财务索赔人提供更好保护的法律制度下运作的公司往往拥有更多股权。此外，明确的破产法或存款保险的存在与更高的杠杆率相关。研究还发现，企业倾向于使用更多的债务以获得更大的税盾收益，而企业在有较大政府债券市场的国家有较低的杠杆率。

兹特金和弗兰纳里（2012）比较了各国企业的资本结构调整，并探讨了制度差异是否有助于解释资本结构调整速度的差异。研究发现，法律和金融传统与企业资本结构调整速度显著相关。更狭义地说，制度特征也与调整速度有关，这与更好的制度降低与调整企业杠杆率相关交易成本的假设相一致。这种制度安排与杠杆调整速度之间的关联符合资本结构选择的动态权衡理论。我国学者肖作平（2009）基于中国的制度背景，研究了市场化进程、政府干预、法律环境、金融市场发展和产品市场发展对资本结构选择的影响。研究发现，金融发展程度高的地区上市公司使用更多的债务融资，而市场化总体进程、政府干预和法律环境则降低了债务水平。这说明制度因素在我国上市公司资本结构选择中扮演了重要角色。

综上所述，根据现有文献对融资结构影响因素进行了广泛的探讨，整个研究经历了从微观因素到行业因素、再到宏观因素的过程。不仅为本课题的研究提供了可借鉴的科研成果和理论支撑，而且为研究的实证设计提供了方向指引。

2.2.2　融资期限影响因素研究

单纯的债务与权益融资选择不能充分反映企业的资本结构（Wang et al.，2017）。融资期限（债务期限）是债务结构的一个特殊属性，自从迈尔斯（1977）提出短期债务有助于缓解投资不足的问题以来，受到广泛关注。本部分将从企业微观因素、行业因素和宏观因素进行文献回顾，债务期限影响因素文献框架如图 2－4 所示。

微观因素	成长性、公司规模、企业质量、流动性、财务杠杆、资产期限、税收等因素影响融资期限（Barclay and Smith，1995；Ozkan，2000；Stohs and Mauer，1996；Highfield，2008；Allaya et al.，2018；Diamond，1993；Morris，1992；Graham and Harvey，2001；Brick and Ravid，1985；Fan et al.，2012；Antoniou et al.，2008；肖作平，2005；Cai et al.，2008）
	董事会、管理层薪酬、审计治理等公司治理特征因素影响融资期限（Harford et al.，2008；Li and Zhang，2019；肖作平等，2008；Datta et al.，2005；Brockman et al.，2010；Hong，2019；Fu et al.，2019；刘井建等，2015；Ghoul et al.，2016；雒敏和麦海燕，2011）
行业因素	行业竞争环境因素影响融资期限（Erhemjamts et al.，2010；Boubaker et al.，2018；肖作平，2005；王东静和张祥建，2008；吴昊旻和王华，2009）
宏观因素	经济全际化、经济政策不确定性、金融危机、地理位置、集团隶属等因素影响融资期限（Schmukler and Vesperoni，2006；Datta et al.，2019；刘磊等，2019；李丹和袁淳，2019；Mimouni et al.，2019；Arena and Dewally，2012；Chauhan，2020）
	正式制度和非正式制度影响融资期限（Giannetti，2003；Fan et al.，2012；Shao et al.，2015；Ariss，2016；孙铮等，2005；张伟和王海洋，2013；Aggarwal and Goodell，2009；Zheng et al.，2012；Martins et al.，2017）

图 2－4　债务期限影响因素文献框架

（1）内部因素。已有研究发现，融资期限不仅受成长性、公司规模、企业质量、流动性、财务杠杆、资产期限、税收等企业特征因素的影响，而且受董事会、管理层薪酬、审计治理等公司治理特征因素的影响。

①公司特征因素。企业特有的决定因素是反映以往关于债务期限结构实

证研究中普遍认可的因素，这些因素对债务期限的影响，往往通过一定的理论予以解释。参考安东尼乌等（2008）、斯托和莫尔（1996）的研究，本部分将围绕代理理论、信号传递与流动性风险理论、匹配原理和税收理论回顾相应的研究文献。

一是代理理论（契约成本理论）。詹森和梅克林（1976）认为，代理问题对债务期限的影响反映了股东与管理者之间的利益冲突水平。迈尔斯（1977）提出短期债务有助于缓解投资不足问题。债务在降低股东和管理者之间的代理成本方面发挥了明显作用。根据先前的研究，本部分将重点回顾与代理问题相关的成长性、公司规模因素对债务期限影响的研究文献。

事实是，成长性好的公司有更多的投资机会，然而，可能出现投资不足，因为当项目产生的大部分现金流用于偿还债务时，他们没有启动盈利项目的动机（Myers，1977）。股东也可能承担风险更高的投资项目，因为他们可能以有限的负债获得更大的利润（Jensen and Meckling，1976）。此外，杠杆公司的股东存在投资短视问题，因为他们可能关注短期利润，而忽视净现值更高的长期投资项目。为了处理债务资金的代理冲突，债权人可以采取准予借款公司缩短债务期限，以促进贷款合同条款的重新谈判。因此，缩短债务期限可以减轻投资不足和过度投资的动机（Myers，1977；Childs et al.，2005）。根据斯图尔兹和约翰逊（1985）以及拉赞和津加莱斯（Rajan and Zingales，1995 年）的研究，减少债权人与股东之间冲突的一种方法是引入债务治理。已有研究发现，具有更大成长机会的公司使用更多的短期债务（Barclay and Smith，1995；Guedes and Opler，1996；Stohs and Mauer，1996；Ozkan，2000）。

早期的研究，如史密斯和华纳（1979），研究发现，小公司在股东和债权人之间存在更多的代理问题，因为它们的信息不透明，风险更大。根据奥兹坎（2000）的研究，大公司的代理成本较低，因为他们更容易进入股票市场，因而公司的规模和风险水平可以被认为是代理问题的重要因素。基于英国样本公司的研究，安东尼乌（2006）也发现，企业规模和债务期限之间存在正相关关系。然而，他们没有在德国和法国的公司样本中发现统计上的显著性。席尔瓦和瓦莱（2008）、范等（2012）开展的几项研究也表明，企业规模与长期债务之间存在正相关。然而，谢尔和赫尔伯特（2001）、加西亚·特鲁埃尔和马丁内斯·索拉诺（2010）的一项研究却得出了相反的结论。

二是信号传递与流动性风险理论。企业对债务期限的选择可以反映企业的质量信息。在交易成本为正的情况下，高质量的公司有时会向市场传递其真实质量的信号，以降低企业的资本成本（Flannery，1986），这一理论表明，发行短期债券或举借短期债务的企业可以向外界传递公司良好质量的积极信号。

　　信息不对称的程度也可能影响债务期限结构，面临逆向选择和道德风险债权人可能更喜欢短期债务，以便监督借款人。因此，信息不对称程度较低、声誉良好的大公司和创建时间长的公司有较长的债务期限。然而，在信息不对称的情况下，企业可以利用债务期限结构向市场传递质量信号。因此，弗兰纳里盖尔语（1986）、羽衣甘兰和诺伊（1990）的研究表明，拥有高质量投资项目的公司利用短期债务来传递其良好的市场前景。黛蒙德（1991）通过引入流动性扩展了信号模型认为，高质量的公司将利用短期债务，但面临项目再融资的风险，而低质量的公司可能无法获得长期债务，因为面临高逆向选择的风险。廖冠民等（2010）研究发现，以银行借款作为主要债务融资方式的中国企业，在选择债务期限时会考虑流动性风险。

　　根据信号传递与流动性风险理论的分析，企业质量、流动性与财务杠杆是债务期限结构的重要决定因素。信号传递假说意味着信息高度不对称和高质量项目的企业选择发行短期债务（Mitchell，1993）。在不对称信息下，弗兰纳里盖尔语（1986）认为，长期债务对公司价值更为敏感，但可能比短期债务更容易发生定价错误。因此，高（低）质量公司可能会发行价值更低（更高）的短期（长期）债券。由于交易成本为正，低质量的公司无法承受短期债务的展期，因此选择长期债务。斯托和莫尔（1996）以及加西亚·特鲁埃尔和马丁内斯·索拉诺（2010）证明了企业质量与债务期限存在非线性关系。其他的研究，如海菲尔德（2008）发现，债务期限与企业质量呈正相关关系，风险较高的企业难以进入长期债务市场。具体到会计质量而言，陈等（2014）研究发现，透明度的提高使得家族企业和非家族企业都增加了债务的期限结构，但对家族企业的影响更大。阿拉亚等（2018）研究发现，自愿性披露程度较高的法国上市公司拥有更多的长期债务，并且只有当控股股东的控制权显著超过现金流量权时，自愿披露与长期负债之间的正相关关系才是相关的。这一发现支持了最近的研究结果，即在大股东侵占财富风险较高的环境中，市场对更好的信息披露政策的看法更为积极。多（2020）研究了财务报表可比性与公司债务期限的关系。所提供的强有力的证据表明，可比性对短期债务具有负向影响。与财务报表的可比性在调整企业内部激励机制方面起着重要作用的观点一致，在信息不对称问题更严重的情况下，负向效应更为明显。总体而言，财务报表可比性作为一种公司治理机制，可以替代短期债务的使用。

迈尔斯和拉詹（1998）认为，高流动性比率可能会降低企业的筹资能力，因为过多的流动性会降低管理者对投资行为作出可信承诺的能力。非折旧资产（如土地）与债务期限增加有关。然而，非折旧但流动的资产（如存货）不支持长期债务。在购买长期债券时，贷款人面临着公司状况可能恶化的风险，随着时间的推移，或者在债券到期之前，管理层可能会转向风险更高的项目。此外，贷款人可能会对长期借款施加限制，以控制此类风险，因此流动性较高的公司将能够筹集长期债务。但是，迈尔斯和拉詹（1998）提出了流动资产悖论。直觉上，高流动性公司应该有充足的现金流来偿还债务。因此，拥有大量流动资产的企业应该很容易获得外部融资。然而，研究也强调了核心业务中使用非流动资产的重要性。由于非流动资产"存在"，这给了债权人更多的时间来评估其价值、风险和收益。因此，拥有一定数量非流动资产的公司可能会发现发行长期债务要容易得多。另外，莫里斯（1992）认为，债务期限较长的企业会持有更大的流动性，以防止企业在经济衰退期间无法满足长期债务的固定支付。

财务杠杆也会影响债务期限结构，因为高负债企业更喜欢长期债务，以控制其较高的财务风险（Diamond，1993）。莫里斯（1992）认为，长期债务可能有助于企业推迟投资所面临的破产风险，因此，高杠杆公司倾向于使用长期债务。这一点已得到了已有文献的支持（Stohs and Mauer，1996）。栗兰德和拖夫特（Leland and Toft，1996）的研究也表明，选择更高杠杆率的公司也会选择更长的期限。后期的其他一些学者，如谢尔和赫尔伯特（2001）、加西亚·泰鲁埃尔和马丁内斯·索拉诺（2010）、安东尼乌等（2008）也证实了，负债最多的公司使用更多的长期债务。但是丹尼斯等（2000）认为杠杆率和债务期限应该是负相关的，因为可以通过降低杠杆率和缩短债务期限来降低投资不足的代理成本。

三是匹配原理。莫里斯（1976）提出了资产期限与负债期限匹配的思想。假设企业选择短期和长期债务，债务政策意味着要使债务的到期日与资产的到期日相匹配，从而避免出现与偿债有关的流动性问题。如果不能将债务的到期日与资产的到期日结合起来，将导致债务违约风险的增加。一方面，如果债务在资产使用寿命之后到期，则可能没有偿还债务的回报；另一方面，如果债务在最终资产使用寿命之前到期，则企业可能没有足够的流动性来支付债务。为了最大限度地减少流动性风险，企业必须同步资产和负债的期限。迈尔斯（1977）认为，资产可被视为偿还债务的保护，为了使资产与债务相匹配，他建议债务风险敞口应随着资产价值的下降而减少。

哈特和摩尔（1994）研究发现，在控制了破产风险之后，资产贬值越慢对应的债务期限越长，证实了债务到期日和资产到期日之间的匹配性。斯托和莫尔（1996）以流动资产期限的加权与固定资产期限加权衡量资产的期限。研究发现，资产期限较长、风险较低的大型公司使用了期限较长债务。格雷厄姆和哈维（2001）对 392 名 CFO 进行了一项调查研究，询问 CFO 如何在短期债务和长期债务之间作出选择。研究发现，资产和负债的期限匹配是最流行的答案。其他一些作者的研究也证实了资产和负债期限同步的重要性，如安东尼乌（2008）和特鲁埃尔·索拉诺（2010）的研究发现企业资产的到期日越长，其债务的期限就越长。

四是税收理论。债务期限的选择也会受到税收的影响。凯恩（1985）指出，税盾优势与债务期限成反比。换言之，如果有效税率较低，那么企业更愿意发行长期债券。布里克（1985）检验了税收效应的存在，他们认为，如果利率的期限结构在增加，最佳的融资方式是发行长期债务，因为债务的利息税盾会随着利率的增加而加速，从而增加企业的价值。另外，如果利率期限结构在下降，最好发行短期债券。吉姆（1995）认为，当利率波动增加时，企业有发行长期债务的倾向。这是因为，高税收时机选择权意味着更高的企业价值。他们解释了税收时机选择权的价值是随着选择权的到期日和波动率的增加而增加，显然长期债务比短期债务具有更长的到期日和更大的波动性。洛佩兹·格雷西亚和梅斯特尔·巴贝拉（2011）发现，有效税率与债务期限密切相关，且利率波动性和利率时间结构对债务期限具有显著的正向影响。范等（2012）得出结论，债务税收收益较高的公司倾向于使用更多的债务。

肖作平（2005）首次系统考察了中国上市公司债务期限的决定因素。研究发现，成长机会较多的公司使用更多的短期债务，符合代理成本假说的预期，与迈尔斯（1977）的减少债务期限能缓解投资不足问题的观点相一致。研究还发现，资产期限长的公司举借了更多长期债务，符合匹配原理的预期，说明为了最大限度地减少流动性风险，企业必须同步资产和负债的期限；规模大的公司具有更多的长期债务，说明公司使用期限更长的债务以降低债务代理成本，这与代理成本假说预期相符；实际所得税税率较大的公司具有更多的长期债务，验证了税收假说。类似地，蔡等（2008）在研究中国上市公司债务期限的潜在决定因素时发现，企业规模、资产期限和流动性显著延长了中国企业的债务期限，并且抵押资产的数量和增长机会往往也很重要。

②公司治理特征因素。前已述及代理理论解释了债务期限结构的选择问题。总体而言，公司治理水平的高低直接影响到代理问题的强弱，进而影响债务期限结构的选择。如吉姆（2015）利用一个独特的调查数据集，研究了韩国上市公司的公司治理实践对债务期限结构的影响。发现治理差的公司比治理好的公司有更高的负债率（特别是短期负债率）。作者研究表明，债务资本，特别是短期债务，可以作为新兴经济体中治理不善公司的补充监督工具。基于中国的制度背景，杨兴全和梅波（2008）研究发现，公司治理水平高的公司使用了更多短期债务，治理水平低的公司则通过选择长期债务来避免受到外部的持续监督。

既然总体的公司治理水平影响债务期限结构的选择，那么具体的公司治理机制，如所有权/控制权、董事会、管理层特征及审计师选择是否对债务期限选择产生影响？接下来将对相关文献进行梳理。

当今许多公司存在控股股东所拥有的的控制权远远大于其现金流权（又称为超额控制权），导致控股股东和少数股东之间存在潜在的利益冲突。本纳萨等（Ben-Nasr et al.，2015）研究了股权结构对公司债务期限的影响，发现所有权—控制权偏离的公司有更长的债务期限；多个大股东与短期债务正相关，表明多个大股东与短期债权人起到了有效的监督作用。舒玉和李（2010）以2002~2006年在我国台湾证券交易所上市的611家公司为样本研究发现，过度控制权与短期负债之间存在显著的负相关关系，这与控制权与现金流权的分离为控股股东提供了一个巩固自身地位、攫取少数股东财富的机会的假设一致。尼夫斯等（2016）使用2004~2013年西班牙未上市公司的样本，研究了家族控制对民营企业债务期限结构的影响。研究发现，家族企业获得了更多的长期债务。然而，第二大家族股东的存在对债务期限有负向影响。与先前的研究一致，他们发现当企业增长机会较少、资产期限较长且杠杆率较高时，它们会使用更多的长期债务。还有一些研究表明，在短期债务期限和高抵押品要求下，银行的监控激励更高（Park，2000；Datta et al.，2005）。为了避免这种监督强度，具有更明显的代理问题的公司，如国有企业，预计会倾向于采用期限长、抵押品水平低的债务结构（Datta et al.，2005）。布巴克里和萨法尔（2019）研究发现，由于国有制相关的预算软约束，新私有化公司更多地依赖银行债务，它们将倾向于采用期限较长、抵押品要求较低的债务结构。因此，国有产权性质与债务期限正相关、与债务安全负相关。基于中国的经验数据，肖作平和廖理（2008）的研究指出，第一大股东持股比例高的公司，有显著较低的债务期限，第一大股东为国家股的公司具有相对长的债务期限，少数大股东持股集中度与公司债务期限显著正相关，少数大股东持股集中度的提高能削弱第一大股东和公司债务期限之间的负相关关系。

董事会在公司治理结构中处于中心位置。哈福德（2008）研究发现，在融资决策中，董事会认识到短期债务的治理作用，更强的董事会将迫使公司持有更多的债务和更多的短期债务。李和张（2019）考察了女性董事对公司债务期限结构的影响。研究发现，女性董事比例较高的公司往往有较大比例的短期债务，而有女性独立董事的这种影响更为显著，但对于女性内部董事的这种影响并不显著。进一步研究发现，这种显著关系主要在公司治理质量弱和融资约束低的公司样本更为显著，研究证实了女性董事将短期债务视为一种监督手段。利用萨班斯—奥克斯利法案（SOX）作为对董事会结构的外生冲击，托松和塞纳贝（2020）通过董事会独立性来识别内部监控有效性，并估计了其对公司债务期限的影响。研究发现，随着董事会独立性的提高，内部监督变得更加有力，良好的治理取代了通过短期债务对管理人员的外部控制。基于中国的制度背景，肖作平和廖理（2008）的研究表明，独立董事比例越高，债务期限越长，CEO 同时担任董事长的公司减少了长期债务水平，董事会独立性强的公司有助于获得更多的长期债务。

管理层作为一类代理问题中公司治理的对象，除引入债权人对管理层进行监督外，对管理层持股或薪酬激励能起到有效地协调管理者和股东的利益的作用，以缓解此类代理问题的作用（Jensen and Meckling，1976）。得塔等（Datta et al.，2005）使用 1992～1999 年 4 514 个公司年度观察样本，考察管理层持股与公司债务期限之间的关系。研究发现，管理者拥有较高的股权，从而更好地与股东激励一致，选择了较大比例的短期债务。这一发现首次确立了管理层持股在决定公司债务期限结构选择方面的作用，拓展了资本结构（债务—股权）选择决定因素的研究。此外，高管薪酬的变化直接影响到经理的风险感知，从而改变了激励和行为，短期债务无疑在降低激励契约中的经理人债务代理成本方面发挥了重要作用。布罗克曼（2010）以 1992～2005 年 14 年间的 6 825 家公司为样本，研究了 CEO 薪酬激励与公司债务期限之间的关系。研究发现，首席执行官投资组合增量与短期债务之间存在显著的负相关关系。这些发现表明，短期债务是用来降低高管薪酬有关的代理成本。FAS123R 要求公司以公允价值购买股票期权，这导致期权报酬和管理层承担风险的动机大幅降低。以财务会计准则 FAS123R 实施为外部冲击，研究期权报酬提供的风险承担激励对公司债务期限选择的影响。研究发现，相对于控制组，被处理组的债务期限显著增加。进一步地检验发现，由于采用 FAS123R，债权人—股东代理冲突的缓解是驱动这一影响的内在机制（Hong，2019）。相关学者研究了薪酬差距与债务期限结构的关系，研究发现 CEO 薪酬差距大的公司使用更多的短期债务，这与公司缩短债务期限，以减轻债务的代理成本是一致的。进一步研究发现，在有更多增长机会和融资约束的企业中，这种影响更为显著（Fu et al.，2019）。基于中国的制度背景，刘井建等（2015）认为，高管现金薪酬对债务期限的影响呈非线性的倒"U"型关系，股权激励计划和股票增持有利于提高债务期限，但股权激励强度的影响却是消极的。

除此之外，管理层过度自信的特征也影响到企业债务决策行为。黄等（2016）通过研究过度自信的 CEO 是否以及在多大程度上影响企业债务期限决策。与需求理论一致，研究发现，首席执行官过度自信的公司倾向于通过使用较高比例的短期债务，缩短了债务期限结构。这表明，过度自信的首席执行官的行为并没有被短期融资策略带来的高流动性风险所影响。

审计师作为重要的外部治理机制，高质量审计师通过严格约束管理层行为，防止其通过对财务报告的自由裁量权来掩盖真实业绩，降低信贷市场信息不对称，贷款人可以更好地评估贷款公司的风险状况，将使企业能够获得更多非价格条件（包括更长期限）的借款（Diamond，1991；Tang，2009）。四大审计机构在降低代理成本方面的重要性在世界范围内的债务期限研究中表现得尤为明显。相关学者对来自 42 个国家的大型上市公司样本的分析发现，随着四大审计机构的出现，长期债务在公司资本结构中所占比例上升，这表明高质量的审计可以替代短期债务进行监督。进一步研究发现，审计师选择在债务期限中所起的作用主要集中在拥有强大的产权和债权法律制度的国家（Ghoul et al.，2016）。以中国上市公司为样本，雒敏和麦海燕（2011）研究发现，标准审计意见会向债权人传递积极的信号，有助于增加企业的债务期限；审计质量缩短了债务期限，这说明高质量审计师更加独立和公正，能披露更全面、更翔实的企业财务信息，债权人感知企业风险，缩短了公司的债务期限。

（2）行业因素。已有研究发现，对于影响债务期限结构的外部因素，行业竞争等因素具有显著影响。产品市场竞争已被证明是一种有效的公司治理外部约束机制，哈特（Hart，1983）从理论上证明了竞争对管理者施加压力以减少懈怠，从而提高治理质量，缓解由于管理者和股东利益分歧而产生的代理问题。艾哈迈德（2010）研究发现，企业短期债务选择受行业竞争的影响，在低行业集中度时，行业集中度正向影响短期负债；在高行业集中度时，行业集中度负向影响短期负债；而在企业同质化程度更高或竞争更激烈的行业，这种非线性关系更为显著。此外，研究还发现，在产品市场上，期限较短的公司比其竞争对手更具侵略性。总体证据表明，尽管金融合同缓解了代理问题，但它们加剧了被捕食的风险。布贝克等（2018）基于先前关于产品市场竞争的信息和监控作用的研究，检验了竞争压力如何影响企业在银行债务和公共债务之间的选择。通过对 2001～2013 年 3 675 家美国公司的抽样调查发现，来自产品市场的竞争压力导致公司减少了对银行债务融资的依赖，产品市场竞争与长期债务获得正相关；产品市场的外部治理压力降低了企业的监控需求，从而降低了对通过短期债务频繁监控债务市场的依赖。总的来说，这些发现进一步证实了竞争惩戒权取代了银行监督和短期债务监督等其他形式的监督。中国学者肖作平（2005）研究发现，被管制的行业有显著多的长期债务。王东静和张祥建（2008）以 A 股制造业上市公司为样本实证检验了市场条件和竞争等行业因素对债务期限结构的影响。研究发现，在市场集中度高、产品差异化大的行业，公司会增加长期债务融资；当产品需求和成本出现未预期的增加时，会增加短期债务融资；当产品需求存在季节性波动时，公司会增加短期债务融资。吴昊旻和王华（2009）基于我国股权分置改革前的制度背景研究发现，中国上市公司对短期负债具有竞争性依赖，即公司更倾向于短期负债融资。

（3）宏观因素。除行业因素之外，现在文献关注较多的是金融全球化、政策不确定性、政府干预、法律环境、国家文化、国家治理、金融危机、地理位置、集团隶属等因素的影响。

在经济全球化方面。施穆克勒和维斯佩罗尼（2006）研究发现，通过进入国际市场，企业增加了长期债务，延长了债务期限。相比之下，随着金融自由化，一般企业的长期债务减少，期限结构向短期转移。这些影响在国内金融体系欠发达的经济体中更为显著。与仅依赖国内融资的企业相比，金融一体化对能够融入世界市场并在全球获得融资的企业具有相反的影响。

在政策不确定性方面。达塔等（2019）研究发现，政策不确定性水平的提高会导致企业缩短债务期限，这表明企业对长期债务的承诺变得更加谨慎，并暗示在政策不确定性较高的时期，企业的风险厌恶情绪会增加。然而，并不是所有的公司都有类似的反应。与迈尔斯（1977）的预测相反，高增长企业在政策不确定性高的时期延长了债务期限。当政策不确定性增加时，信贷质量最高和最低企业的债务期限存在差异。此外，规模较大的公司增加了债务期限，而融资约束公司和更容易受到政治环境影响的公司获得了短期债务。刘磊等（2019）研究发现，经济政策不确定会导致债务规模缩减，但是企业长期借款比重增加，管理层治理在上述关系中发挥了调节作用。进一步研究发现，在非国有企业以及信息不对称程度高、风险承担水平高及政府干预程度高的情况下，经济政策不确定性对企业债务期限的影响更加显著。

最新的一项研究，如李和苏（2020）考察了经济政策不确定性对企业债务期限的影响。利用 1996～2010 年法国、德国、西班牙和意大利的跨国企业数据发现，经济政策不确定性的增加与债务期限的缩短显著相关。具体而言，经济政策不确定性增加 1% 与债务期限下降 0.08% 有关。此外，经济政策不确定性对创新密集型企业的影响更大。以中国上市公司为研究对象，李丹和袁淳（2019）研究发现，我国企业高度依赖短期债务融资，在信贷紧缩期间，公司的短期债务水平显著减少，民营企业和小规模企业短期债务减少更为显著，而国有企业和大规模企业的短期债务融资不受影响。

在制度因素方面。制度作为既定的外生变量，在企业融资行为中始终扮演重要角色。而法律、政治力量等正式制度因素对融资行为的影响日益凸显。已有研究发现，对外长期融资的依赖也随着法律制度不断完善而增加，司法系统的效率决定了获得外部融资和增长的途径（Demirguc Kunt and Maksimovic，1998）以及公司对融资方式的选择（Demirguc Kunt and Maksimovic，1999）。在后续研究中，昆特和马克西莫维奇（2002）证实，随着一国法律制度的发展，获得外部融资的机会增加。贝克和莱文（2002）表明，法律制度的效率提高了企业融资的可用性。詹内蒂（2003）利用一个包含上市公司和非上市公司资产负债表信息的新数据集研究发现，债权保护对于在高波动行业经营的公司获得长期债务至关重要。如果法律不能充分保障债权人的权利，贷款人只愿意发行短期债务，因为他们可以利用不续借贷款的威胁来限制企业的机会主义行为。即便在跨国研究中，也有学者支持了法律对债务期限影响的一般结论。如范等（2012）以 39 个发达国家和发展中国家的企业为研究样本发现，一个国家的法律和税收制度、腐败程度以及资本供应商的偏好在很大程度上解释了债务期限的变化。腐败程度更高国家的公司往往使用短期债务，而在为债权人索赔提供更好法律保护环境下运作的公司往往拥有更多、相对更长的债务期限。阿里斯（2016）用一个国家的腐败感来代表法律体系的完整性，研究发现更少的腐败加上更强有力的法律增加了对长期债务的依赖。除法律的影响之外，也有学者研究了政府干预和国家治理质量对债务期限的影响，如绍等（2015）发现，政府所有制程度越高的企业，长期负债越多，而中央政府所有制的企业，这种影响更为显著。马丁斯等（2017）利用 2008～2013 年巴西和智利的大型企业数据研究发现，债务期限与国家一级治理质量综合指数呈负相关，这表明在治理体系有效保护债务持有人的国家，所有权高度集中的公司将使用偿还期较短的债务，以便从债务持有人的频繁监督中获益。

虽然政治力量、法律等正式制度因素对融资行为的影响日益明显，然而作为非制度因素的国家文化对融资行为的影响更是不容忽视。基于民族文化的视角，阿格瓦尔和古德尔（2009）认为，执行不完全契约和克服与代理成本、信息不对称相关的交易成本的相对效率在各国存在显著差异，这不仅取决于法律环境，也取决于民族文化。位于社会嵌入层面的文化可以通过塑造契约环境，成为影响社会人的激励和选择的非正式约束。郑等（2012）考察了民族文化对企业债务期限选择的影响。利用霍夫斯泰德的四个文化维度（不确定性回避、集体主义、权力距离和阳刚之气）作为文化的代理变量，以 1991～2006 年 40 个国家抽样调查数据研究发现，企业位于高度不确定性回避、高度集体主义的国家，高权力距离、高阳刚之气倾向于使用更多的短期债务。将这一发现解释为：国家文化有助于解释企业债务期限结构的跨国差异。

我国学者研究了制度因素对债务期限结构的影响，如孙铮等（2005）发现，企业所在地的市场化程度越低，长期债务的比重越高。章细贞（2011）认为，在法律环境较好、地区金融发展水平较高、政府干预较弱的地区，民营企业长期债务的比重越小，而企业家的政治联系有助于帮助企业获得更多的长期债务，这种影响在制度环境较差的地区更为明显。张伟和王海洋（2013）考察了投资者保护对债务期限的影响。研究发现，在市场化程度高的地区，企业可以建立投资者保护机制以解决长期负债融资问题；在市场化程度低的地区，企业通过与政府建立政治关系，从而为长期负债融资提供保障。王红建等（2018）以放松利率管制为制度背景研究发现，放松利率管制延长了企业债务期限。

在地理因素方面。随着地理经济学拓展到公司财务领域，一方面，地理因素通过影响交通时间和成本对企业管理产生影响；另一方面，地理因素会影响信息不对称，进而对企业的各项活动产生影响。阿里纳和露利（2012）

考察了企业地理位置对企业债务的影响。研究发现，与为城市企业安排债务的银团相比，为农村企业提供债务担保和贷款的银团规模要小得多，声望也要低得多。农村借贷公司更可能依赖关系银行。即使考虑到债务期限与杠杆率之间的内生关系以及影响债务期限结构的所有其他变量，小城市企业的债务期限也要长于较大城市企业。此外，农村企业的债务面临更高的利差比。

关于债务期限结构最新的研究，还关注到了金融危机和集团属性等外部因素的影响。以 2008 年国际金融危机等重大经济衰退现象为研究背景，米穆尼（2019）利用海湾合作委员会（GCC）地区 208 家上市公司的样本，发现危机后公司流动比率的增加与长期融资的增加有关。还发现，如果金融危机后的流动比率超过某个特定的阈值，受到融资约束影响的企业仍然可以获得长期融资。乔汉（2020）以印度企业为例，研究企业集团隶属对企业债务期限的影响。研究发现，集团关联性与企业债务期限正相关。与类似的独立企业相比，集团企业使用的长期债务更多。研究还发现，集团从属关系对债务期限的正向影响在拥有更多资源和不相关多元化的集团企业中更为显著。然而，信息不对称和道德风险问题削弱了集团关联对企业债务期限结构的影响。

综上所述，现有文献主要从成长性、公司规模、企业质量、财务杠杆等公司特征因素，董事会、审计治理等公司治理因素，行业竞争为代表的行业因素，以及宏观经济、政治、自然环境以及制度因素等宏观方面对融资期限影响进行了广泛研究，这为本课题的研究提供了可借鉴的科研成果及参考文献。

2.2.3 融资成本影响因素研究

国内外关于上市公司的资本成本影响因素的研究主要包括微观和宏观两大领域，其中微观领域涉及公司特质、公司治理、会计信息质量、信息披露和内部控制等，宏观领域涉及行业竞争、经济、政治、法律、文化等因素。下面分别就微观和宏观开展文献梳理，图 2-5 是本部分的文献框架。

（1）微观因素。以往国内外关于企业融资成本影响因素的研究，经历了最开始关注公司特征到公司治理、内部控制和信息披露相结合的阶段。

①公司特征因素。就公司特征而言，现有研究发现，公司规模、财务杠杆、盈利能力、资产有形性与风险对其融资成本具有显著影响（Bhojraj and Sengupta，2003；Jung et al.，2018；Lemma et al.，2018；Dhaliwal et al.，2008；García-Teruel et al.，2014）。相比规模小的公司，规模大的公司有较

低的债务代理成本、相对较小的监控成本、较小的现金流波动、较高的资产抵押性，并且随着规模的扩大能够带来规模经济和范围经济，那么规模较大的公司可能会有较低的违约风险，融资资本因而较低。

公司特征	公司规模、财务杠杆、盈利能力、资产有限性与风险对其融资成本具有显著影响（Bhojraj and Sengupta，2003；Jung et al.，2018；Lemma et al.，2018；Dhaliwal et al.，2008；Garcíaet al.，2014）
公司治理	董事会、控制权、内部人所有权、机构投资者持股、外部审计治理、反收购和股东保护条款研究和媒体等公司治理机制影响融资成本（Bhojraj and Sengupta，2003；Anderson et al.，2004；Lorca et al.，2011；蒋琰和陆正飞，2009；Pandey，2020；Shailer and Wang，2015；Attig et al.，2013；王运通和姜付秀，2017；Ashbaugh-Skaifeet al.，2006；Wan，2015；林晚发，2016；Mansi et al.，2004；Chen et al.，2011；魏志华等，2012；Klock et al.，2004；Feng et al.，2020；卢文彬等，2014；Gao et al.，2020）
盈余内控质量	融资成本不仅受到盈余质量影响（Francis et al.，2004；Bharath et al.，2008；Juan et al.，2011；Li and Xi，2015；Fang et al.，2016；Imhof et al.，2017；Barth et al.，2005；李刚等，2008；王亮亮，2013；杨忠海等，2015；范海峰和石水平，2016），而且还受到内控质量影响（Schneider and Church，2008；Dhaliwal et al.，2011；Parket al.，2017）
信息披露	信息披露是影响融资成本的重要因素（Diamond and Verrecchia，1991；Botosan，1997；Sengupta，1998；Francis et al.，2005；Cheynel，2013；Michaels and Grüning，2017；Kent and Bu，2020；于富生和张敏（2007）；李志军和王善平，2011；汪炜和蒋高峰，2004；曾颖和陆正飞，2006；黄娟娟和肖珉，2006；Ashbaugh-Skaife et al.，2010；张然等，2012；方红星和施继坤，2011；袁蓉丽等，2014；林斌等，2012；王艺霖和王爱群，2014a；2014b）
行业因素	融资成本受行业特征和行业竞争环境的影响（叶康涛和陆正飞，2004；Valta，2012；Chen et al.，2014；Sassi et al.，2019）
政治经济	受政治因素影响，如政治权利、政治风险、政治不确定性、政府补贴（Qi et al.，2010；Pham，2019；Li et al.，2018；Lim et al.，2018）；受宏观经济环境影响，如经济政策不确定性、税收政策不确定性（Ashraf and Shen，2019；Víctor et al.，2019；靳毓和文雯，2020）
制度因素	受法律保护、政府干预、金融发展水平及文化等制度因素的影响（La Porta et al.，2000；Bae and Goyal，2009；Ni and Yin，2018；肖浩和夏新平，2010；肖作平和周嘉嘉，2012；刘永冠，2013；钱雪松等，2019；Chui et al.，2016；Ghoul et al.，2019；Ghoulet al.，2012；Chen et al.，2016）
其他因素	受到其他宏观因素影响，如环境管理、地理位置、气候变化、环境不确定性、供应链关系、社会资本（Sharfman and Fernando，2008；Wang et al.，2019；Balvers et al.，2017；Kling et al.，2018；刘星河，2016；林钟高等，2015；陈峻等，2015；吴兴宇等，2020；Cai and Zhu，2020；游家兴和刘淳，2011；Hasan et al.，2017；Gupta et al.，2018）

图 2-5　融资成本影响因素研究文献框架

博伊拉吉和森古普塔（2003）、谢勒和王（2015）研究发现规模大的公司融资成本更低。高财务杠杆意味着有较高的违约风险，因此资本成本随着杠杆率的增加而增加（Jung et al.，2018）。具有高增长前景的公司往往具有程度更高的信息不对称性（Lemma et al.，2018），这可能会增加向其提供资金的贷款人的风险溢价，从而增加资本成本。盈利能力强的公司往往具有较低的违约风险，资金提供者将从较低的资本成本中获益（Dhaliwal et al.，2008；Ge and Kim，2010；Lopes and Alencar，2010）。对于持有较高有形资产的公司，破产恢复率往往较高，可以减少债权人的还款损失，降低资本成本（Bharath et al.，2008；Jung et al.，2018）。然而，对于那些风险高，经营不稳定和收益难以预测的借款人，贷款人收取了更高的风险溢价，从而增加其债务成本（Trueman and Titman，1988；Francis et al.，2005；García‐Teruel et al.，2014）。中国学者叶康涛和陆正飞（2004）考察了影响中国上市公司股权融资成本的决定因素，研究发现了市场波动性（β 系数）与股本成本正相关，且公司规模、资产周转率与股本成本正相关，财务杠杆、资产有形性和成长性与股本成本负相关。此外，股权融资成本还在不同行业存在显著差异。

②公司治理因素。在公司治理方面，有效治理机制可以通过降低代理成本、提高监控管理绩效以及减少企业与资金提供方之间的信息不对称等方面来降低违约风险，从而影响到融资成本。朱（2014）研究发现，总体上来说，具有良好公司治理的企业始终与较低的股权成本和债务资本成本相关，并且这一相关性在法律体系健全、信息披露实践广泛、政府质量良好的国家更为显著。类似地，基于中国上市公司的经验证据，蒋琰（2009）研究发现，公司治理水平的提高，有助于降低权益成本和债务成本，并且还发现权益成本的降低作用受公司治理水平的影响较大。下面从具体要素方面梳理公司治理对融资成本的影响。

在董事会研究方面。董事会是公司治理的核心环节，从董事会的治理作用来看，博伊拉吉和森古普塔（2003）研究发现，由强有力董事会控制的公司，新发行的债券利差较低。安德森等（2004）发现，债务成本与董事会独立性、董事会规模成反比，审计委员会的独立性也能显著降低债务融资成本。同样，收益率利差也与审计委员会规模和会议频率负相关。洛尔（2011）研究发现，董事会的两个属性（董事所有权和董事会活动）能够降低代理成本和信息不对称，对债权人的风险评估产生影响，因而董事会规模与债务成本之间存在非线性关系。在最新的一项研究中，潘迪（2020）调查了女性董事的存在是否影响澳大利亚上市公司的债务成本。研究发现，女性董事的存在与债务成本呈负相关性。最重要的是，研究结果支持了临界质量理论的观点，即提高董事会的有效性需要一定的性别均衡门槛。国内学者蒋琰和陆正飞（2009）证实了董事会治理机制对股权融资成本影响的有效性，CEO 与董事长两职合一，增加了对投资者特别是中小股东的掏空成本，提高了股权融资成本；独立董事因能发挥公司治理作用，能够缓解中小股东与大股东的代理问题，降低了股权融资成本。倪娟等（2019）研究发现连锁董事发挥了声誉担保、信息传递和资源联结的社会功能，从而降低了企业债务成本。

在控制权研究方面。已有研究发现股权结构是监督和控制公司业绩的基石（O'Brien and Bhushan，1990），公司治理侧重于所有权结构在缓解相关方利益冲突中的作用，在诸多公司的所有者当中，大股东或实际控制人的作用更为明显，如谢勒和王（2015）研究了政府控股对中国上市公司债务成本的影响。研究发现，与私人控制下的公司相比，政府控制下的公司拥有较低的债务成本。以家族控制为研究视角，斯旺皮塔克（2020）发现泰国家族企业的债务融资成本低于非家族企业。在高利润的家族企业中，较低的债务融资成本占主导地位，因为这些企业信誉良好，并关心其长期生存能力。渠道检验发现，家族企业较低的融资成本，受益于与债权人建立的牢固和值得信赖的关系，这有助于缓解泰国薄弱的制度环境中的信息不对称。阿提格等（2008）检验了多个大股东的存在是否减轻了企业的代理成本和信息不对称进而影响股权融资成本。利用 8 个东亚国家和 13 个西欧国家的 1 165 家公司的数据发现，股权成本随着大股东的存在、数量和投票规模的增加而降低。并且第二大股东的作用较为明显，尤其是存在掏空风险的家族控制的公司。区域分析表明，在东亚企业中，多重大股东在抑制私人利益、减少信息不对称方面发挥着内部治理作用。在早期我国上市公司研究中，蒋琰和陆正飞（2009）并未发现股权结构（第一大股东持股与股权制衡）影响权益融资成本的证据。在后期一项研究中，如王运通和姜付秀（2017）研究发现当存在多个大股东时，公司有更低的债务融资成本，为股权制衡的融资效应提供了证据支持。

在内部人所有权研究方面。内部人所有权是公司治理中最重要的控制机制之一。阿什博夫斯凯菲等（2006）证实了内部人所有权的增加增强了管理者投资正净值项目的动机，减少了信息不对称，从而降低了逆向选择、道德风险。因此，通过让管理层持股的方式，有助于调整管理者和股东的利益，减轻债务相关的代理问题，并进而降低融资成本。桑切斯—巴莱斯塔和加西亚—梅卡（2011）研究发现，内部人所有权降低了信息不对称和债权人风险，从而降低了债务融资成本。万（2015）发现管理层持股与股权成本呈显著负相关。最新的一项研究中，如费萨尔等（2020）对 2012～2017 年伊拉克—伊朗证券交易所上市公司收集的数据研究发现，管理层所有权与股权成本之间存在显著的负相关关系。这意味着，当管理层持股增加时，股权成本将降低。这些结果支持了内部所有权通过降低股权成本来提高固定绩效的作用。此外，研究还发现，在西亚国家之间的所有权结构对股权成本的影响具有相似性。

在机构投资者持股研究方面。施莱弗和维什尼（1997）认为，机构投资者持股是降低债务成本的重要机制，因为机构投资者通过有效且独立地监督管理者，降低债务人或投资者面临的代理风险，因而机构投资者持股可能降低公司的资金成本。博伊拉吉和森古普塔（2003）考察债务的发行成本时发现，拥有机构投资者持股比例更高的公司，其新发行的债券利差较低。然而，随着机构所有权的集中，公司则可能会面临较高的债券利差。阿什博等（2004）研究发现机构持股比例较高的公司获得的股权成本较低。罗伯茨和余昂（2010）研究发现机构投资者通过有效监控管理，降低投资组合公司的风险水平，在公司治理中发挥积极作用，因而在有机构投资者的公司比没有机构投资者的公司支付的借款成本要低得多。类似地，阿提格等（2013）考察了机构投资者的投资视野对公司股权成本的影响。由于监管和信息质量的提高，在机构投资者存在的情况下，股权成本将降低，而机构投资者的投资期限更长。研究还表明，在存在更高的代理问题（治理不善的公司）的公司，长期机构投资者的监督作用更为突出。林晚发（2016）研究发现，机构投资者持股有助于降低债券的信用利差；但这一影响主要存在于短期机构投资者持股比例增加的样本。

在外部审计治理研究方面。曼西河等（2004）发现，审计师质量和任期与债务融资成本呈负相关；审计师特征与债务成本的关系在非投资级别的公司中更为显著。皮特曼和福丁（2004）研究了聘请头部审计机构是否能够降低新成立公司的借贷成本。由于公司在成立初期更多地依赖外部融资，但市场摩擦抑制了这些公司获得外部融资的机会，然而公司在成立初期聘请头部审计机构可以从降低债务成本中获益。但随着时间的推移，依赖高质量审计师对公司贷款利率的影响逐渐减小，即审计师声誉的经济价值随着年龄的增长而下降，因为借款人转向利用自己的声誉来减少信息不对称。美国证券交易委员会（SEC）认为，非审计服务产生的费用削弱了审计师的独立性，降低了财务报表的可靠性，增加了公司的资本成本。达利瓦尔等（2008）以560 家新发行的公司为样本研究发现，非审计费用与投资级发行人的债务成本直接相关。但随着审计费用的增加，收益与债务成本之间的关联性降低。陈等（2011）考察资本成本受审计质量影响及产权性质异质性，在非国有企业中，相较于非头部审计机构审计的公司，受头部审计机构审计的企业有较低的权益资本成本。头部审计机构在降低资本成本的作用方面，非国有企业要显著大于在国有企业。魏志华等（2012）研究发现，良好的外部审计治理有助于增强债务融资的定价。相较于被出具非标审计意见的上市公司，被出具标准审计意见的上市公司具有显著更低的债务融资成本。

在反收购和股东保护条款研究方面。克洛克等（2004）利用投资者责任研究中心（IRRC）1990～2000 年的数据，考察了各种反收购和股东保护条款的治理指数与债务融资成本之间的关系。研究发现，强有力的反收购条款与较低的债务融资成本相关，但与权益资本成本正好相反。最新的一项研究，冯等（2020）以中国上市公司为样本，考察了反收购条款对债务成本的影响。研究发现，反收购条款增加了债务成本，这与基于美国数据的研究结果相反。此外，高管持股增强了正相关关系，而聘请声誉良好的审计师则削弱了这一正相关关系。机制研究表明，反收购条款通过加剧代理成本，进而对借款者产生不利影响。

在公司治理的其他方面。如高等（2020）利用了州一级对选区法规交错采用的外生事件，检验了利益相关者导向对企业债务成本的影响。研究发现，与在其他地方注册的公司相比，在采用此类法规的州注册公司的贷款利差显著下降。进一步表明，选区法规通过减少剩余索赔人和固定索赔人之间利益冲突、流动性索赔持有人和非流动性索赔持有人之间的利益冲突、限制法律责任和降低收购威胁等渠道降低了债务成本。高等（2020）以 1990～2011 年发行的 5 338 只工业债券为研究对象，研究发现了媒体报道与企业债券成本显著负相关。研究还发现，媒体报道影响债务成本的四个作用渠道：信息不对称、治理、流动性和违约风险。值得注意的是，除了上述作用渠道的影响之外，媒体报道还具有独立的影响力。卢文彬等（2014）选取中国 A 股上市公司的研究数据，实证检验了媒体曝光对权益资本成本的影响。证实了媒体通过发挥公司治理和信息传播的双重作用，降低了公司的权益资本成本。

③会计信息质量。高质量的盈余，通过减少收益中的不确定性，有助于

降低资本成本。对于会计信息质量与资本成本关系，国内外学者进行了较为广泛的研究。

巴龙（2003）实证检验了感知水平盈余质量变化对股权资本预期成本的影响。研究发现，盈利质量感知与权益资本成本呈显著负相关关系。弗朗西斯等（2004）研究了盈余属性与股本成本之间的关系。研究认为，盈余是企业特定信息的主要来源，而且这些信息是影响股本成本的因素，将应计质量、持续性、可预测性和平稳性作为账面基础的盈余属性，将价值相关性、及时性和稳健性作为市场基础盈余属性。实证结果支持了盈余属性与资本成本之间的负相关关系。由于信息风险是一种不可分散的风险因素，而风险是债务和权益资本成本的定价因素。随后的研究中，弗朗西斯等（2005）发现，应计质量较差的公司，其债务成本和权益成本都较高。巴拉斯（2008）考察了财务报告质量对贷款合同条款的影响。研究发现，财务报告质量差的公司面临着更高的贷款利差以及贷款的非价格部分，这与会计/报告质量差反映借款人未来经营现金流信息有限的假设是一致的。

在会计稳健性研究方面，胡安（2011）实证检验了条件稳健性与股权资本成本之间的关系。条件稳健性对经济收益的确认提出了比经济损失更严格的验证要求，这种不对称的损益报告将通过提高坏消息报告的准确性来降低公司的股本成本，从而减少信息的不确定性（Guay and Verrecchia，2007）和未来股价的波动性（Suijs，2008）。李和习（2015）考察了会计稳健性在国际资本市场上的契约收益。研究发现，在财务报告制度较为稳健国家注册的公司拥有较低的股本成本和债务成本。彭曼和张（2019）通过在资产定价框架建立会计模型，将稳健会计与资本成本联系起来。研究发现，预期收益增长率与预期股票收益率正相关，应计现金比率与预期股票收益率呈负相关，预期收益率（即远期市盈率）与预期股票收益率呈负相关。

在会计信息可比性研究方面。美国财务会计准则委员会在财务会计概念第8号概念框架中提出，可比性是会计的一项关键原则，它使得财务报表使用者将一家公司与类似公司进行比较。通过增强会计信息可比性，以缓解信贷市场信息不对称，从而影响到契约签订和融资成本。方等（2016）利用1992~2008年美国上市公司在银团贷款市场发放的贷款样本，研究发现，财务报表可比性与贷款利差和抵押担保物的可能性负相关，与贷款到期日和贷款合同中包含绩效定价条款的可能性正相关。并且财务报表可比性较强的借款公司能够更快地完成贷款银团流程，形成贷款银团，使牵头贷款人能够保留较小比例的贷款份额，并吸引更多的贷款人，特别是吸引更多不知情的贷款人。方等（2017）研究发现，较高的财务报表可比性显著降低了公司权益资本成本，并且这一关系不受内部会计质量的影响。此外，在信息环境不透明和竞争性较弱的市场中，投资者从财务报表的可比性中获得的收益更大。

还有学者从盈余透明度和财务重述等角度研究会计质量对资本成本的影响。如巴塔查里亚（2003）通过构建盈余不透明性的三个维度（盈余激进性、损失规避性和盈余平滑），研究发现了总体盈余不透明性与权益成本显著正相关。巴恩（2005）以法玛和弗兰克（1993）的三因素模型作为股权资本预期成本的代理变量，研究发现会计信息透明度和预期资本成本负相关。赫里巴和詹金斯（2004）研究发现，在财务重述公告发布之后，估计资本成本增加了 7.65%。

基于中国的制度背景，国内学者李刚等（2008）从会计盈余的七个属性出发，系统研究了会计盈余质量对权益资本成本的影响。研究发现，公司的应计质量、可预测性、平滑度、及时性显著降低了权益资本成本；王亮亮（2013）研究发现，企业通过销售操控、生产操控和酌量性费用操控三类真实盈余管理活动增加了公司的权益资本成本。在中国会计准则与国际会计准则持续趋同的大背景下，杨忠海等（2015）研究发现，财务报告可比性显著降低了股权资本成本。李刚等（2015）通过实证检验发现，较高的会计信息可比性增加了融资规模，降低了债务融资成本。梁上坤等（2013）研究发现会计信息透明度在银行借款契约签订中的作用，良好的会计信息透明度可以获得成本较低的贷款利率。范海峰和石水平（2016）研究发现自由裁量财务信息透明度与股权融资成本总体上是呈倒"U"型关系。陈晓敏（2011）就财务重述对上市公司的融资行为的影响进行研究，发现财务重述导致上市公司的股权资本成本上升。任秀梅等（2015）考察了上市公司财务重述对其债务融资成本的影响。研究发现，相比未发生财务重述的公司，发生财务重述的上市公司有更高的债务融资成本，得出了与赫里巴和詹金斯（2004）类似的研究结论。

④信息披露。信息披露通过释放公开信息减少信息不对称，增加证券的流动性，吸引了投资者的投资需求，从而降低企业的资金成本。黛蒙德和韦雷基亚（1991）分析了信息披露、流动性和资本成本之间的关系。研究认为，大公司将披露更多的信息，降低了做市商的风险承受能力。如果初始信息不对称较多，降低初始信息不对称将提高证券的当前价格。博托桑（1997）研究发现，对于分析师关注低的公司，自愿信息披露越多，权益资本成本越低。进一步，森古普塔（1998）研究发现，被分析师评级高且披露

质量高的公司，在发行债务时享有较低的融资成本。这一发现与及时和详细披露政策改变贷款人和承销商对披露公司违约风险的看法，从而降低了其债务成本的观点相符。针对先前的研究预测，依赖外部融资的公司可能承担更高水平的信息披露，而更高的信息披露水平反过来会导致更低的外部融资成本。在美国以外的地方，替代性的法律和金融体系可能会降低这种披露的有效性，弗朗西斯等（2005）以美国外的 34 个国家的公司样本全面考察公司披露激励对资本成本的影响。研究发现，外部融资需求较大行业中的企业具有较高的自愿披露水平，而对这些扩大披露政策的企业享受了较低的债务和股权资本成本。约翰等（2007）考虑了在竞争、嘈杂、理性预期环境下，私人信号对影响资产收益的系统因素和特质因素的影响。研究发现，在保持信息总量不变的情况下，信息不对称程度越大，因子风险溢价越高的公司有较高的资本成本，但在控制 Beta 因素后，这一影响不再存在。英杰吉琴（2007）研究发现，会计信息质量可以直接或间接地影响资本成本。这是因为高质量的披露会影响企业的实际决策，这可能会改变企业预期未来现金流与这些现金流与市场上所有现金流之和的协方差的比率。弗朗西斯等（2008）考察了自愿性信息披露、盈余质量和资本成本之间的关系发现，与盈余质量较差的公司相比，盈余质量较好的公司具有更广泛的自愿性披露。而更多的自愿披露导致更低的资本成本，这与信息披露与盈余质量之间的互补关系相一致。类似地，切内尔（2013）研究发现，当存在自愿信息披露时，披露信息的公司比不披露信息的公司具有更低的资本成本。更进一步，杜塔和内兹洛宾（2016）研究了在动态环境下信息披露对权益资本成本的影响。研究发现，如果公司的增长率低于（高于）某一阈值，随着公开披露精确度的提高，则降低（增加）资本成本。

近期关于信息披露与资本成本的研究文献中，迈克尔斯和格鲁宁（2017）发现，企业社会责任信息披露显著降低了资本成本。何等（2019）发现，自愿性信息披露和强制性信息披露都能降低公司的资本成本，但是，控制定期强制性披露并不影响自愿披露与资本成本之间的关系。肯特和布（2020）考察了现金流量披露的选择是否对澳大利亚上市公司的资本成本产生影响。结果表明，采用组合权益模型法的间接法公司的资本成本显著高于采用直接法的公司。布伊等（2020）研究了碳披露和温室气体排放对企业隐含权益资本成本（COC）的共同影响。基于对 34 个国家 4 655 家企业的年度样本研究发现，企业的温室气体排放强度与权益资本成本正相关。然而，温室气体排放与企业隐含权益资本成本受到大量碳披露的调节。研究表明，碳披露的程度有助于降低投资者为弥补碳绩效不佳而要求的溢价。中国学者于富生和张敏（2007）、李志军和王善平（2011）研究发现信息披露质量显著降低了企业债务成本，这是因为信息透明度能增强银行贷款的资信度，有助于债务融资的市场化定价，从而降低了企业债务融资成本。汪炜和蒋高峰（2004）、曾颖和陆正飞（2006）和黄娟娟和肖珉（2006）研究发现提高信息披露的质量有助于降低公司的权益资本成本。

　　⑤内部控制。低内控质量会对债权人的贷款决定产生不利影响，这是内部控制的负面意见引起了债权人对财务数据可靠性的担忧，并增加与贷款申请人相关的不确定性关注，从而影响信用评估（Schneider and Church，2008），进而影响到企业的融资成本。施耐德等（2009）发现了低内控质量对债务成本不利影响的证据。随后，达利瓦尔等（2011）研究发现，SOX404条款中披露的重大内控缺陷增加了公司在公开交易的信用利差，并且这一影响对于未被信用评级机构或银行监测的公司更为明显。科斯特洛等（2011）研究发现，低内控质量可能会影响贷款定价，因为公司信誉的不确定性增加，意味着较高的债务代理成本反映在较高利息中。近几年的研究中，安德拉德等（2014）利用信用违约互换利差和结构性定价模型研究发现，SOX之后公司的不透明性和债务成本显著降低。帕克等（2017）发现，低内控质量与市政债券较高的借贷成本相关，在金融危机前后两者的关联仍然保持稳定。圭达拉等（2016）利用突尼斯上市公司的研究样本，发现低内控质量（审计师对内控质量的负面意见）增加了债务成本，并且在高家族所有权下更为显著。

　　内控质量也被认为会影响投资者对风险的感知。当公司的内部控制系统存在缺陷时，其会计信号的质量和准确性就会受到损害（Ashbaugh-Skaife et al.，2010）。爱丝丽和奥哈罗（Easley and O'Hara，2004）研究发现，会计信息质量差主要是由内部控制系统的实质性缺陷造成的。低内控质量也可能导致管理者的决策不充分，从而增加现金流的可变性和失败概率，这意味着企业未来现金流的不确定性更大，有更高的股本成本。奥涅瓦等（2007）研究了首次向美国证券交易委员会提交404条款报告公司的股权成本与内部控制缺陷之间的关联性。研究发现，内部控制缺陷公司相关的隐含权益成本高于未披露内部控制缺陷公司。类似地，施耐德等（2009）指出，较低的内部控制质量通常会导致较高的股本成本和负面的股价反应。以萨班斯—奥克斯利法案要求对内部控制有效性进行管理评估和独立审计为研究背景，阿什博茨凯夫等（2010）研究发现，内部控制缺陷的公司具有更高的特质风险、系统风险和股权成本。高和贾（2015）重点研究了内控质量对企业股权再融资成本的影响，承销商向报告内控缺陷的公司收取更高的风险溢价。同样，股票市场也对于内控质量低的公司产生消极反应，如麦克纳尔蒂和阿基贝（2016）研究发现内控质量较低的银行股票回报率较低。

随着内部控制理论的不断发展，我国内部控制信息披露经历了由最开始的自愿披露，到最后整体强制披露阶段，不同的制度背景为学术界研究其经济后果提供了契机。张然等（2012）认为，管理层对内控有效性的自我评价具有信息含量，有助于为企业外部利益相关者提供决策参考，而由审计师出具的内控鉴证报告无疑是为管理层披露的内控信息提供了公允性鉴证。基于我国资本市场的信息披露环境，方红星和施继坤（2011）首次检验了上市公司自愿性内部控制鉴证对权益资本成本的影响。研究发现，上市公司披露自愿性内部控制鉴证报告向资本市场传递了较高的质量信号，显著降低了权益资本成本。类似地，张然等（2012）研究发现，相比未披露的公司，披露内控自我评价报告降低了公司的资本成本，而披露内控鉴证报告的公司有更低的资本成本。为解决样本选择偏差和内生性问题，袁蓉丽等（2014）采用双重差分法研究了上市公司自愿披露内部控制审计报告对权益资本成本的影响。研究同样发现，自愿披露内部控制审计报告降低了上市公司的权益资本成本。程智荣（2012）借鉴玛丽亚奥涅瓦等（2007）的做法，通过建立公司内部控制存在缺陷的概率模型衡量内部控制质量，研究表明，内部控制不仅可以显著降低公司的权益资本成本，同样也可以降低债务资本成本。当然也有学者从上市公司内控缺陷的角度，检验内部控制对资本成本的影响。如林斌等（2012）通过构建上市公司内部控制缺陷指数研究发现，严重的内部控制缺陷增加了公司的资本成本，进一步研究发现，在较差的信息环境下，内部控制缺陷增加的资本成本更加显著。王艺霖和王爱群（2014）研究发现，投资者对内控缺陷的上市公司要求较高的风险补偿，从而提高了上市公司的权益成本。类似地，债权人对有内控缺陷的上市公司收取了更高的风险溢价，从而显著提高了公司的债务融资成本（王艺霖和王爱群，2014）。

（2）行业因素。在竞争激烈的产品市场上，银行向企业提供贷款的成本还会考虑到竞争环境，因为竞争减少了可抵押收入，增加了现金流动风险，竞争也会增加企业的违约风险。同时，企业还要不断面临来自竞争对手的竞争威胁。财务实力雄厚的公司可以采取积极的竞争战略，这会显著增加现有公司的经营风险（Bolton，1990），因而竞争的激烈程度可能会增加企业拖欠利息的可能性，影响企业的违约风险和资产的清算价值，进而影响企业债务融资成本。哈特（1983）早期就发现由于竞争压力抑制了管理者的机会义行为，鉴于产品市场竞争的这种约束性作用，投资者可能会对竞争更激烈行业的未来前景形成更好的预期，从而导致资本成本降低。瓦奥塔（Valta，2012）发现，更高的竞争会增加银行贷款的成本，进一步研究发现，在小型企业、面临财务上强大竞争对手的行业、企业间战略互动激烈的行业以及流动性不足的行业，竞争对银行债务融资成本的正向影响更大。总的来说，这些发现表明，在贷款合同签订过程中，银行会考虑产品市场竞争所产生的风险。

此外，由于产品市场竞争的加剧导致生产和技术效率的提高，导致系统经济不确定性的减少，陈等（2014）发现，处于竞争激烈的行业的公司有更低的权益资本成本。但不可否认，产品市场竞争起到了重要的公司治理外部机制的作用。萨西等（2019）利用美国上市公司研究样本，发现产品市场竞争的加剧降低了股权融资成本，支持了产品市场竞争的治理作用。进一步研究发现，公司治理、支付政策和投资政策是竞争压力影响股权资本成本的渠道。此外，叶康涛和陆正飞（2004）研究发现，不同行业的股权融资成本存在显著差异。具体而言，传播、文化、电子等新兴产业有较高的股权成本，而纺织、建筑、交通、运输、金属与非金属制品等传统产业的股权成本相对较低。

（3）宏观因素。已有研究发现，对于资本成本的宏观影响有政治、经济、法律、文化等具体因素。

在政治因素的影响方面，主要集中在政治权利、政治风险、政治不确定性、政府补贴、政治关联等方面。企业往往要面对政府政策变化的不确定性和相关性，因为这些政策对投资决策和公司盈利能力产生潜在影响，进而影响企业的融资成本。维斯曼（2015）考察了政治不确定性对公司债务成本的影响，研究表明政治不确定性与较高的企业债务融资成本有关。其他类似的研究也发现，较高的政策不确定性导致较高的公司债券利差（Waisman et al.，2015；Bradley et al.，2016）和较高的股权资本成本（Pástor and Veronesi，2013；Brogaard and Detzel，2015）。范（2019）研究发现，政治风险与权益融资成本受政治关联的影响。面对日益增长的经济政策不确定性，与非关联同行相比，具有政治关联性公司的财务报告表现出较少的不确定性语言，这与关联公司能够对冲政策不确定性的假设一致。然而，在极端党派政治冲突的情况下，增加了关联公司的风险敞口，使得财务披露的不确定性增加，从而导致权益成本增加。也有学者从中国每年城市更换党委书记的视角，探讨政治不确定性对股权成本的影响，如李等（2018）研究发现中国城市更换党委书记，企业股权成本较高。进一步研究发现，当公司获得大量政府补贴、CEO/董事长具有政治关系，或者当股票市场处于熊市时，其负面效应更为显著。当然也有研究发现，有利的政治因素，如政治权利和政府补贴会对企业的融资带来的有利影响。如齐等（2010）通过研究国家层面的政治权利对所在国公司债券发行成本的影响。研究发现，政治权利越大，收益率利差越低。政治权利每增加一个标准差，债券利差下降18.6%。研究表明，政治和法律制度对融资成本的影响具有替代效应，政治权利的边际改善使债权保护较弱国家的公司债务成本大大降低。还有学者研究政府补贴政策对债务融资成本的影响。利用中国上市公司的补贴数据，研究发现，获得更多补贴的公司往往债务成本较低。然而，这类公司的财务绩效表现并不出众，说明中国政府使用非税收补贴来实现其社会政策目标，而牺牲了企业的盈利能力（Lim et al.，2018）。肖浩和夏新平（2010）研究发现，政府干预显著降低了国有企业的权益资本成本。但是在政府干预较严重的公司，政治关联增加了公司权益资本成本。另外，非国有企业的政治关联同样增加了权益资本成本。何靖（2011）研究发现，有政治关系的民营企业有较低的债务融资成本，而且在金融发展水平低的地区，政治关系的信贷成本效应更加显著。

在经济因素影响方面。近期的相关研究主要集中在经济政策不确定性、制度金融环境、税收政策不确定性等方面。利用政府经济政策不确定性指数（EPU）和17个国家1998～2012年的银行层面数据，阿什拉夫和沈（2019）研究发现政府经济政策不确定性与银行总贷款利率显著正相关。具体而言，EPU每增加一个标准差，银行总贷款的平均利率就会增加21.84个基点，从而证实了政府经济政策的不确定性是银行贷款定价的一个重要经济风险因素。同样地，投资与资本成本关系也受到经济政策不确定性的影响，如沃尔夫冈等（2018）研究发现，在经济政策高度不确定性时期，投资与资本成本之间的负相关强度降低。政策不确定性的增加降低了投资对资本成本的敏感性，对于那些在高度依赖政府补贴和政府消费的行业以及在国有制高度发达国家经营的企业来说更为显著。最新的一项研究显示，经济政策不确定性增加了再融资股票的股本成本，尤其是在经济疲软的情况下更为显著（Chan et al.，2020）。此外，维克多等（2019）以37个国家的企业为样本，分析了制度和银行体系结构对债务成本的影响，即债务成本随着法治、债权保护和银行在经济中的比重的增加而降低。在银行财务困难较大的国家，银行融资和银行集中度对债务成本具有正差异效应。在经济发展程度较低的国家，法律实施、债权保护和银行融资的比重影响较大。国内学者靳毓和文雯（2020）研究税收政策不确定性与企业债务融资决策影响发现，税收政策不确定性增加了企业债务融资成本，而现金流波动是税收政策不确定性影响债务融资决策的作用机制。

在法律影响方面。法律和金融文献的重要启示在于，保护股东利益的法律有助于解决所有权和控制权分离引起的代理问题（La Porta et al.，2000）。这些保护措施提高了投资者为公司提供融资的意愿，并最终促进了金融市场的发展和股票市场上公司的估值。贝和戈亚尔（2009）研究发现，强有力的法律保护可以提高合同签订效率，进而降低债务成本。倪和尹（2018）发现股东诉讼权利的削弱导致债务成本的显著增加，而公司治理恶化、信息不对称加剧、管理层风险承担加剧是潜在的作用渠道，股东通过向管理者提供较少的风险承担激励来应对被削弱的诉讼权利。国内学者肖作平和周嘉嘉（2012）研究发现，政府关系、法律制度环境、金融市场发育程度、产品市场发育程度显著降低了公司权益资本成本。刘永冠（2013）研究发现，地区制度环境质量的下降导致债务成本显著地上升。钱雪松等（2019）研究发现，自2007年《中华人民共和国物权法》（《中华人民共和国民法典》颁布后废止）出台以来，相较于固定资产占比较高的企业，固定资产占比较低的企业显著降低了债务融资成本。

在文化影响方面。文化被定义为在一代又一代的人之间传播，在相当时间保持不变价值观和信仰的系统（Guiso et al.，2006）。文化通过影响微观企业的破产风险和代理成本进而对企业融资成本产生影响。在与文化交叉研究方面，本书认为国家文化、集体主义和宗教信仰将显著影响公司的融资成本。垂等（Chui et al.，2016）探讨了国家文化（施瓦茨的文化层面的嵌入性和征服性）如何通过破产风险和敏感性代理活动渠道影响企业的债务成本。通过研究33个国家的数据，发现嵌入性与债务成本之间存在着显著而稳健的负相关关系，征服性与公司债务成本之间的估计关系显著为负。进一步的分析表明，金融中介的发展和内幕交易法的实施缓和了文化与债务成本之间的关系。相关学者研究了集体主义对高杠杆企业产品市场绩效的影响。利用1989~2016年46个国家的样本，发现集体主义得分较高国家的高杠杆成本显著降低，而且集体主义对高杠杆成本的影响在产品专业化程度高、竞争对手财务状况良好的企业更为显著。研究表明，一个国家的文化通过影响企业利益相关者的行为来影响企业的财务成果（Ghoul et al.，2019）。在宗教信息影响方面，以 1985 ~ 2008 年 36 105 家美国公司的年度观察数据为样本，研究发现位于宗教信仰较多州的公司享有较低的股权融资成本。进一步研究发现，宗教信仰对公司股权资本成本的影响，对于缺乏替代性监督（监管）机制的公司（时期）而言，其影响更大，这意味着宗教信仰起到了公司治理的作用（Ghoul et al.，2012）。研究还发现，宗教对股票定价的重要性集中在知名度较低的公司，这些公司往往对当地的社会和经济因素更为敏感。在跨国背景下，陈等（2016）研究发现程度更高的宗教信仰与更低的贷款利差有关，而且这种关联在债权保护较弱的国家更为明显。研究表明，在较弱的法律环境中，宗教价值观在约束机会主义行为方面发挥着更为重要的作用。此外研究还发现，在美国，宗教信仰较浓地区的企业享受较低的贷款利差，此研究有助于理解宗教信仰在债务融资中的重要作用。

已有研究还发现，企业融资活动还受环境管理、地理位置、气候变化与环境不确定性等的影响。夏夫曼和费尔南多（2008）对 267 家美国公司的研究发现，改善环境风险管理与降低资本成本有关。企业因受益于环境风险管理的改善，通过降低股本成本，从股本融资转向债务融资以及增加债务能力带来的更高税收优惠。王等（2019）研究了高铁开通对中国股市上市公司债务成本的关系。利用中国高铁开通的准自然实验发现，高铁连接使非节点城市的上市公司的债务成本增加了 2.2%。可能的解释是，拥有高铁线路的周边城市的公司面临着来自产品市场和信贷市场日益激烈的竞争。对于规模较小的企业、在竞争激烈的行业中经营的企业、来自服务业的企业和位于中国东部经济区的企业，上述效应尤其明显。研究表明，尽管高铁为交通和信息传递提供了便利，但位于外围城市的企业可能会承担增加的融资成本。也有学者研究了气候变化对融资成本的影响，如北奥沃斯等（Balvers et al.，2017）分析金融市场信息可以对温度变化预期损失提供客观评估。由于温度变化的不确定性，权益资本成本的加权平均增长了 0.22%，这意味着财富的现值损失为 7.92%。克林（2018）使用来自圣母大学全球适应倡议的指数来调查气候脆弱性对债券利差的影响。在考虑了一系列宏观调控措施后，这种影响仍然显著。中国学者林钟高等（2015）实证检验环境不确定性对公司资本成本的影响及多元化经营的调节作用。研究发现，环境不确定性越强，越加剧了企业与投资者和债权人之间的信息不对称程度，资本成本因而越高。刘星河（2016）以 "$PM_{2.5}$" 爆表事件的后续影响为研究背景，考察了重污染企业在公共的环境压力的外部融资代价。具体表现在，重污染企业付出了更高的债务成本，同时权益成本有所上升。

在客户供应商关系和社会资本研究方面，如蔡和朱（2020）研究了存在主要的客户—供应商关系对供应商的债务成本的影响。利用 1983～2013 年发行的 5 704 只美国公司债券，研究发现，当存在主要的客户—供应商关系时，债务成本往往会降低。原因在于，主要客户作为其供应商的监督和认证实体，减少供应商与其债权人之间的信息不对称，因此降低了债务融资成本。此外，如果发行供应商具有更高的资产专用性，则供应商的债务成本将进一步降低，而竞争更激烈的行业中的供应商则不会从监督或认证中获益。陈峻等（2015）研究发现，企业的客户集中度显著降低了其权益资本成本，但这一影响仅在环境不确定性较低时更为显著。吴兴宇等（2020）研究发现，客户集中度与债务融资成本呈非线性关系，随着客户集中度提高，债务融资成本呈现先升高后降低的趋势，进一步研究发现，这种关系仅存在于低法治化水平的地区和低行业垄断的样本。

在社会资本研究方面，吉索（2004）认为，高水平的社会资本会产生对他人的高水平信任。投资者会信任那些被信任的人，他们会帮助改善社会资本环境（Pevzner et al.，2015），因此，来自高（低）社会资本地区的管理者的信息可能被认为是管理者更可信（不可信）、更值得信赖（不可信赖）。更进一步，总部位于高社会资本的管理者很可能会采取自我服务行动，从而降低持股人的价值将遭受更高的声誉惩罚。因此，在总部位于高社会资本地区的投资者，投资需要较低的回报率。游家兴和刘淳（2011）研究发现，企业家所拥有的社会资本降低了公司权益资本成本。进一步研究发现，这一关系在法律保护较薄弱的地区表现得更加显著。如哈桑等（2017）发现总部设在社会资本水平较高的美国有关州的公司，其银行贷款利差较低。研究还发现，高社会资本企业面临着宽松的非价格贷款条件，产生较低的债券发行利差。研究表明，债权人认为社会资本提供了环境压力，起到了治理作用，限制了企业损害债权人的机会主义行为。古普塔等（2018）发现，企业的股本成本与企业总部所在州的社会资本水平成反比。此外，当公司将总部从社会资本低的州转移到社会资本高的州时，股本成本下降。社会资本与股权成本之间的负相关仅对产品市场竞争水平相对较低的企业更为显著，可能解释为，社会资本作为一种社会监督机制，对于那些被认为存在较大代理问题和产品市场监督薄弱的企业来说，社会资本可以提升企业价值。

综上所述，已有文献主要从微观和宏观两大领域，具体从公司特质、公司治理、会计信息质量、信息披露和内部控制、行业竞争、经济环境与制度因素对融资成本的影响进行了广泛而深入的研究。为本书的理论分析提供了思路，为实证研究设计提供了借鉴。

2.3 企业战略对融资行为影响研究

早期的金融理论家认为，融资决策可能与企业战略"无关"（Modigliani and Miller，1958）。但后来的研究表明，因为市场的影响，这种选择可能在很大程度上影响企业价值（Myers and Majluf，1984），一些战略学者认为，财务决策和财务资源具有战略重要性（Barton and Gordon，1988），因而战略势必影响到企业融资行为。本部分将基于五种战略定位，从融资行为的三个方面，即融资结构、融资期限和融资成本回顾与战略的交叉研究。图 2 – 6 是本部分的文献框架。

多元化视角	多元化战略能够衡量管理者的风险承担水平，进而影响到对资本结构（融资结构）的选择（Barton and Gordon，1988；Eduardo José Menéndez Alonso，2000；La Rocca et al.，2009；Singh et al.，2003；邵军和邵兵，2005；Singh and Nejadmalayeri，2004；顾乃康和宁宇，2004；章细贞，2009；梁亚松等，2016；洪道麟等，2007；邓可斌和丁重，2010；Cappa et al.，2020）
国际化视角	国际化公司融资结构同时受到母国和东道国的作用，使得国际化对融资结构的影响方向存在不确定性（Burgman，1996；Chen et al.，1997；Mansi and Reeb，2002；Mittoo and Zhang，2008；Gonenc and Haan，2014；Lin，2012；Thomas et al.，2018；Cappa et al.，2020）
竞争战略视角	不同的竞争策略也意味着不同的资源配置和为贷款人提供抵押品的能力不同，因而竞争战略影响融资结构（Jordan et.，1998；O'brien，2003；章细贞，2008；王任飞，2004；于晓红和卢相君，2012）
战略激进视角	企业战略越激进，引致的经营风险越高，代理成本越高，为避免陷入财务困境，出于自利动机而降低融资结构（袁克丽等，2020）
战略差异视角	战略差异导致企业融资成本上升，将增加融资结构调整成本，减慢企业实际融资结构向目标融资结构调整的速度（盛明泉等，2018）

图 2 – 6 战略对融资结构影响的文献框架

2.3.1   战略对融资结构影响研究

企业目标特定于每个企业，管理层的战略决策必须与之相一致，因此，资本结构是企业的一项战略决策，必须与企业的战略相一致，才能达到企业的战略目标（Andrews，1980）。巴顿和戈登（1988）最早对战略与融资结构（资本结构）关系进行了分析。研究认为，资本结构决策是管理层选择的结果，而公司战略体现了管理层的价值观，管理偏好会影响公司相对持有的债务和股权，因此，战略影响资本结构。由于战略是有别于竞争对手所采取的总体行动方针。不同的战略定位，对融资结构影响存在差别，本章将从多元化、国际化、竞争战略、战略激进和战略差异五个维度对已有文献进行回顾。

（1）基于多元化战略视角。贝蒂斯（1982）认为多元化战略能够衡量管理者的风险承担程度，从而能够反映管理者的风险倾向，进而影响到对资本结构（融资结构）的选择。早期的实证研究方面，巴顿和戈登（1988）以1974年的《财富》500强工业企业为分析对象，研究发现了公司采取的不同的战略将导致不同的融资组合，而且相关多元化主导的企业与债务的正相关关系最低，而非相关多元化主导企业与债务的正相关关系最高。洛（1994）以微弱的证据表明，企业最高水平的债务与高水平的多元化弱相关，这表明企业战略在解释资本结构方面可以发挥作用。爱德华多·何塞·梅嫩德斯·阿隆索（2000）提出了多元化影响资本结构的三大理论，即共同保险效应理论、交易成本理论和代理理论，这为后期本话题的研究提供了理论支撑。

随后，学者们对解释多元化与资本结构关系的理论进行了实证检验，如拉罗卡（2009）以1980~2006年180家意大利非金融行业的上市和非上市公司为研究样本，以企业分散在专业相关的和不相关的领域度量多元化战略，研究发现了不同的多元化战略以不同的方式影响公司的资本结构。多元化程度越高，越相关，对债务的使用越少，而越不相关，债务的使用就越多，支持了共同保险效应理论。

辛格（2003）研究发现，跨国多元化公司多元化与财务杠杆呈倒"U"型的非线性关系。在跨国经营的初期，随着跨国多元化程度的增加，公司向市场发出了可持续发展的信号，债务市场把行业多元化看作是稳定的工具，公司能够在国外市场上举借债务，多元化与财务杠杆呈正相关关系。随着行业多元化水平的提高，行业多元化所伴随的代理问题日益凸显，在债务市场上受到质疑，融资能力受限，因此，多元化与财务杠杆就呈负相关关系。辛格和内贾德马拉耶里（2004）以法国公司为样本，考察了跨国多元化与资本结构之间的关系时发现，跨国多元化程度与较高的总负债率呈正相关关系。基于中国的情境，邵军和邵兵（2005）研究也发现公司多元化与财务杠杆之间存在显著的倒"U"型非线性关系，与璨鹰等（Singh et al.，2003）的发现一致。

对于多元化与资本结构关系理论的实证检验也引起了国内诸多学者的关注，如顾乃康和宁宇（2004）、章细贞（2009）在研究多元化战略对资本结构影响时发现，总体来说，公司多元化增加了公司负债水平。顾乃康和宁宇（2004）发现相关多元化公司的负债水平显著低于非相关多元化的公司，支持了共同保险效应理论和交易成本理论，并没有支持代理成本理论。章细贞（2009）研究发现，公司的债务水平从高到低依次是非相关业务型、主导业务型、相关业务型和单一业务型战略，研究也支持了共同保险效应和交易成本理论。洪道麟等（2007）将产权性质纳入多元化与资本结构关系的分析框架研究发现，多元化与资本结构的关系受所有权性质的显著影响。多元化会显著提高了国有企业财务杠杆，但对于非国有企业由于利用了更多的内部资本，影响并不显著，研究支持共同保险理论。后来，也有学者认为，我国上市公司特有的资本结构的变化均无法通过共同保险理论和内部资本效率理论进行解释。多元化与资本结构可能是互为因果关系。多元化程度的越高，越能够减少收入和利润的波动性，降低单一部门经营所带来的风险，提升企业的负债融资能力，致使资本结构上升，而资本结构上升又会反过来抑制多元化行为，从而降低多元化程度（邓可斌和丁重，2010）。对于多元化与资本结构的关系，可能受到上市板块的影响，梁亚松等（2016）以中国创业板上市公司为考察对象，研究发现了多元化很可能是管理层为谋求私有利益而进行过度投资，可能会加剧企业与债权人之间的代理冲突，因此，多元化程度增加显著降低了财务杠杆，支持了基于委托代理理论的观点。

最新的一项研究，如相关学者以意大利上市公司为样本研究发现，多元化战略与资本结构正相关，这与以前的研究发现一致（Cappa et al.，2020；Kochhar and Hitt，1998；Singh et al.，2003）。从理论的角度来看，这种正向关系支持共同保险效应（Barton and Gordon，1988），由于多元化降低了公司的整体经营风险，从而可以获得更高水平的债务能力（Lewellen，1971）。将业务扩展到许多行业，可以实现更高的现金流稳定性，从而降低破产概率，同时实现更高的杠杆可持续性（Williamson，1988）。此外，将债务作为一种约束工具，利益相关者可以影响管理者的战略决策。根据代理成本理论，公司可以限制由于机会主义原因（尤其是与公司利益无关）而实现的多元化决策，从而解释了多元化与杠杆之间的正相关关系（La Rocca et al.，2009）。

（2）基于国际化战略视角。随着跨国公司成为推动经济全球化的核心力量，跨国经营战略对资本结构的影响也引起了学者关注，尤其是涉及跨国公司财务结构选择以及这些选择所涉资本成本问题。由于跨国公司的资本结构受到母国和东道国因素的复杂的相互作用，使得国际化战略对资本结构的影响方向存在不确定性。

早期的研究，例如伯格曼（1996）、陈等（1997）研究表明，跨国公司在其资本结构中的债务比重往往比国内公司少。曼西和里布（2002）表明，跨国公司在国际化低水平时，使用较少的债务，后期，债务水平随着参与国际活动水平的提高而进一步增加。米特和张（2008）对加拿大跨国公司的研究得出了类似的结论，并认为这与主要在美国开展海外业务的跨国公司的代理成本水平较低有关。林（2012）以 1999～2008 年我国台湾地区电子行业的数据，研究发现国际化电子企业的杠杆率低于国内电子企业，在于我国台湾地区国际化电子企业的独特性和高盈利能力，使得它们拥有更多的收益和内部资本，因此，杠杆率较低。冈恩克和哈恩（2014）对 1991～2006 年 31 个发展中国家 18 000 多个公司年度样本研究发现，在金融发展相对较高的发展中国家，当企业拥有更多的增长机会（表明信息不对称程度较高）时，企业国际化对应着更高的债务水平。这一证据表明，发展中国家相对发达的金融市场至少在一定程度上减轻了信息不对称的影响，降低了国际化程度较高公司的债务代理成本。

托马斯等（2018）回顾了有关国际化与资本结构关系的文献，并通过对 31 项研究的对比分析，探讨了国际化与资本结构关系的方向及影响大小等。研究发现，与国内公司相比，跨国公司的负债率较低，这与国际业务中风险和代理成本增加的论点一致；将分析扩展到企业母国的制度特征，发现研究结果中存在的许多差异可以用国际化中企业风险理论来解释。最新的一项研究，如以意大利上市公司为研究样本研究发现，国际化战略与资本结构负相关，这一结论与先前的研究一致，即跨国公司由于债务成本较高而负债率较低（Cappa et al.，2020；Chen et al.，1997；Doukas and Pantzalis，2003）。这些较高的成本与母公司和子公司之间的文化、经济和制度差异有关，使得公司获得债务更加困难（Fatemi，1988）。因此，债务提供者被要求更高的担保来为地理上分散的公司融资，并以较高的成本提供债务，从而导致国际化公司的债务水平较低。

（3）基于竞争战略视角。竞争战略是关于公司在市场中的定位以及在多大程度上涉及对企业特定资产的投资。波特（1980）提出了竞争战略的两个主要方面：差异化和成本领先。与米勒（1986）和其他一起，还提出了第三类竞争战略，即创新战略。然而，不同的竞争策略也意味着不同的资源配置和为贷款人提供抵押品的能力不同，因而竞争战略可能影响到资本结构。

乔丹（1998）是较早对竞争战略与资本结构关系研究的学者。采用英国中小企业样本，以微弱的证据支持了追求成本领先战略的债务水平低于那些追求差异化战略的企业，但高于那些追求创新战略的企业。通过开拓新产品和新工艺的投资并实现领先优势的创新战略，所形成的研发资产，增强了公司的独特性和竞争优势，但对公司的融资能力却产生不利影响，因为这些投资不能无成本地重新部署，所创造的无形资产，不能作为良好的融资抵押品（Long and Malitz，1985；Simerly and Li，2000；Vincente-Lorente，2001），市场因此并不愿提供资金。此外，创新战略与成本领先战略和差异化战略的不同之处在于，创新战略与债务之间存在负相关而非正相关关系，因而实施创新战略有较低的财务杠杆（O'brien，2003）。以中国上市公司为样本，国内学者王任飞（2004）研究发现，从事创新型竞争战略的企业选择较低的资本结构。章细贞（2008）从交易成本理论和战略管理理论出发解释了竞争战略对资本结构的影响。实证检验发现，差异化战略和低成本战略与都与资本结构正相关。于晓红和卢相君（2012）从行业环境异质性角度考察了创新战略与资本结构的关系。研究发现，当行业环境不确定性较强时，创新战略与资本结构负相关；当行业环境不确定性较弱时，创新战略与资本结构正相关。

（4）基于战略激进视角。从战略研究的主流实证文献来看，通常是采用迈尔斯和斯诺（1978）、本特利等（Bentley et al.，2013）的方法，将战略分为进攻型、防御型、分析型和反应型。通常应用六个维度构建离散变量来衡量企业战略定位，得分越高，企业战略越激进，越倾向于进攻型。进攻型战略专注于新产品和市场开拓，依靠产品的创新性赢得市场优势，面临不确定性更高。类似于创新战略，公司注重研发，用于研发的资产不能无成本地重新部署，难以用于借款抵押，影响到企业债务融资能力，进而影响到资本结构。然而，鲜有学者研究战略激进对资本结构的影响。袁克丽等（2020）以中国深沪两市 A 股上市公司为研究样本，研究发现，战略越激进，公司债务比例越低。进一步研究发现，战略定位是通过影响经营风险和代理成本进而影响资本结构，也就是说，企业战略越激进，引致的经营风险越高，为避免陷入财务困境，企业通常会减少债务融资。同时，企业战略越激进，代理成本越高，出于自利动机、减轻还本付息的压力，同时为了避免债权人的监督与约束，管理层倾向于降低财务杠杆。

（5）基于战略差异视角。资本结构决策是公司日常财务决策的核心部分，也是公司各项财务活动的体现。动态资本结构理论认为，企业存在目标资本结构且随时间而变化，企业会采取措施调整实际资本结构以缓解其偏离目标资本结构的程度（盛明泉等，2018）。通常情况下，资本结构动态调整速度受调整成本的影响。已有研究发现，企业采取偏离行业常规的战略，因不被利益相关者所熟知，有些时候不被认可，合法性受质疑，影响与外界资源交换，使企业面临经营风险，且信息不对称程度较重，进而导致企业融资成本上升（李志刚和施先旺，2016；王化成等，2017；杨兴全等，2018），而较高的融资成本将增加资本结构调整成本，从而减缓企业实际资本结构向目标资本结构调整的速度。也即企业的战略差异度降低了资本结构动态调整的速度。相较于国有企业，非国有企业的战略差异对资本结构动态调整的削弱作用更为明显（盛明泉等，2018）。

综上所述，现有文献对战略与融资结构的交叉研究进行了广泛的探讨，但大多数研究主要是从多元化战略、国际化战略、竞争战略与战略激进四个维度，鲜有基于战略差异视角的探讨，这为本书研究战略差异对融资结构的影响提供了可能与进一步研究思路。

2.3.2　战略对融资期限影响研究

作为融资决策的重要组成部分，债务期限结构决定了企业负债和资产的流动性和风险，也影响企业战略能否顺利实施（翟淑萍等，2019）。不同的战略定位影响到企业的信用风险、信息不对称程度及代理成本，势必影响到与债权人的债务契约的签订，进而对期限结构等条款产生影响。关于企业战略是否以及如何对债务期限结构产生影响，这方面研究的文献并不多，主要体现在多元化战略、战略差异和战略激进方面。图 2 - 7 为战略对融资期限影响的文献框架。

多元化 视角	随着企业多元化扩张，在初级和以后阶段，对债权人而言，由于信息不对称程度不同，对企业债务期限的影响存在差异（Singh and Nejadmalayeri，2004；Olibe et al.，2019）
战略激进 视角	战略定位越激进，经营风险越高、信息不对称程度越大和代理成本越高，债务期限结构越短（翟淑萍等，2019）
战略差异 视角	基于风险承担视角，战略差异越大，企业获得的银行借款成本越高，借款期限越短（李志刚和施先旺，2016）

图 2-7 战略对融资期限影响的文献框架

在多元化战略方面，璐鹰和尼加德玛拉亚瑞（Singh and Nejadmalayeri，2004）以法国公司为样本，通过研究发现，跨国多元化程度与较高的长期负债率呈正相关。这说明随着多元化公司在东道国市场站稳脚跟，投资者对这些跨国公司的长期投资感到安全，这些公司就会减少对短期债务的依赖，转而筹集长期债务。因此，随着跨国公司在东道国市场的扩张，能够筹集到更多的长期债务。奥利贝等（2019）调查了美国企业通过多元化形成的国内外资产是否影响债务融资的期限结构。通过回归分析表明，外国资产和长期债务之间存在正相关关系，同时也发现了国内固定资产与长期债务呈负相关关系。进一步分析表明，国内资产增加1%，对应长期债务减少20.13%，而国内资产增加1%，则平均使短期债务增加16.66%。

在战略差异方面，由于战略差异会导致企业风险上升，信息不对称加剧，进而对其融资活动产生影响。李志刚和施先旺（2016）基于风险承担视角，探讨了战略差异与银行借款契约的关系，研究发现，战略差异越大，企业获得的银行借款成本越高、期限越短、金额越少，这一关系在企业管理团队较为年轻、持股比例低、学历层次低的样本中更加显著。

在战略激进方面，翟淑萍等（2019）实证检验了战略定位与债务期限结构之间的关系。研究发现，企业战略定位越激进，债务期限结构越短，而且这一负向影响在环境不确定性高与高管权力大的公司更为显著，审计质量可以弱化企业战略激进对债务期限结构的负向影响。影响机理检验发现，企业经营风险、信息不对称程度和代理成本是战略激进影响债务期限结构的重要影响渠道。

综上相关研究，现有文献对战略与融资期限的交叉研究进行了较多的研究，但大多数研究主要集中在多元化战略和战略激进视角，然而鲜有从战略差异视角进行研究的，这为本书研究战略差异对融资结构的影响提供了可能。

2.3.3　战略对融资成本影响研究

战略的实质是企业选择与竞争者不同的活动或以不同的方式开展活动（Porter，1996）。翟淑萍等（2019）认为，企业战略决定了企业的商业模式，也决定了企业经营风险、信息不对称程度和代理成本，进而影响到企业融资决策。本书认为，战略所影响的经营风险、信息不对称和代理成本等同样也是融资成本影响的因素。下面将从多元化、国际化、竞争战略、战略激进和战略差异五个维度进行相关文献梳理。图 2 − 8 为战略对融资成本影响研究文献框架。

多元化视角	一方面，企业多元化形成的内部资本市场可以降低企业的违约风险和系统性风险；另一方面，多元化又可能导致代理问题，因而对融资成本的影响方向仍未达成一致（Singh and Nejadmalayeri，2004；Deng et al.，2007；Hann et al.，2013；Franco et al.，2016；姜付秀和陆正飞，2006；杨照江和蔡正毅，2011）
国际化视角	随着越来越大的企业开拓国际市场，因其良好声誉的塑造，投资者或债权人对国际化企业的信息不对称得到缓解，企业融资成本呈现先升后降的趋势（Reeb et al.，2001；Mansi and Reeb，2002；Singh and Nejadmalayeri，2004）
竞争战略视角	专注于产品差异化战略（成本领先战略）的公司会有更高（更低）的创新、营销主动性和市场增长，以及更低（更高）的效率和稳定性，进而影响到投资者对企业战略风险与收益认知，影响权益融资成本（Khedmati et al.，2019）
战略激进视角	战略越激进，公司面临程度越高的融资困境，即相比于防御型战略，进攻型战略公司面临更高的融资成本（李晓东和张晓婕，2018；楚有为，2020）
战略差异视角	战略差异所引致的经营风险和信息不对称等不利影响使得债权人或投资者要求更高的报酬率或风险补偿，从而提高了融资成本（王化成等，2017；杨兴全等，2018；Liu et al.，2019）

图 2 − 8　战略对融资成本影响的文献框架

（1）多元化战略视角。企业多元化通过将收益不完全相关的不同行业联合起来，可以从共同保险效应中获益。共同保险效应降低了企业整体收益的可变性（Lewellen，1971；Galai and Masulis，1976），并有助于避免反周期性的无谓成本（Hann et al.，2013），进而有助于降低系统风险和企业的违约风险（Lewellen，1971），从而影响到企业融资成本。

较早的研究，如辛格和内贾德马拉耶里（2004）研究发现，即使在控制了债务融资的程度、构成、股权风险、公司规模、代理成本和资产结构的影响后，国际多元化程度越高，导致整体股本成本越低。邓等（2007）研究发现，上市银行控股公司国内存款的地域多元化和资产多元化都会导致较低的债券利差，进一步发现，非传统银行业务的多元化，才会导致较低的债务成本，而中型银行控股公司的债券利差比小型和大型银行控股公司要大，这与银行业"大到不倒"的规模效应是一致的。此外，研究还发现，多元化与债券利差之间的关系是双向的，高债券利差与更大的资产和业务多元化以及更低的地理位置相关。另外也有学者研究多元化对加权平均资本成本的影响，如汉恩（2013）研究发现，企业多元化业务部门之间存在共同保险效应，可以降低系统风险和违约风险，因此，与单一经营的公司相比，多元化公司的加权平均资本成本较低，并且业务部门现金流相关度较低的多元化公司的资本成本更低。

之所以多元化的公司降低了融资成本，是因为行业多元化提供了一种共同保险效应，降低企业的违约风险。在此研究基础上，佛朗哥等（2016）考察了分部披露质量是否显著影响债券投资者对多元化共同保险效应的评估。研究表明，高质量的分部披露，虽然可能增加公司的专有成本，并揭示其代理问题，但允许有限获取私人信息的债券持有人更好地评估公司多元化的共同保险效应，减少信息不对称。因而，具有高质量分部披露的多元化公司发行债券的成本显著低于分部披露质量较低的多元化公司。并且当企业因执行FAS131的规定改善分部披露质量时，行业多元化与债券利差之间的负相关更加显著。这种披露可以提高公司在多元化经营的实际共同保险效应方面的透明度，使债券持有人能够更准确地估计和监测公司的信用风险。然而，高质量的分部披露可能会提高多元化公司的债券利差，前提是它们会引起对各分部的低效交叉补贴的关注，交叉补贴扭曲了内部资源分配并导致整个公司的亏损（Rajan et al.，2000；Scharfstein and Stein，2000）。如果多元化公司在事前限制资源错配，这种债券收益率效应可能会得到缓解，因为它们承诺提供更高质量的分部披露，可能会暴露这些不当配置。如果分部披露通过披露更多与公司竞争对手相关的分部特定信息而加剧了专有成本，债券利差也可能增加（Nagarajan and Sridhar，1996；Berger and Hann，2007；Bens et al.，2011）。

国内学者姜付秀和陆正飞（2006）以 2001~2004 年我国上市公司为样本，采用期权定价模型，研究发现多元化战略与权益资本成本正相关，可能的原因在于多元化分散公司风险，而最终受益的是债权人，多元化可能并不受股东欢迎，因而相比专业化公司，实施多元化战略的公司有较高的权益资本成本。同时，研究发现多元化降低了总资本成本，这是由于多元化形成内部资本市场具有的资源配置效应降低了公司对外部高成本融资的依赖。杨照江和蔡正毅（2011）研究发现，将盈余质量所分解的操作性应计是导致其资本成本高于专业化公司的原因。

（2）国际化战略视角。里布（2001）基于 2 194 个美国公司年度观察样本，研究发现从事国际活动水平较高的公司具有更好的信用评级和较低的债务融资成本。后来曼西和里布（2002）探讨了企业国际化对债务融资的影响时发现了不同的证据，即企业国际活动与债务融资成本和水平之间存在显著的非单调关系。辛格和内贾德马拉耶里（2004）研究发现，国际化程度与短期债务融资之间存在非线性倒"U"型关系。这表明尽管股权风险较高，国际化的公司支持更高水平的债务融资，直接导致整体资本成本的降低，结果可能反映了跨国公司使用较高的外币债务作为对冲工具（Kedia and Mozumdar，2002），从而不仅增加了债务融资总额的比例，而且降低了总体资本成本。

（3）竞争战略视角。专注于产品差异化战略（成本领先战略）的公司会有更高（更低）的创新、营销主动性和市场增长，以及更低（更高）的效率和稳定性，影响到投资者对企业战略风险与收益的认知，进而影响到对权益融资的定价。从竞争战略的视角，赫德马蒂（2019）系统考察了单纯竞争战略（产品差异化或成本领先）和混合竞争战略（产品差异化和成本领先的混合）对权益资本成本的影响。研究结果表明，与混合竞争战略相比，采用单纯竞争战略的企业的股权成本显著降低，而且这一影响在高科技行业和创新资本较大的地区更为明显。研究还发现，遵循纯竞争战略的公司具有较低的系统风险。

（4）战略激进视角。不同的战略类型影响到企业信用风险、信息不对称程度和代理成本，也影响企业从银行获取借款的融资能力。基于迈尔斯和斯诺（1978）对战略的分类方法（进攻型、分析型和防守型），楚有为

（2020）探讨了公司战略对企业银行借款融资能力的影响。研究发现，战略越激进，公司面临程度越高的银行借款融资困境，即相比于防御型战略，进攻型战略公司获得了更低的融资规模、更高的融资成本和更少的信用借款。而战略激进所引起的企业信用风险和产生的信息不对称是公司战略影响银行借款融资能力的作用机制，表现为战略激进的公司面临较高的信用风险和信息不对称，进而减弱了企业的银行借款融资能力。进一步分析表明，由于在货币政策紧缩时期，银行的信贷政策倾向于信贷配给，采用进攻战略的公司面临的银行借款融资困境将进一步放大，因此，在紧缩的货币政策下，激进战略对银行借款融资规模的负面影响更加显著。李晓东和张晓婕（2018）考察了公司战略激进对债务成本的影响，研究发现战略越倾向于进攻型，则面临越高的债务融资成本，但盈余管理削弱了上述关系。进一步研究发现，战略激进对债务成本的正向影响在国有企业更为显著。

（5）战略差异视角。基于战略差异视角，对于采用偏离行业常规的战略差异来说，一方面，战略差异通常引起企业极端绩效，使企业面临较大的经营风险，甚至可能增大企业的破产风险，投资者对承担风险所要求的必要报酬率相应较高；另一方面，当企业采用不同于同行业常规的战略时，会加剧外部投资者对企业的信息不对称程度，导致利益相关者估计不确定性的增加以及交易成本的上升，致使投资者要求更高的风险补偿，从而提高了权益资本成本（王化成等，2017）。同样，企业的融资成本也受到战略差异所引致的经营风险和信息不对称的影响，债权人要求更高的报酬率或风险补偿，从而提高了债务融资成本（杨兴全等，2018）。

最新的一项研究，如刘等（2019）以 2007~2015 年在中国资本市场上市的非金融类公司为样本，结合企业面临的宏观经济环境，探讨了不同产业政策支持水平下战略差异对债务融资成本的影响及其作用机制。研究结果表明，战略差异增加了企业的债务融资成本。进一步研究发现，会计信息质量、内部控制、融资约束等因素在其中起到了中介作用，产业政策的支持减弱了战略差异对企业债务融资成本的影响，这种现象在国有企业、大型企业和低成长性企业中更为明显。

综上相关研究，现有文献对战略与融资成本的交叉研究进行了较为深入的探讨，几乎涉及多元化战略、国际化战略、竞争战略、战略激进与战略差异五个维度，然而还鲜有基于战略差异视角、从整体上探讨战略对融资成本的研究，这为本书研究战略差异对融资成本的影响提供了研究契机。

2.4　研究现状评价

通过对国内外相关文献的梳理，本书发现虽然相关研究取得了较为丰富的成果，但仍可能存在一些不足之处，主要体现在如下几方面。

（1）已有关于融资结构影响因素及战略定位对融资结构的影响的研究较为成熟，然而鲜有学者从战略差异视角研究战略定位对融资结构的影响。学者们研究发现，融资结构受微观因素（包括公司特征和公司治理）、行业因素（包括行业经营特征、行业竞争环境和行业生命周期）和宏观因素（包括宏观经济环境、制度因素和宏观经济政策）的影响。随着巴顿和戈登（1988）将资本结构影响因素的研究扩展到战略领域，后期研究主要从不同的战略定位展开研究，如国际化（Mansi and Reeb，2002；Mittoo and Zhang，2008；Gonenc and Haan，2014）、竞争战略（Jordan et al.，1998；O'brien，2003；章细贞，2008）和战略激进（袁克丽等，2020）。然而，基于战略差异视角的研究却还未引起足够重视。盛明泉等（2018）只研究了战略差异对资本结构动态调整的研究，尚未关注其对资本结构（融资结构）的影响及作用机理；袁克丽等（2020）研究了战略激进对融资结构的影响，但缺少融资结构相关理论的解释。因此，在中国实施供给侧结构性改革及"三去一降一补"的背景下，基于战略差异视角，探讨战略定位对融资结构的影响及其作用机理，不仅有助于丰富融资结构影响因素研究文献、拓展战略差异经济后果的研究视角，而且有助于加深战略定位对融资决策影响的理论解释。

（2）已有关于融资期限影响因素及战略定位对融资期限的影响的研究较为丰富，然而鲜有学者从战略差异视角系统地研究战略定位对融资期限的影响。学者们研究发现，融资期限受微观因素（包括公司特征和公司治理因素）、行业因素（竞争环境）和宏观因素（政策不确定性、政府干预、法律环境、国家文化、国家治理、金融危机、地理位置、集团隶属等）等的影响，然而战略对融资期限的影响关注有限，仅有学者从多元化（Singh and Nejadmalayeri，2004；Olibe et al.，2019）、战略激进（翟淑萍等，2019）、战略差异（李志刚和施先旺，2016）进行研究。翟淑萍等（2019）研究发现，战略的激进程度与债务期限结构呈负相关，经营风险、信息不对称程度和代理成本是这一影响的作用路径；李志刚和施先旺（2016）研究发现战略差异越大，银行借款期限越短，其只是侧重于战略差异对每一笔银行借款期限的影响，未研究其对总体债务期限的影响，而且尚未关注其影响机理。因此，分析战略差异对债务期限结构的影响并探究其影响机理，不仅有助于深入理解战略如何影响企业融资决策，而且有助于为融资期限的影响因素研究提供新的研究视角、拓展战略差异经济后果的研究边界。

（3）已有关于融资成本影响因素及战略定位对融资成本的影响的研究较为丰富，然而鲜有学者从战略差异视角研究战略定位对整体融资成本的影响。学者们研究发现，融资成本影响因素的研究主要包括微观、中观和宏观三大方面，其中微观层面涉及公司特质、公司治理、会计信息质量、信息披露和内部控制等，中观层面涉及竞争环境和行业经营特征，宏观层面涉及政治、经济、法律、文化等因素。战略对融资成本的研究文献较多，涉及多元化、国际化、竞争战略、战略激进和战略差异等维度。基于战略差异视角，王化成等（2017）研究发现，战略差异导致了更高的权益融资成本；杨兴全等（2018）、刘等（2019）研究发现，战略差异越大，债务融资成本越高。而经营风险、信息不对称、会计信息质量、内部控制、融资约束等因素是上述影响的作用机制。尽管研究成果丰富，但是还缺少考察战略差异对整体资本成本影响的研究，其影响机制也需要拓展和细化。因此，考察战略差异对融资成本的影响，并检验其影响机理，不仅有助于深入理解战略对企业融资决策的影响，而且可以为融资成本影响因素研究提供新的研究视角、丰富战略差异经济后果方面的相关研究。

第3章　理论分析与实证研究框架

通过对第 2 章相关研究的述评，明确了本书的研究问题，即本书主要探讨企业战略差异对融资行为的影响，具体从融资结构、融资期限和融资成本三个维度展开。本章主要从本书研究所涉及的六大理论入手，形成理论研究分析框架，在此基础上进一步明确本书的实证研究思路。

为便于分析企业战略对融资行为的影响，在借鉴已有研究成果的基础上，本章以财务弹性理论、权衡理论、感知风险理论、流动性风险理论、代理理论和信息不对称理论的分析为切入点，对与本书研究相关的理论进行阐述。

3.1　财务弹性理论

财务弹性（又称财务灵活性）是指商业机构在未来不确定条件下，通过调动金融资源，将企业价值提高到最大价值的能力（Graham and Harvey, 2001）。格雷厄姆和哈维（2001）在调查美国公司的首席财务官时首次讨论了将财务灵活性作为资本结构决策的影响因素。受访者强调，在发行债券时，保持财务灵活性（即保持债务能力）是最重要的因素。在欧洲首席财务官的类似调查中，班塞尔和米托（2004）以及布罗宁（2006）证实了格雷厄姆和哈维（2001）在美国的研究结论。这些调查结果综合表明，企业愿意故意放弃可观的税收优惠并采用较低的杠杆比率，以保持未来借款的债务融资能力。

拜恩（2008）是第一个通过实证研究检验财务灵活性对资本结构选择影响的学者。根据企业的财务生命周期（发展期、成长期和成熟期）对企业进行分类，在此基础上提出了财务弹性假说。依据该假说，处于发展期的企业对财务弹性的需求最高，因此发行更多的股权融资，并保持较低的杠杆率。相比之下，处于成长期的公司发行债务，因此保持较高的杠杆率，而处于成熟期的公司则依赖内部股权融资。考虑到单个企业的特点，克拉克（2010）针对福肯德和王（2006）提出的现金边际价值概念进行了扩展，以考察财务弹性对企业资本结构选择的影响。

后来，拜恩（2011）研究发现，当预期未达到或发生意外事件时，公司在实践中需要保持财务灵活性，以应对突发事件和机遇作出快速反应，事实上保持较高的财务灵活性来应对未预期风险是有利于提升股东价值的行为（DeAngelo et al.，2011）。企业在事前维持较小的杠杆，保留一定的举债能力，从而可以应对未来不确定环境下的融资需求（Killi，2011）。

当公司采用偏离行业常规的战略差异时，公司面临合法性风险，影响外界资源交换和企业经营效率，再加上资源、知识和能力难以跟上，加剧企业面临经营风险，进一步引发流动性风险或信用风险，使企业融资压力增加，为了满足再融资以及投资需求，公司需要保持较强的财务灵活性，从而减少当下的债务融资水平。

3.2 权衡理论

权衡理论是分析融资结构（财务杠杆）影响因素的经典理论。最早可以追溯到克劳斯和利岑贝格（1973）的研究。权衡理论是指企业的资本结构组合应基于债务融资的税盾收益和预期财务困境成本之间的权衡，进而实现企业价值与股东收益最大化的过程。权衡理论可以划分为广义权衡理论和狭义权衡理论，两者的主要划分依据基于是否与代理成本相关。广义权衡理论指的是企业在融资决策中不仅需要考虑债务税盾和破产成本，还需要考虑企业内部和外部的代理成本。此外，权衡理论还有静态与动态的区分，最开始的静态权衡理论研究是建立在以分析研究企业由于债务融资而获得的债务税盾和财务风险成本之上的。而后，迈尔斯（1984）在静态权衡理论的基础上设定了一个目标债务价值比，认为通过平衡债务税盾和破产成本，企业的资本结构逐渐向目标资本结构移动。然而到了迈尔斯（2001），权衡理论所权衡的范畴扩大，强调税收，并预测企业寻求目标债务水平，使他们能够平衡税收优惠和融资成本、破产（或重组）成本和代理成本等。由此可以看出，融资成本成为影响财务杠杆的重要因素。阿尔巴涅斯（2015）以巴西上市公司为例，研究发现，债务成本越高，企业对外进行债务融资的意愿就越低。顾乃康和周艳利（2017）的研究发现，因卖空的事前威慑增加了企业债务融资成本，进而减少了对债务融资的需求。阿里纳（2018）研究发现，如果公司存在潜在的诉讼风险，债务评级被调低，债务融资成本增加，从而降低了对债务融资的需求。

对于偏离行业常规的战略差异，通常面临较高的债务融资成本（杨兴全等，2018），企业在进行融资结构决策时，不仅要考虑举借债务的税收优惠，还要权衡融资成本，债务融资成本的增加会使公司减少债务融资总额。由此可以看到，公司战略决策的选择是综合权衡了债务收益和财务困境成本的。

3.3　感知风险理论

感知风险理论（perceived risk theory，PRT），由哈佛大学的鲍尔（1960）从心理学延伸而提出。已有研究发现，在商品购买过程中的不确定性及相关的潜在风险会影响消费者的决策（Yu et al.，2012）。消费者对风险的感知程度取决于潜在损失的大小（Cunningham，1967）。在信息有限的情况下，当消费者在购买过程中没有预期到可能有利的结果时，为了减少不确定性，他们会制定或采用降低风险的策略。因此，消费者采用信息处理作为降低风险的策略，要么寻找新的信息，要么参考和评估已经存在的信息（Cox，1967）。

潜在的收益和损失被认为是影响消费者行为的一个重要因素（Pavlou，2003），风险或感知到的风险意味着在购买时缺乏信任（Batra and Sinha，2000）。在感知风险理论中，研究人员将感知风险视为几个维度的组合，这些维度包括绩效、财务、社会、心理、安全、隐私和身体风险（Jacoby and Kaplan，1972；Kaplan et al.，1974；Roselius，1971），其中，财务风险指的是购买产品导致损失的可能性以及随后对损失产品进行维护的费用。

对风险的感知或感觉往往是心理作用的过程。彼得斯（2006）提出了感觉在判断和决策过程中所起作用的分析框架。感觉作为信息引导判断或决策过程（Slovic et al.，2002），首先，要提供有关正在评价的目标信息；其次，将注意力集中在特定类型的信息上。基于先前选择的相关经验（整体影响）或不太相关的经验（偶然影响）的信息，对目标信息进行判断，权衡收益和潜在的风险，进而才能作出决策。普菲斯特和博姆（2008）提出了一个类似的功能框架，他们强调感觉在提供信息、将注意力引向问题的相关方面以及实现快速信息处理方面的作用。

由感知风险理论可知，随着战略差异增加，企业经营风险上升和融资成本增加，管理层感知风险存在，影响其融资结构决策和融资期限决策。何玉润和徐云（2017）研究发现，企业战略差异度越大，则债权人难以获得充分的信息来评估企业经营风险，于是采用价格保护机制来控制企业风险，进而提高融资成本。债权人对风险的感知影响其对债务资金的供给水平、提供期限及提供成本；公司控制股东感知战略差异的代理问题，拟通过举借短期债务来约束管理层行为，以此作为融资决策博弈时需要考虑的约束条件；投资者感知风险，提高投资的风险补偿，从而对权益融资成本产生影响。

3.4 流动性风险理论

黛蒙德于 1991 年在国际经济学季刊发表《债务期限结构与流动性风险》一文，提出企业债务期限结构选择的流动性风险理论。该理论指出，企业举借短期债务，一方面可以向市场传递其较高信用等级的私有信息，另一方面又会带来因短期债务到期可能无法继续筹集资金，以及无法满足长期投资项目的资金需求的流动性风险。因此，公司对债务期限结构选择的决策应权衡短期债务的传递信息与流动性风险两方面的得失。对于信用风险较高的公司，通常流动性风险也较高，故应选择更长的债务期限。但如果信用风险太高，将产生过高的债务代理成本，公司将难以从债务人那里举借长期资金，因而只能采取短期债务融资（Diamond，1991）。

相较于长期债务，企业举借短期债务的优势在于不仅能享受较低的名义利率，而且能为企业带来流动性支持。但不可否认的是，短期债务融资也存在债务到期无法续借的流动性风险（袁卫秋，2005；Campello et al.，2011），因此，企业的最优债务期限结构应当是对短期债务与长期债务利弊的综合考量。基于国外资本市场的研究样本，巴克莱和史密斯（1995）、斯托和莫尔（1996）、詹森（2003）等大量研究证实了企业在选择债务期限时考虑了短期债务流动性风险。

廖冠民等（2010）考察了经营风险对中国上市公司债务期限结构的影响。研究发现，公司经营风险越高，其债务期限结构越长，并且经营风险对债务期限结构的影响在非国有企业以及处于银行竞争程度较高的环境时更加显著。研究结果表明，以银行借款作为主要债务融资方式的中国企业，在进行债务期限决策时会考虑流动性风险。李丹和袁淳（2019）针对当前"短债长投"的现象，从信贷紧缩的视角，对我国上市公司短期债务流动性成本进行检验，研究发现，在信贷紧缩期间，短期债务水平较高的公司更容易发生投资不足、绩效下滑，从而产生流动性成本。

实施战略差异的公司面临较高的经营风险，高经营风险公司通常有较高的信用风险，因而流动性风险较大。依据流动性风险理论观点，为避免战略差异给企业带来的再融资风险和满足长期投资项目的资金需求，因而企业倾向于选择较长期限的债务融资。

3.5　代理理论

代理理论是信息经济学发展起来的一个基本理论，同时也是交易成本经济学的一个分支，是企业契约理论在过去几十年中最重要的发展。伯利（1932）分析了美国大公司的所有权结构，得出了由所有者指定的代理人控制公司并进行经营的结论。代理人可能会利用公司的财产为自己谋福利，这就造成了委托人和代理人之间的冲突。

20 世纪 60 ~ 70 年代的财务文献描述了参与组织的合作方之间的风险分担所涉及的代理问题（Wilson，1968；Arrow，1971）。企业中的个体和群体具有不同的风险承受能力，其行为也相应地存在差别。委托人或所有者投入资本并承担风险以获得经济利益，而管理企业的代理人则规避风险，关心个人利益的最大化。委托人和代理人都具有相反的风险偏好，他们在风险分担中不同的实际行为导致了代理冲突。委托人难以核实或验证代理人的实际行为或成本较高时，代理问题因此出现。

关于代理问题的存在已经在学术界达成了共识，如在会计领域（Demski and Feitham，1978；Ronen and Balachandran，1995；Watts and Zimmerman，1983）、财务领域（Fama，1980；Fama and Jensen，1983；Jensen，1986）。随着时间的推移，代理问题不仅仅局限于委托人和代理人，相反，它已经超越并涵盖了债权人、大股东和小股东等其他各方，可以将代理问题概括为以下三种类型。

第一类代理问题是发生在股东与经理人之间。自大公司诞生以来，由于所有权与控制权的分离产生的代理问题被学者研究（Berle and Means，1932）。所有者将任务分配给管理者管理公司，希望经理们为股东的利益而工作。然而，管理者们对薪酬最大化和追求个人利益最大化更感兴趣。基于理性经理人假说，代理人有动机最大限度地实现自己的目标。委托人与代理人之间的利益关系以及由于分散的所有权结构导致了冲突，这种冲突被称为委托—代理冲突（Williamson，1985）。

第二类代理问题发生在大股东和小股东之间（Gilson and Gordon，2003；Shleifer and Vishny，1997），这是由于信息不对称和风险分担态度的差异而产生的（Jensen and Meckling，1976；Ross，1973）。这类代理问题的基本假设是大股东和小股东之间的利益冲突。大股东拥有更高的投票权，可以作出任何有利于他们的利益决定，这会损害小股东的利益（Fama and Jensen，1983）。此类代理问题在一个国家普遍存在，如果所有权集中在少数人或家族所有人手中，那么小股东很难保护他们的利益或财富（Demsetz and Lehn，1985）。

第三类代理问题发生在所有者（股东）和债权人之间，当所有者违背债权人的意愿作出风险更大的投资决策时，这种冲突就会发生。所有者和债权人之间的冲突是由其所承担项目以及股东作出的融资决定所引起的（Damodaran，1997）。股东试图投资于期望更高回报的、高风险的投资项目。高风险项目所涉及的风险增加了融资成本，降低了影响债权人的未偿债务的价值。如果项目成功，那么所有者将享受到巨大的利润，而债权人的利益是有限的，因为他们只能得到固定利率。但是，如果项目破产，股东拖欠借款，则债权人最后只能够接受一家空壳企业。

乔杜里（2004）描述了上述代理问题产生的原因，指出出现代理问题的几个原因，如所有权与控制权分离、委托人和代理人对风险的不同态度、代理人在组织中的短期参与、令代理人不满意的激励计划与公司内部信息不对称。这些导致代理问题的原因往往出现在上市公司的委托人与代理人、大股东与中小股东、所有者与债权人之间。

代理问题及其治理是企业界和学术界共同关注并研究的课题。艾森哈特（1989）强调，一个适当的治理体系可以缓和代理冲突：其一，是基于结果的契约，在契约中可以检查代理人的行为；其二，委托人需要形成一个强有力的信息系统，知道代理人行为的所有信息，并且他们不能歪曲委托人。公司治理这套机制确保公司资产得到有效利用，从而保证利益相关者的投资，并保护利益相关者免受管理层不适当的资产分配活动的影响。实施适当的公司治理有助于加强对管理层的监督（Widyaningshih et al.，2017）。梁亚松等（2016）以委托代理理论为基础，采用2009~2012年中国创业板上市企业的数据实证检验了企业战略选择对其融资结构决策的影响，发现企业最优融资结构取决于代理成本和产品多样化战略的权衡结果，而企业商品多元化与企业财务杠杆呈现出显著负相关关系。

偏离行业接受战略模式会导致利益相关者对公司的评价更加困难，这意味着公司战略差异会导致公司与外部人之间的信息不对称程度加剧，公司代理问题比较严重。公司股东为了减小代理成本，应该更多地采用短期债务融资，因为缩短债务期限可以缓解管理层防御带来的代理问题。

3.6　信息不对称理论

早在 20 世纪 70 年代，三位美国经济学家乔治·阿克罗夫（G. Akerlof）、迈克尔·斯彭斯（M. Spence）、约瑟夫·斯蒂格利茨（J. E. Stigliz）关注和研究信息不对称现象，因对信息不对称理论的突出贡献而获得 2001 年度诺贝尔经济学奖。乔治·阿克罗夫教授在 1970 年时发表了论文《柠檬市场：质化的不确定性和市场机制》（*The Market for Lemons：Quality Uncertainty and the Market Mechanism*），为信息不对称理论的发展奠定坚实的理论基础（Akerlof，1970）。

信息不对称广泛存在于市场经济活动中，交易双方存在天然的信息差异，谁掌握信息越充分，谁将在交易中具有信息优势；反之，则处于信息劣势。信息不对称理论认为交易链条中的卖方比买方更具有商品的各种信息，可以通过向信息贫乏的另一方传递可靠信息从而在市场中获益。作为理性经济人，拥有信息较少的一方则会努力从另一方获取信息。信息不对称是市场经济的弊病，仅通过市场方式往往起不到应有的效果，政府应在市场经济中努力发挥好宏观调控作用。施蒂格利茨（2002）和蒋琰（2009）解释说，信息不对称发生在拥有不同信息的人之间，表现为持有私人信息的交易者会剥削没有拥有此信息的交易者的利益，由此造成信息非持有交易者要求更高的收益率。斯科特（2012）认为，如果一项商业交易中涉及的几个当事方不具有相同的信息或一方比另一方拥有更多的信息，则存在信息不对称。信息不对称通常发生在企业与外部投资者之间、企业与债权人之间，同行业企业之间也存在信息不对称问题。在企业融资中，非对称信息是指企业内部人士（通常是管理层）在企业资产价值和投资机会方面拥有比市场参与者更多的信息，这种不对称造成了市场无法对公司债权进行正确定价，从而影响了公司融资决策行为。

在现代企业制度下，企业所有权与经营权两权分离，企业管理者与所有者对企业的价值、运营情况均存在较大差异。由于公司战略偏离行业常规，利益相关者难以根据行业常规评价企业战略以及资源配置情况，战略差异会加剧信息不对称程度（Carpenter，2000），当债权人感知风险超过其承受能力时，债权人通常只提供短期贷款，以此降低因债务人战略差异引起流动性的降低给债权人带来的回款风险。同时，外部债权人或投资者需要通过种种手段克服代理或信息不对称带来的风险，需要更高的资金回报率，从而增加了外部融资的资金成本。张静和张焰朝（2021）基于信息不对称视角实证检验了企业战略差异度与融资约束的关系，发现两者存在显著的正相关关系，即企业战略差异度越大，则其面临的融资压力更大，且信息不对称在两者之间发挥了中介作用。

3.7　理论研究内容与论证思路

3.7.1　战略差异对融资结构影响的理论分析

关于战略差异对融资结构的影响，本书将结合财务领域的财务弹性理论、权衡理论，分别从财务灵性和债务融资成本两条路径进行分析。

从财务弹性理论来看，格雷厄姆和哈维（2001）首次讨论了财务灵活性作为资本结构决策的影响因素。在未来不确定条件下，通过调动金融资源，将企业价值提高到最大价值的能力。当预期未达到或发生意外事件时，公司在实践中需要保持财务灵活性，以对突发事件和机遇作出快速反应（Byoun，2011）。企业需要在事前维持较小的杠杆，保留一定的举债能力，以应对未来不确定环境下的融资需求（Killi，2011）。由于公司采用偏离行业常规的战略差异，公司合法性遭受质疑，与外界的资源交换受挫，再加上资源、知识和能力难以跟上，使企业面临经营风险，当企业感知战略差异增加了经营风险时，通常流动性风险或信用风险较高，从而面临融资压力。为了满足未来再融资以及投资需求，公司需要保持更强的财务灵活性，会策略性地保持更低的杠杆率。

从权衡理论来看，克劳斯和利岑贝格（1973）研究认为，企业的资本结构应当在债务融资的税盾收益和债务融资的预期财务困境成本之间进行权衡。后来，迈尔斯（2001）将权衡理论所权衡的范畴扩大化，强调税收并预测企业寻求目标债务水平，使他们能够平衡税收优惠和融资成本、破产（或重组）成本和代理成本等成本。由此可以看出，融资成本成为影响资本结构（融资结构）的重要影响因素。偏离行业常规的战略差异使得企业通常面临较高的债务融资成本（杨兴全等，2018）。企业在进行融资结构决策时，不仅要考虑举借债务的税收优惠，还要权衡融资成本，考虑到债务融资成本的增加，企业会减少对债务融资的需求，从而降低了公司的债务水平。

3.7.2　战略差异对债务期限的影响理论分析

关于战略差异对债务期限结构的影响，本书将结合财务领域的流动性风险理论、信息不对称理论、代理理论以及心理学领域的感知风险理论从正反两方面进行分析。

一方面，基于流动性风险理论，为了避免短期债务到期无法偿还或无法继续融资的流动性风险，公司应选择更长的债务期限（Diamond，1991；廖冠民等，2010）。遵守行业常规战略，意味着可以被社会普遍认可，增强组织的合法性。实施战略差异的公司，因违背行业智慧，战略合法性受质疑，面临合法性风险，与外界的资源交换受到限制，降低企业经营效率，使企业面临较高的经营风险。并且，选择与行业常规差异化较大的战略，使得企业培育新的能力受限，获取新的资源和知识成本和难度都很大，势必加剧企业经营风险。高经营风险公司通常有较高的信用风险，因而流动性风险较大。依据流动性风险理论观点，为避免战略差异给企业带来的再融资风险和满足长期投资项目的资金需求，因而选择较长的债务期限。

另一方面，基于信息不对称和代理理论。偏离大众接受的战略模式，会导致利益相关者对公司的评价更加困难。这意味着公司战略差异会导致公司与外部人之间的信息不对称程度加剧，公司代理问题比较严重。为了减小代理成本，公司应该更多地采用短期债务融资，缩短债务期限可以缓解管理层防御带来的代理问题。从债权方来说，由于战略差异会导致公司经营波动、经营风险升高、债权人感知风险会增加。当风险超过债权人风险承受能力时，债权人通常只提供短期贷款，以此降低因债务人战略差异、流动性降低给债权人带来的回款风险。胡刘芬（2021）采用 2008～2017 年的面板数据实证检验了企业战略选择对企业融资的影响，研究发现，激进的战略决策会加剧企业融资约束、增加企业整体风险水平并降低企业会计信息质量，进而激化了企业内部代理冲突。综上所述，在企业实施战略定位差异的前提下，基于不同的理论起点，战略差异对企业债务期限结构存在不同的影响。因此，企业特定战略定位下的债务期限结构决策是一个需要验证的问题。

3.7.3　战略差异对融资成本影响的理论分析

关于战略差异对融资成本的影响，本书将结合心理学领域的感知风险理论和财务领域的信息不对称理论进行分析。

首先，根据鲍尔（1960）的感知风险理论，在信息有限的情况下，当投资者或债权人在为企业提供过程中没有预期到可能有利的结果时，为了减少不确定性，他们会制定或采用降低风险的策略或寻求更高的风险补偿，因而会使公司的融资成本增加。一般而言，采用行业常规战略的企业更容易获得合法性和发展所需的社会资源，而偏离行业常规的战略，因不被本领域内的专家认可，阻碍了企业与其内外部环境进行资源互动，降低了企业的经营效率，可能导致较高的经营风险和现金流波动性（Dong et al.，2020）。当现金流波动率增大时，债权人感知公司未来经营风险增大，从而要求给予更高的资本回报，而持有该公司股票的投资者将感知到公司更大的经营风险和不确定性，因而也需要更高的补偿，即要求更高的收益率，因此将增加公司的融资成本。

其次，根据信息不对称理论，信息不对称通常发生在企业和外部投资者之间、企业与债权人之间。在企业融资中，非对称信息是指企业内部人士（通常是管理者）在企业资产价值和投资机会方面拥有比市场参与者更多的信息。这种不对称造成了市场无法对公司债权进行正确定价，从而影响了公司融资决策行为（Scott，2012）。由于公司战略偏离行业常规，采取差异化战略会使得企业合法获得资源的可能性降低、企业内部组织协调难度加大，进而导致企业经营的不确定性和经营风险加大（刘东博，2018），企业利益相关者难以根据行业常规评价企业战略以及资源配置情况，战略差异会加剧信息不对称程度（Carpenter，2000）。从外部债权人或投资者的视角来看，在非完美市场中，外部人面临代理问题或信息不对称问题，外部债权人或投资者需要采用种种手段克服代理或信息不对称带来的风险，需要更高的资金回报率，即外部资金的资金成本较高，而企业内部信息不对称的程度较小，内部融资成本较低。因此，企业的内部和外部出现了较高的融资约束。当融资约束增大时，投资者或债权人感知公司存在再融资风险，从而要求给予更高的资本回报，提高了公司的融资成本。

3.8　实证研究内容与论证思路

3.8.1　实证研究框架与论证思路

本书实证研究框架如图 3 - 1 所示。根据本书的研究问题与理论分析，实证研究需要分别进行以下三个问题的检验。

（1）战略差异与融资结构关系检验。具体而言，以五个关键战略维度复合度量方法构建战略差异指标，以负债年末账面价值/年末账面总资产表征融资结构（财务杠杆）。首先，考察战略差异对融资结构的影响；其次，在此基础上检验财务灵活性与债务融资成本是否在战略差异与融资结构的关系中充当传导路径；最后，基于不同的金融发展水平与资产专用性程度，检验战略差异对融资结构的异质性影响。

（2）战略差异与融资期限关系检验。具体而言，以六个关键战略维度复合度量方法构建战略差异指标，以（长期借款 + 一年内到期的长期负债）/（长期借款 + 一年内到期的长期负债 + 短期借款）表征融资期限。首先，考察战略差异对融资期限的影响；其次，在此基础上检验资产流动性是否在战略差异与融资期限的关系中充当作用路径；最后，基于不同的产权性质、审计师选择，检验战略差异对融资期限的异质性影响。

（3）战略差异与融资成本关系检验。具体而言，通过六个关键战略维度复合度量方法构建战略差异指标，借鉴姜付秀和陆正飞（2006）和林钟高等（2015）的方法，采用债务资本成本与权益资本成本加权计算的平均资本成本来衡量总资本成本。首先，考察战略差异对资本成本的影响；其次，在此基础上检验现金流波动与融资约束是否在战略差异与资本成本的关系中充当作用渠道；最后，基于不同的竞争地位、财务困境，检验战略差异对融资期限的异质性影响。

3.8.2　战略差异指标构建过程及说明

借鉴中国人民大学叶康涛教授的观点，企业的战略和商业模式决定了企业的经济活动。而会计（职能）是对企业经济活动的反映，自然企业战略和商业模式对于企业会计信息也有着显著影响。这种影响体现在如下几个方面：首先，战略决定了企业的业务特征，从而也就决定了企业会计信息特

理论基础	财务弹性理论	权衡理论	感知风险理论	流动性风险理论	代理理论	信息不对称理论

⇩

研究问题	研究问题1：战略差异对融资结构的影响研究	研究问题2：战略差异对融资期限的影响研究	研究问题3：战略差异对融资成本的影响研究

⇩

理论分析	战略差异加剧企业经营风险，管理层感知风险以及面临的融资压力，为了满足未来再融资以及投资需求，会策略性地保持更低的杠杆率来维持其财务灵活性。此外，企业在进行融资结构决策时，不仅要考虑举借债务的税收优惠，还要权衡融资成本，债务融资成本的增加会使公司减少债务融资总额，因而会降低公司债务水平	一方面，偏离行业常规的战略差异加剧企业经营风险，为避免再融资风险，企业举借长期债务；另一方面，战略差异引起信息不对称和代理问题，通过举借短期债务，借债权人监督管理层，同时向外界释放公司质量高的信号，债权人发放短期债务具有信息和监督的优势	债权人感知企业战略差异所引致的未来经营风险增大、不确定性增强，从而要求给予更高的资本回报。此外，股东感知战略差异程度高的企业存在再融资风险，要求给予更高的风险补偿，从而推高了企业的融资成本

⇩

研究假设	H1：其他条件相同，战略差异与融资结构负相关	H1a：企业战略差异度与债务期限结构之间存在正相关关系 H1b：企业战略差异度与债务期限结构之间存在负相关关系	H1：其他条件相同，战略差异与融资成本正相关

⇩

模型构建与变量度量	建立实证模型战略差异对融资结构影响的模型 战略差异：借鉴Tang et al. (2011)六维度综合计算。融资结构：负债账面价值/总资产账面价值	建立实证模型战略差异对融资期限的影响模型 战略差异：借鉴Tang et al. (2011)六维度综合计算。债务期限结构：（长期借款+一年内到期的长期负债）/（长期借款+一年内到期的长期负债+短期借款）	建立实证模型战略差异对融资成本影响的模型 战略差异：借鉴Tang et al. (2011)六维度综合计算。融资成本(Wacc)参考姜付秀和陆正飞(2006)和林钟高等(2015)的方法，采用债务资本成本与权益资本成本加权计算的平均资本成本来衡量

⇩

稳建性检验	内生性处理：IV-2SLS，Heckman两阶段；稳健性检验：控制2006年会计准则实施、分样本检验、固定效应回归、替换关键变量、Cluster聚类调整等	内生性处理：IV-2SLS，Heckman两阶段；稳健性检验：控制2006年会计准则实施、分样本检验、替换关键变量、解释变量滞后两期、分位数回归、Cluster聚类调整等	内生性处理：IV-2SLS，Heckman两阶段；稳健性检验：控制2006年会计准则实施、分样本检验、固定效应回归、分位数回归、Tobit回归、替换关键变量、Cluster聚类调整等
扩展性检验	机制检验：财务灵活性、债务融资成本；异质性检验：金融发展水平、资产专用性	机制检验：资产流动性；异质性检验：产权性质、审计质量	机制检验：现金流波动、融资约束；异质性检验：产品市场竞争地位、财务困境

图 3 –1　实证研究框架

征，比如企业盈余持续性、会计稳健性、会计可比性等。其次，战略决定了企业会计信息的产生过程。战略决定组织结构，而组织结构决定了企业内部控制环境、业绩指标设定、激励模式选择等，而这些又进一步决定了企业会计信息的产生过程，进而决定了企业会计信息质量。最后，会计信息的有用性取决于企业内外部之间的信息不对称程度，而战略显然极大地影响了企业的信息环境。例如，采取异质性战略的公司，其信息不对称程度往往要高于采取常规战略的公司，从而对于这些公司来说，高质量的会计信息披露显得尤为重要。

虽然战略对于企业会计信息的重要性不言而喻，但令人惊奇的是，实证会计研究对于如此重要的一个维度却关注甚少。这方面最重要的一个挑战是如何度量企业战略和商业模式。叶康涛等（2014；2015）借鉴了战略管理领域的战略度量方法，试图基于企业披露的会计信息来构建企业战略指标，进而考察其对企业会计信息和财务行为的影响。用财务指标衡量战略不仅有文献支撑，而且有实际应用场景，如美国著名的战略管理学家迈克尔·波特所提出的成本领先战略、差异化战略也是采用财务指标进行度量的，如用存货周转率度量成本领先战略、采用毛利率衡量差异化战略。从逻辑上来说，战略体现资源配置，会计报表反映资源配置，所以可以用会计报表信息来倒推企业战略模式，基于六个财务指标维度构建的企业战略差异亦是如此。而且，国内外学者已经在用此种方法构建战略差异指标，如格莱曼尼茨和汉布里克（1997）、唐等（2011）、叶康涛等（2014；2015）。

借鉴已有的研究成果，本书基于会计信息的视角刻画研究的核心变量：战略差异，具体构建过程如下：首先，计算能够刻画作为资源分配模式的公司战略的六个战略维度（Mintzberg，1978；Mintzberg et al.，1998；）。这六个维度分别是代表企业市场营销行为的广告投入（用销售费用/营业收入表示）、代表企业创新行为的研发投入（用无形资产净值/营业收入表示）、代表企业生产扩张行为的资本密集度（用固定资产/员工人数表示）和固定资产更新程度（用固定资产净值/固定资产原值表示）、代表企业费用构成的管理费用投入（用管理费用/营业收入表示）和代表企业资本管理模式的企业财务杠杆（用负债总额/权益账面价值表示）。本书的研究数据最早开始于2000 年，由于我国上市公司较少单独披露广告费用和研发费用，借鉴叶康涛等（2014）的做法，本书分别采用销售费用和无形资产净值来近似代替广告费用和研发费用。其次，对于每个战略维度指标进行标准化处理（用指标分别减去同行业当年该指标的平均值，再除以该指标的标准差），然后取绝对值（Finkelstein and Hambrick，1990；Geletkanycz and Hambrick，1997）。最后，本书对每个公司标准化后的六个战略指标取算术平均值得到战略差异指标。

需要值得注意的是，战略差异的度量方式为企业战略偏离行业常规程度的指标，而融资指标是本企业的融资行为。战略差异是比较指标，能反映在资源配置方面企业与行业平均水平的差异上，这种差异往往使企业存在经营风险或信息不对称，进而影响到企业的融资行为。

从我国上市公司战略差异变化趋势来看（见图 3－2），2000 年以后，我国上市公司的战略差异度平均值，总体呈现增长趋势，特别是 2006 年以后，公司战略差异程度增长明显，2006 年有 17.50% 的上市公司采用偏离行业常规的战略，到 2009 平均值为 21.50% 年，这说明有超过 20% 的上市采用脱离行业常规的战略，2010～2013 年平均值都在 30% 以上，虽然 2014 年有所减少，但从 2015 年开始了出现较快增长，直到 2017 年战略差异达到 37.20%，是 2006 年的两倍多。总体来说，2000～2017 年我国上市公司的战略差异度呈现整体上升趋势，说明在我国经济转型的过程中，较多的中国上市公司采取了与行业偏离程度较大的战略。

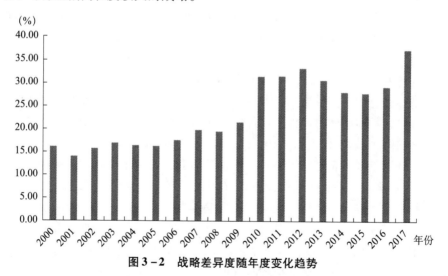

图 3－2　战略差异度随年度变化趋势

第 4 章　企业战略差异对融资结构的影响研究

前述理论分析表明，企业战略差异影响融资结构具有相应的理论支撑基础，那么企业战略差异影响融资结构是否具有经验验证的基础？若战略差异确实影响融资结构，则中间的影响机制又是什么？进一步地，这种影响在何种条件下成立？本书在进一步理论分析的基础上提出研究假说，并以 2000 ~ 2017 年我国 A 股非金融行业上市公司为研究样本，运用实证分析的方法考察企业战略差异对融资结构影响的两条路径：财务灵活性与债务融资成本。在此基础上，进一步考察金融发展环境和资产专用性程度对战略差异影响融资结构的异质性影响。

4.1 引言

"三去一降一补"是我国当前推进供给侧结构性改革的重要内容。为了推进去杠杆的重大任务，积极稳妥地处理好债务问题，切实防范和化解金融风险，2018 年 5 月 11 日，中央全面深化改革委员会第二次会议审议通过了《关于加强国有企业资产负债约束的指导意见》，并对去杠杆提出新的要求。在国家去杠杆的宏观背景下探讨企业融资结构的问题无疑具有重要现实意义。

去杠杆，即降低企业融资结构①，应该从影响融资结构（资本结构）的决定因素入手进行分析。对于资本结构的选择是企业融资的主要问题，一直是学术界持续关注的研究话题。自从莫迪利安尼和米勒（1958）对资本结构进行开创性的研究以来，既有研究对企业资本结构决策影响因素进行了广泛

---

① 本书的融资结构又称为财务杠杆、资本结构或资产负债率。

的探索（Harris and Raviv 1991；Mackay and Phillips，2005；Myers 1984），并发展了一些理论来进行检验，如静态权衡理论和优序融资理论（Fama and French，2002；Frank and Goyal，2003；Kayhan and Titman，2007；Delcoure，2007）、代理理论（Jensen，1986）、市场择时理论（Baker and Wurgler，2002；Haan and Bie，2007；Hovakimian，2006）和股票回报理论（Welch，2004）。

资本结构决策是管理层选择的结果，而公司战略被视为管理价值观和目标的体现，管理偏好会影响公司相对持有的债务和股权，因此，战略势必影响公司的资本结构（Andrews，1980）。自从巴顿和戈登（1988）开创性地将资本结构研究拓展到战略领域（多元化）以来，学者们从不同的战略定位进行了拓展研究，如国际化战略（Mansi 和 Reeb，2002；Mittoo and Zhang，2008；Gonenc and Haan，2014）、竞争战略（Jordan et.，1998；O'brien，2003；章细贞，2008）和战略激进（袁克丽等，2020）。然而，从战略差异视角考察资本结构影响因素的研究却鲜有涉及。

一般而言，企业会选择行业追随战略，有利于避免与现有制度的冲突，从而获取合法性地位和资源，降低不确定性，增强业绩持续性。然而，为了适应外部激烈竞争环境的不断变化，获得竞争优势，企业可能从资源配置战略上偏离行业常规，使企业战略偏离行业标准，即被称为战略差异（Carpenter，2000；Tang et al.，2011）。已有研究发现，采用脱离行业常规战略的公司加剧了经营风险（Tang et al.，2011），从而提升了企业融资成本（杨兴全等，2018；Liu et al.，2019）。本书关注现有文献还未研究的一个问题：战略差异是否因增加债务融资成本以及提高保持财务灵活性的动机，从而影响公司的融资结构（资本结构）。

鉴于此，本书以 2000～2017 年我国 A 股非金融行业上市公司为研究样本，基于战略定位视角，探究战略差异对融资结构（资本结构）的影响。实证结果发现，战略差异上升时，因经营风险加大，企业一方面增加对财务灵活性的需求，另一方面面临增加的债务融资成本、权衡融资成本与未来收益，从而降低债务融资比重。影响机制分析表明，财务灵活性与债务融资成本是战略差异影响融资结构的作用机制。进一步研究发现，战略差异对融资结构的负向影响在低金融发展水平的地区和资产专用性较强的企业更为显著。本书的研究结论表明，战略差异是影响融资结构的重要因素之一，企业能够识别战略差异引致的经营风险，通过增加财务灵活性而减少债务融资比重。另外，经营风险的增加使企业面临较高的债务融资成本，在一定程度上也减少了对债务融资的依赖。本书的研究对于理解战略差异的融资后果、战略差异风险的溢出效应和改善债务融资策略具有一定参考价值。

本章可能的创新和学术贡献体现为：第一，尝试从战略差异视角研究公司战略对其融资结构的影响，并关注到不同金融发展水平及资产专用性强度的异质性影响，为战略差异经济后果的研究提供了新视角；第二，已有研究关注了多元化、国际化、竞争战略和战略激进等不同战略定位对融资结构的影响，但这些研究忽略了公司战略异质性因素的影响，本章从战略差异的风险溢出视角拓展了融资结构的影响因素研究；第三，通过检验财务灵活性和债务融资成本两条路径，揭示出战略差异影响融资结构的内在机制，这有助于深化对战略定位与公司融资行为内在逻辑关系的认识。

4.2 理论分析与研究假设

同一行业的企业通常会面临相似的市场环境和监管政策，一般会采用常规战略模式。但是，为了获取超额利润，具有独特资源和能力的企业则会另辟蹊径（Chen and Miller, 1994），采用脱离行业常规的战略。然而，当公司采用脱离行业常规的战略差异时，因公司的战略拒绝了已经融入行业共识的传统智慧（Porac et al., 1989），这种特立独行的做法可能使企业面临合法性挑战，从而削弱公司从组织领域交易伙伴层面获取资源的能力（DiMaggio and Powell, 1983）。因不被本领域内的专家认可，阻碍了企业与外部环境进行的资源互动，降低了企业的经营效率，从而可能导致较高的经营风险和不确定性。进一步地，较大的战略差异迫使企业培育新的能力，以利于获取新的资源。作为知识和实践的集合体，企业吸收、加工和有效运用新知识的能力是有限的，重新资源配置的成本和难度都很大（王化成等，2017），如果资源配置未能及时跟进，势必给企业带来经营风险。已有研究发现，公司采用脱离常规的战略差异，往往面临业绩的大起大落（Tang et all., 2011），这种盈利的波动，又进一步放大企业经营风险。此外，对于战略差异较大的信息，使用者难以用常规标准判断，信息收集、解读和获取的成本增加，作为信息中介的分析师预测偏差也会加大。应计项目盈余管理操纵很难被发现，经营不确定性又加剧了不对称程度，使得企业面临较高的信息不对称（王化成等，2017），从而加大了外部融资难度。以上因素综合作用，战略差异使企业加大对财务灵活性需求，推高企业债务融资成本，可能进一步影响到融资结构（资本结构）。

具体来说，企业战略差异可以通过以下两个方面的作用路径降低债务水平。图 4 - 1 为战略差异影响融资结构的理论分析框架。

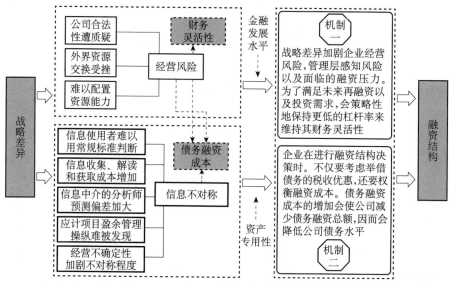

图 4 - 1　战略差异影响融资结构的理论分析框架

第一，战略差异会增加公司的经营风险、增强公司保持财务灵活性的动机，从而降低公司债务水平。根据财务弹性理论，为应对突发事件和快速抓住机遇，公司在实践中需要保持财务灵活性，通过维持较小的财务杠杆，保留一定的举债能力，应对未来不确定环境下的融资需求（Byoun，2011；Killi，2011）。当因战略差异增加企业经营风险时，通常流动性风险或信用风险则会提高（廖冠民等，2010）。面临融资压力，为了满足未来再融资以及投资需求，公司需要保持更强的财务灵活性，会策略性地保持更低的财务杠杆来维持其财务灵活性；反之，不合理的债务融资使得财务灵活性差的公司容易受到竞争对手掠夺性战略的影响（Poitevin，1989），从而对企业财务灵活性产生不利影响。因此，企业在进行资本结构决策时，不仅要比较当前的债务融资收益和成本，还要考虑到将来未预期的融资需求。当因战略差异使企业面临较高经营不确定性或经营风险时，企业必须未雨绸缪，于事前选择较小的财务杠杆，维持其充足的举债能力（DeAngelo，2011）。因此，战略差异越大，企业的财务灵活性需求动机就越强，其所维持的剩余举债空间也越大，因此，财务杠杆水平也就越低。

　　第二，战略差异通过加剧经营风险增加公司债务融资成本，进而降低了公司债务水平。企业的融资成本同时受经营风险和信息不对称的影响，采用战略差异的公司因业绩波动性高，通常面临较大的经营风险。此外，偏离行业常规的战略差异会加剧企业内外的信息不对称程度，这些因素都使债权人要求更高的必要报酬率或风险补偿，从而提高了债务融资成本（杨兴全等，2018）。刘等（2019）研究也发现，战略差异增加了企业的债务融资成本。对于其影响机制，既有研究发现战略差异大的公司因导致较低的会计信息质量和内部控制质量，导致面临较高的融资约束，从而使企业增加了债务融资成本。陆正飞和高强（2013）通过问卷调查研究中国上市公司融资行为时发现，融资成本高低是决定融资选择的重要因素。根据迈尔斯（2001）的权衡理论，融资成本是企业在确定资本结构时重要的考虑因素，虽然有举借债务的税收优惠，但权衡较高的融资成本，企业可能会减少债务融资。进一步地，当信贷机构意识到公司面临的经营风险增加时，出于风险规避的考虑会增加公司的贷款成本。债务融资成本的增加会迫使公司减少债务融资总额，因此，会引致公司债务水平降低。综上所述，本章预测战略差异的增加会降低公司债务水平，提出如下假设：

　　H1：在其他条件不变的情况下，战略差异与融资结构负相关，即战略差异越大，财务杠杆水平就越低。

4.3　研究思路与模型设计

4.3.1　模型设计与变量选取

4.3.1.1　模型设计

　　为检验假设 H1，借鉴王跃堂等（2010）、王亮亮和王跃堂（2015）、陈胜蓝等（2020）的研究，构建模型（1）：

$$
\begin{aligned}
\text{Lev}_{i,t} =\ & \alpha_0 + \alpha_1 \times \text{DS}_{i,t-1} + \alpha_2 \times \text{AGV}_{i,t-1} + \alpha_3 \times \text{WP}_{i,t-1} + \alpha_4 \times \text{STATE}_{i,t-1} + \\
& \alpha_5 \times \text{SIZE}_{i,t-1} + \alpha_6 \times \text{ROA}_{i,t-1} + \alpha_7 \times \text{CFO}_{i,t-1} + \alpha_8 \times \text{EXTFIN}_{i,t-1} + \\
& \alpha_9 \times \text{TobinQ}_{i,t-1} + \alpha_{10} \times \text{CURRENT}_{i,t-1} + \alpha_{11} \times \text{TURNOVER}_{i,t-1} + \\
& \alpha_{12} \times \text{NDTS}_{i,t-1} + \sum \text{IND} + \sum \text{YEAR} + \varepsilon_{i,t}
\end{aligned}
\tag{4-1}
$$

其中，Lev 表示企业融资结构，用财务杠杆替代；DS 表示战略差异。若假设 H1 成立，我们预期 DS 的系数 α_1 显著为负，即战略差异与融资结构（财务杠杆）负相关。

进一步地，为检验战略差异对融资结构影响的传导路径，本书借鉴温忠麟等（2004）的中介效应检验方法，构建如下模型：

（1）检验财务灵活性的中介效应。

$$
\begin{aligned}
\text{Fin\_Flex}_{i,t} = {} & \delta_0 + \delta_1 \times \text{DS}_{i,t-1} + \delta_2 \times \text{AGV}_{i,t-1} + \delta_3 \times \text{WP}_{i,t-1} + \delta_4 \times \\
& \text{STATE}_{i,t-1} + \delta_5 \times \text{SIZE}_{i,t-1} + \delta_6 \times \text{ROA}_{i,t-1} + \delta_7 \times \\
& \text{CFO}_{i,t-1} + \delta_8 \times \text{EXTFIN}_{i,t-1} + \delta_9 \times \text{TobinQ}_{i,t-1} + \delta_{10} \times \\
& \text{CURRENT}_{i,t-1} + \delta_{11} \times \text{TURNOVER}_{i,t-1} + \delta_{12} \times \\
& \text{NDTS}_{i,t-1} + \sum \text{IND} + \sum \text{YEAR} + \varepsilon_{i,t}
\end{aligned}
\tag{4-2}
$$

$$
\begin{aligned}
\text{Lev}_{i,t} = {} & \gamma_0 + \gamma_1 \times \text{DS}_{i,t-1} + \gamma_2 \times \text{Fin\_Flex}_{i,t-1} + \gamma_3 \times \text{AGV}_{i,t-1} + \gamma_4 \times \\
& \text{WP}_{i,t-1} + \gamma_5 \times \text{STATE}_{i,t-1} + \gamma_6 \times \text{SIZE}_{i,t-1} + \gamma_7 \times \text{ROA}_{i,t-1} + \\
& \gamma_8 \times \text{CFO}_{i,t-1} + \gamma_9 \times \text{EXTFIN}_{i,t-1} + \gamma_{10} \times \text{TobinQ}_{i,t-1} + \gamma_{11} \times \\
& \text{CURRENT}_{i,t-1} + \gamma_{12} \times \text{TURNOVER}_{i,t-1} + \gamma_{13} \times \text{NDTS}_{i,t-1} + \\
& \sum \text{IND} + \sum \text{YEAR} + \varepsilon_{i,t}
\end{aligned}
\tag{4-3}
$$

（2）检验债务融资成本中介效应。

$$
\begin{aligned}
\text{Cost}_{i,t} = {} & \delta_0 + \delta_1 \times \text{DS}_{i,t-1} + \delta_2 \times \text{AGV}_{i,t-1} + \delta_3 \times \text{WP}_{i,t-1} + \delta_4 \times \\
& \text{STATE}_{i,t-1} + \delta_5 \times \text{SIZE}_{i,t-1} + \delta_6 \times \text{ROA}_{i,t-1} + \delta_7 \times \text{CFO}_{i,t-1} + \\
& \delta_8 \times \text{EXTFIN}_{i,t-1} + \delta_9 \times \text{TobinQ}_{i,t-1} + \delta_{10} \times \text{CURRENT}_{i,t-1} + \\
& \delta_{11} \times \text{TURNOVER}_{i,t-1} + \delta_{12} \times \text{NDTS}_{i,t-1} + \sum \text{IND} + \\
& \sum \text{YEAR} + \varepsilon_{i,t}
\end{aligned}
\tag{4-4}
$$

$$
\begin{aligned}
\text{Lev}_{i,t} = {} & \gamma_0 + \gamma_1 \times \text{DS}_{i,t-1} + \gamma_2 \times \text{Cost}_{i,t-1} + \gamma_3 \times \text{AGV}_{i,t-1} + \gamma_4 \times \\
& \text{WP}_{i,t-1} + \gamma_5 \times \text{STATE}_{i,t-1} + \gamma_6 \times \text{SIZE}_{i,t-1} + \gamma_7 \times \text{ROA}_{i,t-1} + \\
& \gamma_8 \times \text{CFO}_{i,t-1} + \gamma_9 \times \text{EXTFIN}_{i,t-1} + \gamma_{10} \times \text{TobinQ}_{i,t-1} + \gamma_{11} \times \\
& \text{CURRENT}_{i,t-1} + \gamma_{12} \times \text{TURNOVER}_{i,t-1} + \gamma_{13} \times \text{NDTS}_{i,t-1} + \\
& \sum \text{IND} + \sum \text{YEAR} + \varepsilon_{i,t}
\end{aligned}
\tag{4-5}
$$

4.3.1.2 变量选取

（1）被解释变量。被解释变量（Lev）代表企业融资结构（资本结构），由于国内外学者对于资本结构的衡量并未达成一致。鲍恩等（1982）在早期的实证研究使用总债务来衡量债务水平，因此，本书用总债务水平与总资产的比值来衡量融资结构（资本结构）。但是，总债务中并非全部为带息债务，还包括不带息债务，这部分并不能给企业提供税盾效应，因此，采用有息债务衡量债务水平被认为是适合的（ElNaggar，1996）。考虑到度量的恰当性，在进行稳健性检验时，本书借鉴王跃堂等（2010）的方法，使用有息债务与总资产之比表征企业融资结构（资本结构），记作 Lev1，其中有息债务包括期末短期借款、长期借款与应付债券之和。

（2）解释变量。公司战略差异（DS）为本书的解释变量，是反映企业战略偏离行业常规的程度的指标。借鉴格莱曼尼茨和汉布里克（1997）、汤等（Tang et al.，2011）的做法，用如下方法构建该指标。

首先，计算能够刻画作为资源分配模式的公司战略六个战略维度（Mintzberg，1978；Mintzberg et al.，1998）。这六个维度分别是代表企业市场营销行为的广告投入（销售费用/营业收入）、代表企业创新行为的研发投入（无形资产净值/营业收入）、代表企业生产扩张行为的资本密集度（固定资产/员工人数；和固定资产更新程度（固定资产净值/固定资产原值）、代表企业费用构成的管理费用投入（管理费用/营业收入）和代表企业资本管理模式的企业财务杠杆（负债总额/权益账面价值）。由于我国上市公司较少披露广告费用和研发费用，借鉴叶康涛等（2014）的做法，本书分别采用销售费用和无形资产净值来近似代替广告费用和研发费用。

其次，对于每个战略维度指标进行标准化处理（用指标分别减去同行业当年该指标的平均值，再除以该指标的标准差），然后取绝对值（Finkelstein and Hambrick，1990；Geletkanycz and Hambrick，1997）。

具体处理方式如下：对每个公司标准化后的六个战略指标取平均值后得到战略差异指标，记为 DS。考虑到在战略差异变量构建过程中，其中一个战略维度是代表企业资本管理模式的财务杠杆，而解释变量融资结构（财务杠杆），两者之间可能存在内生性。因此，为了研究的稳健性，本章未单独将财务杠杆作为一个维度进行考虑，用其他五个维度构建企业的战略差异指标 DS。在稳健性检验中，用五个维度的主成分分析法构建 DS1。

（3）中介变量。为深入分析战略差异对融资结构（财务杠杆）的影响路径，本部分将重点对财务灵活性与债务融资成本两个中介变量进行检验。

①财务灵活性（Fin_Flex）。已有文献，对财务灵活性（又称财务柔性）采用单指标判定法进行度量（Arslan et al.，2011）。在具体操作时，借鉴曾爱民等（2011）的做法，以现金柔性代表财务柔性，将现金柔性处于总体分布中最高的 30% 的样本企业判定为财务柔性企业，其中，现金柔性的度量用

企业现金持有减去年度行业现金持有均值计算。

②债务融资成本（Cost）。借鉴李广子和刘力（2009）以及明尼斯（2011），本书采用利息费用占比，即利息支出与公司总负债之比衡量债务融资成本（Cost）。

（4）控制变量。此外，借鉴已有文献的研究，选取了资产担保价值、运营资本率、产权性质、公司规模、公司业绩、经营活动现金流量、外部融资需求、成长性、流动性、总资产周转率和非债务税盾作为控制变量。同时考虑到行业和年度的影响，本书也增加了行业和年度控制变量，具体定义如表4-1所示。

表4-1   变量定义

变量名称	变量代码	变量定义
融资结构	Lev	用财务杠杆替代，年末账面总负债/年末账面总资产
	Lev1	有息债务与年末账面总资产之比
战略差异	DS	计算方法详见书中说明
资产担保价值	AGV	本期存货加固定资产之和除以年末账面总资产
运营资本率	WP	用期末流动资产减去流动负债的差除以年末账面总资产
产权性质	STATE	虚拟变量，如果公司的最终控制人为国有股东，取值为1，否则为0
公司规模	SIZE	年度账面总资产取自然对数
盈利能力	ROA	公司当年总资产报酬率
经营活动现金净流量	CFO	公司当年的经营活动产生的现金流量占年末总资产比重
外部融资需求	EXTFIN	构建方法详见书中说明
成长性	TobinQ	（每股股价×流通股股数＋每股净资产×非流通股股数＋负债账面价值）/年末账面总资产
流动性	CURRENT	流动资产与流动负债之比
总资产周转率	TURNOVER	营业收入与年末账面总资产之比
非债务税盾	NDTS	折旧费用与总资产之比
行业变量	Industry	虚拟变量，在剔除金融保险行业后根据证监会对所有行业（制造业按二级科目）进行分类
年份虚拟变量	Year	年度哑变量，本书选取样本的时间是2000~2017年共18个年度，以2000年为基准，共采用17个哑变量

①资产担保价值（AGV）为存货加固定资产之和与年末账面总资产的比值。拥有更多担保资产的公司，更有可能拥有较低的预期破产成本。因此，预期资产担保价值与杠杆率正相关。此外，代理成本理论预测，由于有形资产使资产替代困难，资产有形性与企业杠杆率正相关。然而，优序融资理论预测有形资产与杠杆率之间存在负相关关系，因为有形资产的信息不对称程度较低（Harris and Raviv，1991）。

②运营资本率（WP）为公司的流动资产总额减去各类流动负债后的余额与年末账面总资产的比值，反映企业的偿债能力。净营运资本越多，偿债能力越强，可能举借到更多债务。陈胜蓝等（2020）、弗兰纳里和兹特金（2020）研究发现，运营资本率与财务杠杆正相关。

③产权性质（STATE）为识别公司是否为国有企业的虚拟变量。由于国有控股的公司存在所有者缺位现象，难以真正建立有效的监督机制，容易形成内部人控制，管理层不愿意通过举债引入债权人的监督。相对来说，非国有控股上市公司具有真正意义上的控股股东，为了保证自身利益，控股股东更有可能通过举借债务，引入债权人监督的公司治理机制来减少经理层的代理问题。黄贵海和宋敏（2003）、洪道麟等（2007）的研究表明，国有股持股越多，资产负债率越低。

④公司规模（SIZE）为期末账面总资产取自然对数。权衡理论预测，大公司有更多的杠杆作用，因为他们有较低的现金波动性，能够更好地进入资本市场，从而降低预期破产成本。相比之下，融资优序理论预测，较大的公司应该有较低的资产负债率，因为他们有较少的信息不对称问题（Alnori and Alqahtani，2019）。

⑤盈利能力（ROA）为当年总资产报酬率。迈尔斯和马鲁夫（1984）提出的融资优序理论预测企业杠杆率和盈利能力之间呈负相关关系，因为较高的留存收益减少了企业对外债融资的需求；相反，权衡理论预测企业的盈利能力与其财务杠杆正相关，因为高盈利企业的破产预期较低。

⑥经营活动现金净流量（CFO）以公司当年的经营活动产生的现金流量占期末总资产比重来衡量。为了维持公司的正常经营，公司会根据其经营活动现金流状况选择融资或进行资金分配，资本结构因而受到影响（罗琦和胡亦秋，2016）。当经营活动现金流充足时，往往可以减少对外部债务融资的依赖。王亮亮和王跃堂（2015）的研究同样证实，企业现金流水平与债务水平负相关。

⑦外部融资需求（EXTFIN）借鉴杜尔内夫和金（2005）、王会娟等（2014）的做法，外部融资需求用企业的实际增长率减去可持续增长率来衡量。实际增长率用总资产增长率表示［（总资产$_t$ – 总资产$_{t-1}$）/总资产$_{t-1}$］，可持续增长率为 $ROE_t/(1 - ROE_t)$。根据融资优序理论的预期，在内源融资不足的情况下，外部融资需求动机更强，债务融资水平更高。王亮亮和王跃堂（2015）研究发现企业外部融资需求与债务水平正相关。

⑧成长性（TobinQ）为（每股股价×流通股股数 + 每股净资产×非流通股股数 + 负债账面价值)/年末账面总资产。这个变量被用来代表公司的增长机会。迈尔斯（1977）预测，潜在投资机会较多的公司由于面临更高的代理成本（即投资不足问题），其杠杆比率会较低。权衡理论还预测了企业未来投资机会与其杠杆选择之间的负相关关系，认为增长型企业在财务困境时会损失更多的价值（Frank and Goyal，2009）。

⑨流动性（CURRENT）为流动资产总额除以流动负债总额。根据融资优序理论，包括现金和其他流动资产将作为内部资金来源，并将首先使用，而不是使用外部债务。因此，流动性对财务杠杆具有负面影响（Pathak，2010）。

⑩总资产周转率（TURNOVER）为营业收入与年末账面总资产之比。高增亮等（2019）研究发现，总资产周转率越快，资金周转速度越高，负债率越低。

⑪非债务税盾（NDTS）为折旧费用与年末账面总资产之比。迪安杰洛和马苏里斯（1980）发现，由于折旧可以替代债务，高折旧费用降低了公司的杠杆率。然而，哈里斯和拉维夫（1991）报告称，非债务税盾与债务正相关。

4.3.2 样本选择与数据来源

本书以 2000～2017 年中国 A 股非金融上市公司作为初始样本，并按照如下原则对原始样本进行筛选：首先，剔除资产和所有者权益为负值或 0 值的样本；其次，剔除 ST、SST、＊ST、S＊ST 公司样本；最后，剔除主要研究变量缺失的样本。总共得到 23 596 个公司—年度观测值，除固定资产原值数据来自 CCER 数据库外，本书涉及的其他数据均来自 CSMAR 数据库。为了缓解极端值对研究结论的影响，本书对所有连续变量在 1% 分位数和后 99% 分位数进行了 Winsorize 缩尾处理，本书的描述性统计及回归检验均使用 STATA15.1。

4.3.3 研究模型的效度处理

为提高研究模型效度及研究结论稳健性，在对相关数据进行实证检验前，本章对数据样本进行如下处理。

第一，极端值处理。首先，对数据缺失严重的样本进行删除处理；其次，考虑到行业龙头及新进入企业可能会存在较大的战略差异，本部分对所有研究样本中战略差异变量和其他的连续变量进行上下 1% 分位数的 Winsorize 缩尾处理，其中对于过于明显的异常变量，本书进行了异常变量的截断处理。

第二，共线性检验。为避免实证模型中因共线性导致的研究结论偏差，本章对所有解释变量与控制变量进行方差膨胀因子（variance inflation factor，VIF）检验。当 VIF 小于 10，认为不存在多重共线性，说明相关变量多重共线性对研究结论的干扰效应较小。

第三，异方差处理。本书考虑融资结构及采用脱离行业常规的战略差异可能随着公司特征及行业特征的变化而存在差异，即模型中可能存在异方差问题，因此，本书在后续实证检验中采用 Robust 调整，得到对异方差进行处理后的稳健估计量。

第四，组内相关性问题。本书认为融资结构及采用脱离行业常规的战略差异行为可能在相同公司样本及行业样本中存在组内相关性问题。针对此问题，本书在后续的检验中，借鉴彼得森（2009）的经验做法，对回归中使用经公司聚类（cluster）调整的稳健估计量。

第五，内生性问题。本书认为涉及公司内部决策的相关性研究可能存在不同程度的内生性问题。本书采用工具变量进行两阶段回归（IV - 2SLS）、处理效应模型检验（Heckman 两阶段回归）、分位数回归检验、固定效应回归检验等，以缓解遗漏变量、反向因果等内生性问题对研究结论的干扰。

4.4　实证过程及结果分析

4.4.1　描述性统计分析

表 4 - 2 是基于全样本描述性统计的结果，从度量融资结构的变量来看，

Lev 均值为 46%，表明全样本公司的总资产中，来源于债务的部分占到 46%，最小值为 5.1%，最大值为 87.3%，标准差为 0.197，说明不同上市公司之间的融资结构存在较大差异。另外，DS 均值为 0.620，最大值为 2.128，最小值为 0.178，标准差为 0.321，说明在战略差异上，我国上市公司的选择差异较大。

表 4-2 描述性统计结果

变量	样本量	均值	标准差	最小值	中位数	最大值
Lev	23 596	0.460	0.197	0.051	0.466	0.873
DS	23 596	0.620	0.321	0.178	0.548	2.128
AGV	23 596	0.416	0.180	0.033	0.411	0.824
WP	23 596	0.188	0.242	-0.369	0.177	0.803
STATE	23 596	0.537	0.499	0	1	1
SIZE	23 596	21.809	1.195	19.431	21.642	25.520
ROA	23 596	0.039	0.047	-0.169	0.035	0.189
CFO	23 596	0.055	0.092	-0.246	0.052	0.342
EXTFIN	23 596	0.115	0.339	-0.364	0.030	2.100
TobinQ	23 596	2.055	1.786	0.229	1.528	10.52
CURRENT	23 596	2.163	2.349	0.296	1.458	17.03
TURNOVER	23 596	0.690	0.488	0.068	0.568	2.747
NDTS	23 596	0.035	0.078	$7.51E-16$	$5.36E-14$	0.414

4.4.2 相关性结果分析

表 4-3 报告了主要变量的相关系数的结果，其中，左下方为 Pearson 相关系数，右上方为 Spearson 相关系数。从表 4-3 可以看出，战略差异（DS）与融资结构（Lev）相关系数分别为 -0.070 和 -0.043，且在 1% 水平上显著相关。此外，各变量的方差膨胀因子 VIF 小于 3，说明变量间可能并不存在严重的多重共线性问题。当然，上述报告的仅为单变量分析的结果，更加可靠的结论有待于采用多元回归进行进一步分析。

表 4 - 3

主要变量相关系数表

变量	Lev	DS	AGV	WP	STATE	SIZE	ROA	CFO	EXTFIN	TobinQ	CURRENT	TURNOVER	NDTS
Lev	1	-0.043***	0.292***	-0.550***	0.235***	0.392***	-0.394***	-0.147***	0.198***	-0.573***	-0.654***	0.117***	-0.226***
DS	-0.070***	1	-0.121***	-0.011	-0.014	-0.048***	-0.029***	0.008	0.013	0.072***	0.005	-0.077***	0.026***
AGV	0.299***	-0.151***	1	-0.369***	0.216***	0.122***	-0.197***	0.062***	-0.083***	-0.328***	-0.376***	0.040***	0.039***
WP	-0.564***	0.013**	-0.375***	1	-0.276***	-0.262***	0.317***	-0.115***	-0.053***	0.418***	0.860***	-0.091***	0.082***
STATE	0.237***	-0.028***	0.218***	-0.283***	1	0.200***	-0.125***	0.041***	-0.072***	-0.275***	-0.279***	0.066***	0.022***
SIZE	0.401***	-0.075***	0.137***	-0.265***	0.218***	1	-0.016	0.057***	0.091***	-0.494***	-0.293***	0.060***	-0.750***
ROA	-0.359***	-0.082***	-0.176***	0.307***	-0.104***	0.014**	1	0.387***	-0.196***	0.397***	0.335***	0.216***	-0.013
CFO	-0.154***	-0.011*	0.024***	-0.104***	0.045***	0.049***	0.369***	1	-0.147***	0.110***	-0.070***	0.190***	0.020***
EXTFIN	0.081***	0.037***	-0.137***	0.012*	-0.089***	0.082***	-0.092***	-0.029***	1	-0.066***	-0.073***	-0.047***	-0.067***
TobinQ	-0.457***	0.121***	-0.294***	0.353***	-0.248***	-0.413***	0.314***	0.125***	0.019***	1	0.469***	-0.037***	0.218***
CURRENT	-0.570***	0.088***	-0.331***	0.697***	-0.240***	-0.247***	0.228***	-0.002	0.005	0.329***	1	-0.129***	0.110***
TURNOVER	0.147***	-0.068***	0.016**	-0.096***	0.083***	0.073***	0.161***	0.146***	-0.018***	-0.066***	-0.158***	1	-0.032***
NDTS	0.014**	-0.001	0.218***	-0.158***	0.258***	-0.159***	-0.047***	0.105***	-0.076***	-0.127***	-0.105***	-0.003	1

注：*、**、***分别表示显著性水平为10%、5%和1%，均为双尾检验。

为了更直观地考察战略差异对融资结构影响，本章按照战略差异中位数将全部样本分为高低两组，然后对两组样本的融资结构比例，进行均值 T 检验和中位数 Wilcoxon 秩和检验。检验结果如表 4 - 4 所示。首先，从债务融资比例（Lev）均值水平看，战略差异大的样本组取值为 0.453，小于战略差异小的样本组取值（0.467），独立样本 T 检验结果表明两组的差异在 1% 水平上显著；其次，从中位数水平看，战略差异大的样本组取值为 0.458，小于战略差异小的样本组取值（0.473），Wilcoxon 秩和检验结果表明两组的差异在 1% 水平上显著。结果表明，战略差异越大，企业越少使用债务融资，初步验证了本章的研究假设。为了更准确地观察两者的关系，后续需要控制有关变量，进行多元回归分析。

表 4 - 4　　　　　　　　　　　　单变量分析

变量	战略差异小			战略差异大			T - test	Z - test
	N	mean	median	N	mean	median		
Lev	11 997	0.467	0.473	11 599	0.453	0.458	5.372 ***	5.011 ***

注：*** 分别表示显著性水平为 1%，为双尾检验。

4.4.3　回归结果与分析

为了检验战略差异与融资结构（财务杠杆）的影响，对模型（1）进行多元回归。为增强结果的稳健性，对标准误差进行了企业层面的聚类调整。回归结果详见表 4 - 5，其中，第（1）列未控制年度和行业效应，战略差异（DS）对融资结构（Lev）的回归系数在 1% 水平上显著为负；当控制年度和行业效应后，第（3）列战略差异（DS）的回归系数为 - 0.043，且在 1%（t = - 5.50）的水平上显著；在第（2）列加入控制变量，但未进行年度和行业固定效应控制的情况下，战略差异（DS）对融资结构（Lev）的回归系数在 10% 水平上显著为负；第（4）列显示，当控制年度和行业固定效应后，战略差异（DS）的回归系数为 - 0.017，且在 1%（t = - 3.05）的水平上显著，说明 DS 每增加一个单位，将导致财务杠杆下降 0.017 个单位，相当于财务杠杆平均值的 3.7%（0.017/0.460）。结果还表明，在控制其他影响因素的前提下，战略差异每增加一个标准差，财务杠杆将下降 2.78 个百分点（0.017 × 0.321/0.197），这说明战略差异对融资结构（财务杠杆）的影响，无论是从统计意义，还是从经济意义上均具有显著性。这意味着战略差异引发的经营风险会增加融资成本，企业通过储备财务灵活性来降低债务融资水平。

表 4-5　　　　　　　　　战略差异对融资结构影响的回归结果

变量	(1) Lev	(2) Lev	(3) Lev	(4) Lev
DS	-0.043 *** (-5.21)	-0.010 * (-1.73)	-0.043 *** (-5.50)	-0.017 *** (-3.05)
AGV		0.053 *** (3.62)		0.027 * (1.85)
WP		-0.189 *** (-14.74)		-0.230 *** (-19.09)
STATE		0.009 * (1.92)		-0.008 * (-1.73)
SIZE		0.034 *** (15.88)		0.042 *** (17.71)
ROA		-0.628 *** (-15.30)		-0.722 *** (-17.70)
CFO		-0.278 *** (-17.55)		-0.225 *** (-15.11)
EXTFIN		0.036 *** (10.83)		0.028 *** (9.05)
TobinQ		-0.013 *** (-12.93)		-0.007 *** (-5.63)
CURRENT		-0.021 *** (-20.24)		-0.017 *** (-17.82)
TURNOVER		0.041 *** (8.17)		0.054 *** (10.45)
NDTS		-0.091 *** (-4.09)		-0.323 *** (-10.40)
Constant	0.487 *** (80.21)	-0.179 *** (-3.66)	0.456 *** (22.86)	-0.306 *** (-5.77)
Industry	未控制	未控制	控制	控制
Year	未控制	未控制	控制	控制
N	23 596	23 596	23 596	23 596
Adj_R^2	0.004 91	0.525	0.136	0.582

注：*、*** 分别表示显著性水平为 10%、1%，括号中的数字为双尾检验的 t 值，标准误经企业层面聚类（Cluster）调整。

在检验控制变量时，从第（4）列发现，资产担保价值（AGV）的系数在 10% 水平显著为正，其他变量，如公司规模（SIZE）、外部融资需求（EXTFIN）、总资产周转率（TURNOVER）的系数在 1% 水平正相关。具体来说，担保价值（AGV）越高则预期较低的破产成本以及较高的债务融资水平，支持了权衡理论，与已有研究相符（Titman and Wessels，1988）；公司规模（SIZE）与企业的杠杆决策正相关，这种关系与权衡理论以及弗兰克和戈亚尔（2009）等的研究结果一致。外部融资需求（EXTFIN）与财务杠杆显著为正，说明在内源融资不足的情况下，外部融资需求动机更强，需要更多的债务融资，这与王亮亮和王跃堂（2015）的结论一致。总资产周转率（TURNOVER）与债务水平正相关，与高增亮等（2019）研究结果一致，总资产周转率越快，资金周转速度越高，则采用越少的债务融资。

本书还发现，除产权性质（STATE）系数在10%水平显著为负以外，运营资本率（WP）、盈利能力（ROA）、经营活动现金净流量（CFO）、成长性（TobinQ）、流动性（CURRENT）与非债务税盾（NDTS）均在1%水平显著正相关。具体来说，产权性质（STATE）与财务杠杆正相关，表明非国有性质的上市公司更有可能通过提高债务融资以及借助债权人的监督，从而缓解经理层的代理问题，这与黄贵海和宋敏（2003）、洪道麟等（2007）发现相符。运营资本率（WP）与财务杠杆显著为负，反映运营资本效率高的企业，因内部自由资金较充裕，减少对外部债务融资的依赖，从而支持了融资优序理论。盈利能力（ROA）与企业的资本结构决策呈负相关，支持融资优序理论，这与大多数实证研究一致（Frank and Goyal，2009）。经营活动现金流（CFO）与财务杠杆负相关，表明当经营活动现金流充足时，往往可以减少对外部债务融资的依赖，支持融资优序理论，这与王亮亮和王跃堂（2015）研究发现相符。成长性（TobinQ）与财务杠杆负相关，说明未来成长机会多的公司选择较低财务杠杆，从而支持了权衡理论。流动性（CURRENT）与财务杠杆负相关，说明流动性好的公司在使用资金时优先使用内部资金来源，这与巴萨克（2010）发现一致。非债务税盾（NDTS）与财务杠杆负相关，说明由于折旧可以替代债务，高折旧费用降低了公司的杠杆率，这与迪安杰洛和马苏里斯（1980）的发现相一致。

4.5 稳健性检验

前面验证了战略差异会影响融资结构。然而，公司战略与融资结构的因果推断可能会受到反向因果、遗漏变量等内生性问题的干扰，为减轻内生性的影响，本书进行了如下检验。

4.5.1　内生性问题

（1）工具变量进行两阶段回归（IV‑2SLS）。前面的研究结果表明，偏离行业常规的战略差异减少了债务水平，但是战略差异与融资结构可能同时受到模型中未能控制变量的影响。因此，本书使用行业平均战略差异作为战略差异度的工具变量。这种做法的理论依据在于，战略差异行业均值会影响公司的战略差异（满足工具变量的相关性条件），但可能不会直接影响公司的融资结构（满足工具变量的外生性条件）。本书将运用两阶段回归（2SLS）来控制潜在的内生性影响。

首先，本书通过豪斯曼检验（Hausman）对模型是否存在内生性进行检验。模型（1）的检验结果为179.61，并在1%显著性水平上显著，说明本书的基本模型存在内生性问题。弱工具变量检验的F值为25 952.03，大于10，且P值为0.000，拒绝了存在弱工具变量的原假设，说明在统计上，本章对于工具变量的选择也是合理的。内生性检验结果如表4-6所示。在控制了内生性后，第（1）列的DS_M的系数为0.738（t=166.66），第（2）列的战略差异（Instrument_DS）的拟合值的系数为-0.018（t=-4.71）且在1%的水平上显著，与表4-5结论一致，支持了本书的假设H1。

表4-6　　　　　　　　稳健性检验：工具变量两阶段回归

变量	（1） DS 第一阶段	（2） Lev 第二阶段
DS_M	0.738 *** (166.66)	
Instrument_DS		-0.018 *** (-4.71)
AGV	-0.098 *** (-10.79)	0.027 *** (4.77)
WP	-0.028 *** (-3.06)	-0.229 *** (-40.84)
STATE	-0.005 (-1.46)	-0.008 *** (-4.09)
SIZE	0.007 *** (4.12)	0.043 *** (43.23)

续表

变量	(1) DS 第一阶段	(2) Lev 第二阶段
ROA	-0.751 *** (-20.83)	-0.720 *** (-31.55)
CFO	0.068 *** (4.11)	-0.223 *** (-21.54)
EXTFIN	-0.014 *** (-3.39)	0.028 *** (11.07)
TobinQ	0.012 *** (10.43)	-0.007 *** (-9.44)
CURRENT	0.005 *** (5.48)	-0.016 *** (-31.16)
TURNOVER	-0.008 ** (-2.55)	0.053 *** (27.54)
NDTS	0.071 *** (2.90)	-0.274 *** (-17.92)
Constant	0.012 (0.33)	-0.325 *** (-14.51)
Industry	控制	控制
Year	控制	控制
N	23 417	23 417
Adj_R^2	0.582	0.583

注: ** 、*** 分别表示显著性水平为5% 、1% ，括号中的数字为双尾检验的 t 值。

（2）Heckman 两阶段回归检验。由于企业的战略受企业特征的影响，而这些企业特征又同时会影响企业的融资结构决策，那么本章的结论可能就存在自选择偏差。为缓解战略差异可能的自选择问题，本书采用 Heckman 两阶段回归方法进行处理。

在第一阶段，建立企业战略选择模型（4-6），在战略选择模型中，被解释变量为战略差异虚拟变量（DS_ya），当 DS 大于中位数时取 1，否则取 0；控制变量参考刘行（2016），控制了公司规模（SIZE）、产权性质（STATE）、成长性（MB）、财务杠杆（LEV）、业绩波动（ROA_SD）、第一大股东持股（TOP）、地区虚拟变量（REGION）、行业和年度，即：

$$DS\_ya_{i,t} = \alpha_0 + \alpha_1 \times SIZE_{i,t} + \alpha_2 \times STATE_{i,t} + \alpha_3 \times MB_{i,t} + \alpha_4 \times$$
$$LEV_{i,t} + \alpha_5 \times ROA\_SD_{i,t-1} + \alpha_6 \times TOP_{i,t} +$$
$$\sum REGION + \sum IND + \sum year + \varepsilon_{i,t} \qquad (4-6)$$

首先对模型（4 - 6）进行 Probit 回归，计算出逆米尔斯比率（IMR），命名为 Lambda；其次，将 Lambda 加入模型（4 - 1）重新进行回归，回归结果即为控制了自选择偏差后的结果。

表 4 - 7 是 Heckman 第一阶段的回归结果，从中可以看出民营企业、低财务杠杆、高业绩波动和高股权集中度的企业更有可能采取战略差异。这些结论与既有研究发现基本一致。

表 4 - 7　　　　　　　　稳健性检验：Heckman 第一阶段回归结果

变量	DS_ya
SIZE	0.006 (0.59)
STATE	-0.083 *** (-4.01)
MB	0.023 (1.43)
LEV	-0.183 *** (-3.08)
ROA_SD	6.108 *** (14.93)
TOP	0.199 *** (3.19)
Constant	-0.520 ** (-2.19)
Region	控制
Industry	控制
Year	控制
N	21 516
Pseudo R^2	0.037 5
LR chi2	1 118.30

注：** 、*** 分别表示显著性水平为 5% 、1% ，括号中的数字为双尾检验的 t 值。

表 4 - 8 是 Heckman 第二阶段的回归结果，从中可以看出，加入控制自选择偏差的 Lambda 变量之后，战略差异（DS）与融资结构（Lev）在 10% 水平上显著为负，这说明本书的研究结论不受样本自选择偏差的影响。

表 4 - 8　　　　稳健性检验：Heckman 第二阶段回归结果

变量	(1) Lev
DS	−0.010 * (−1.76)
AGV	0.024 (1.63)
WP	−0.225 *** (−18.45)
STATE	−0.012 *** (−2.61)
SIZE	0.044 *** (19.02)
ROA	−0.782 *** (−18.55)
CFO	−0.215 *** (−14.03)
EXTFIN	0.028 *** (8.73)
TobinQ	−0.006 *** (−4.70)
CURRENT	−0.015 *** (−16.56)
TURNOVER	0.053 *** (10.27)
NDTS	−0.261 *** (−8.39)
Lambda	0.109 *** (7.60)
Constant	−0.444 *** (−8.28)
Industry	控制
Year	控制

续表

变量	(1) Lev
N	21 516
Adj_R^2	0. 600
F	206. 1

注：＊、＊＊＊分别表示显著性水平为 10% 、1% ，括号中的数字为双尾检验的 t 值，标准误经企业层面聚类（Cluster）调整。

4. 5. 2　其他稳健性检验

（1）控制企业会计准则（2006）实施的影响。

由于本书所收集的数据时间跨度较长，中间经历了企业会计准则（2006）的实施，准则确认、计量标准范围的变化可能影响融资结构、战略差异及有关控制变量的构建。为了增强研究结论的稳健性，在模型中加入了准则实施控制变量（STANDARD），2007 年以后的样本取 1，否则取 0，以控制准则实施对融资结构（财务杠杆）的影响。从表 4 - 9 可以看出，第（1）列战略差异（DS）系数为 - 0.017，在 1% 水平（t = - 2.96）显著，表明战略差异与融资结构负相关，再次支持了 H1。分组检验的结果表明，第（3）列在企业会计准则（2006）实施后，战略差异对融资结构的影响更加显著。总之，对于企业会计准则（2006）的实施，本书的研究结论仍具有稳健性。

表 4 - 9　　　　　　　控制企业会计准则（2006）实施的影响

变量	(1) Lev	(2) Lev	(3) Lev
		2001—2006	2007—2017
DS	- 0. 017 *** (- 2. 96)	- 0. 003 (- 0. 34)	- 0. 017 *** (- 2. 68)
STANDARD	- 0. 043 *** (- 6. 13)		
AGV	0. 026 * (1. 79)	- 0. 041 * (- 1. 84)	0. 036 ** (2. 28)
WP	- 0. 228 *** (- 19. 02)	- 0. 293 *** (- 11. 87)	- 0. 221 *** (- 17. 72)

续表

变量	(1) Lev	(2) Lev	(3) Lev
STATE	-0.008* (-1.82)	-0.010 (-1.35)	-0.005 (-1.07)
SIZE	0.042*** (18.00)	0.020*** (4.40)	0.045*** (19.46)
ROA	-0.722*** (-17.76)	-0.696*** (-10.58)	-0.694*** (-15.80)
CFO	-0.225*** (-15.11)	-0.158*** (-6.27)	-0.238*** (-13.98)
EXTFIN	0.028*** (9.06)	0.073*** (9.38)	0.021*** (6.54)
TobinQ	-0.007*** (-5.73)	-0.011*** (-3.76)	-0.005*** (-4.49)
CURRENT	-0.016*** (-17.54)	-0.028*** (-6.93)	-0.015*** (-16.57)
TURNOVER	0.054*** (10.50)	0.056*** (7.77)	0.055*** (9.87)
NDTS	-0.274*** (-9.31)	-0.253*** (-7.96)	-0.209 (-0.97)
Constant	-0.317*** (-6.07)	0.227** (2.30)	-0.446*** (-8.31)
Industry	控制	控制	控制
Year	控制	控制	控制
N	23 596	4 998	17 637
Adj_R^2	0.582	0.515	0.614

注：*、**、***分别表示显著性水平为10%、5%和1%，括号中的数字为双尾检验的t值，标准误经企业层面聚类（Cluster）调整。

（2）制造业分样本回归检验。从构建战略差异的几个维度来看，如固定资产更新、资本密集度等，更是针对传统的制造业企业。在本部分的稳健性检验中，将保留制造业企业样本进行单独回归检验，从4-10的回归结果可以看出，战略差异对融资结构的影响在1%水平上显著为负，与主检验的研究结论相符，再次支持了本书的研究结论。

表 4 – 10　　　　　　　　稳健性检验：制造业分样本回归

变量	(1) Lev	(2) Lev
DS	− 0. 065 *** (− 4. 76)	− 0. 028 *** (− 2. 79)
AGV		0. 119 *** (5. 21)
wp		− 0. 063 *** (− 2. 89)
STATE		− 0. 028 *** (− 3. 54)
SIZE		0. 044 *** (11. 62)
ROA		− 0. 806 *** (− 9. 32)
CFO		− 0. 191 *** (− 6. 28)
EXTFIN		0. 063 *** (6. 43)
TobinQ		− 0. 018 *** (− 4. 92)
CURRENT		− 0. 027 *** (− 9. 64)
TURNOVER		0. 052 *** (5. 38)
NDTS		− 0. 297 *** (− 4. 18)
Constant	0. 503 *** (17. 07)	− 0. 396 *** (− 4. 43)
N	3 490	3 412
Adj_R^2	0. 175	0. 548
F	11. 89	68. 90

注：*** 表示显著性水平为 1%，括号中的数字为双尾检验的 t 值，标准误经企业层面聚类（Cluster）调整。

（3）固定效应回归。本书在模型中尽可能考虑了常用的控制变量，但是作为混合面板数据的普通 OLS 估计模型回归，仍可能存在不随时间变化但随个体而变的遗漏变量问题或存在不随个体而变但随时间而变的遗漏变量问题，此时需要引入固定效应模型。表4-11报告了同时控制个体固定效应与时间固定效应的回归结果。从中可以看出，战略差异与融资结构之间的关系始终在1%水平上显著为负，与本书研究结论保持一致。此外，本书还进行Hausman检验，其结果为Prob > chi2 = 0.000，说明采用固定效应模型优于随机效应模型，因此，结果是可信的。

表4-11　　　　　　　稳健性检验：固定效应模型回归结果

变量	(1) Lev	(2) Lev
DS	-0.012*** (-4.39)	-0.012*** (-4.27)
AGV	0.064*** (10.40)	0.044*** (7.15)
WP	-0.205*** (-32.81)	-0.206*** (-33.02)
STATE	0.010*** (2.73)	0.004 (1.08)
SIZE	0.028*** (25.22)	0.054*** (33.40)
ROA	-0.364*** (-18.36)	-0.441*** (-22.15)
CFO	-0.102*** (-12.00)	-0.096*** (-11.48)
EXTFIN	0.021*** (10.26)	0.012*** (5.62)
TobinQ	-0.009*** (-15.99)	-0.003*** (-4.08)
CURRENT	-0.007*** (-12.82)	-0.007*** (-12.83)
TURNOVER	0.031*** (11.10)	0.029*** (10.18)
NDTS	-0.077*** (-7.83)	-0.180*** (-13.73)
Constant	-0.106*** (-4.09)	-0.682*** (-18.24)
Industry	未控制	控制

续表

变量	(1) Lev	(2) Lev
Year	未控制	控制
N	23 596	23 596
Adj_R^2	0.177	0.220
F	650.5	171.7

注：*** 表示显著性水平为1%，括号中的数字为双尾检验的 t 值。

（4）控制经济景气状况的影响。已有研究发现，企业的融资方式选择受宏观经济发展环境的影响（Hackbarth et al.，2006），因此，处于经济发展的不同阶段，企业融资的方式存在差异。相较于经济下行，当宏观经济景气时，消费者的购买能力较强，导致企业利润增加、现金净流量提升。依据融资优序理论，企业能够利用更多的内部资金，从而减少对外部债务融资的依赖（Myers，1984；Myers and Majluf，1984）。当然，根据权衡理论预测，在经济景气时期，高盈利企业的破产预期较低，而且更高的利润使债务融资由于更大的税收优惠更具吸引力，企业利用债务为新投资融资的意愿越高（De Jong et al.，2008），因此，经济景气状况成为影响债务融资的重要因素，可能对本章的核心结论造成影响，有必要对其进行控制。

借鉴王茜和张鸣（2009）的做法，设置经济景气状况哑变量（UD）。将样本期间 GDP 增长率相对上升的 2002 年、2003 年、2004 年、2005 年、2006 年、2007 年、2010 年、2017 年作为我国经济景气时期，记为 1；否则，在经济不景气时期为 0。将经济景气变量代入模型（4 - 1）重新进行回归，结果如表 4 - 12 所示。列（1）对标准误差进行了企业层面的聚类（Cluster）调整，经济景气状况（UD）的回归系数在 5% 水平上显著为负，说明宏观经济形势越好，企业减少了对外债务融资的依赖，支持了融资优序理论。值得注意的是，在控制经济景气状况后，战略差异（DS）对融资结构（Lev）的回归系数为 - 0.017，且在 1%（t = - 2.96）的水平上显著，说明战略差异对融资结构的影响并不受经济景气状况的影响。列（2）是采用固定效应的回归结果，从中可以看出，在控制经济景气状况和有关遗漏变量后，战略差异（DS）对融资结构（Lev）的回归系数为 - 0.012，且在 1%（t = - 4.27）的水平上显著，说明战略差异与融资结构的关系并不受经济景气性的影响，从而证实了本书研究结论的稳健性。

表 4 –12　　　　　　　　稳健性检验：控制经济景气性的回归结果

变量	(1) Lev	(2) Lev
DS	− 0. 017 *** (− 2. 96)	− 0. 012 *** (− 4. 27)
UD	− 0. 010 ** (− 2. 13)	− 0. 055 *** (− 9. 20)
AGV	0. 026 * (1. 79)	0. 044 *** (7. 15)
WP	− 0. 228 *** (− 19. 02)	− 0. 206 *** (− 33. 02)
STATE	− 0. 008 * (− 1. 82)	0. 004 (1. 08)
SIZE	0. 042 *** (18. 00)	0. 054 *** (33. 40)
ROA	− 0. 722 *** (− 17. 76)	− 0. 441 *** (− 22. 15)
CFO	− 0. 225 *** (− 15. 11)	− 0. 096 *** (− 11. 48)
EXTFIN	0. 028 *** (9. 06)	0. 012 *** (5. 62)
TobinQ	− 0. 007 *** (− 5. 73)	− 0. 003 *** (− 4. 08)
CURRENT	− 0. 016 *** (− 17. 54)	− 0. 007 *** (− 12. 83)
TURNOVER	0. 054 *** (10. 50)	0. 029 *** (10. 18)
NDTS	− 0. 274 *** (− 9. 31)	− 0. 180 *** (− 13. 73)
Constant	− 0. 307 *** (− 5. 85)	− 0. 682 *** (− 18. 24)
Industry	控制	控制
Year	控制	控制
N	23 596	23 596
Adj_R^2	0. 582	0. 220

注：* 、** 、*** 分别表示显著性水平为 10% 、5% 和 1% ，括号中的数字为双尾检验的 t 值，标准误经企业层面聚类（Cluster）调整。

（5）替换战略差异。为了控制战略差异与融资结构可能存在的内生性问题，同时检验战略对融资结构的滞后性影响，本书尝试替换战略差异进行检验。虽然战略差异（DS）已采用滞后一期，在本部分稳健性检验中，用滞后两期值（L2DS）替代滞后一期值，同时采用主成分分析法构建战略差异（DS1）。表 4 - 13 报告了采用战略差异被替换后的回归结果，结果显示，本书所关注的战略差异（L2DS）系数为负，且在 5% 水平上显著，采用主成分分析法替换的战略差异（DS1）系数为负，且在 1% 水平上显著，从而再次说明了研究结论相对较为稳健。

表 4 - 13　　　　　　　稳健性检验：替换战略差异的回归结果

变量	(1) Lev 滞后两期	(2) Lev 主成分分析法
L2DS	- 0. 013 ** (- 2. 33)	
DS1		- 0. 010 *** (- 3. 95)
AGV	0. 029 ** (1. 99)	0. 026 * (1. 75)
WP	- 0. 228 *** (- 19. 01)	- 0. 229 *** (- 18. 92)
STATE	- 0. 008 * (- 1. 78)	- 0. 008 * (- 1. 87)
SIZE	0. 042 *** (18. 12)	0. 042 *** (18. 07)
ROA	- 0. 707 *** (- 17. 39)	- 0. 730 *** (- 17. 79)
CFO	- 0. 224 *** (- 15. 01)	- 0. 225 *** (- 14. 83)
EXTFIN	0. 029 *** (9. 13)	0. 028 *** (8. 80)
TobinQ	- 0. 007 *** (- 5. 72)	- 0. 007 *** (- 5. 73)

续表

变量	(1) Lev 滞后两期	(2) Lev 主成分分析法
CURRENT	-0.016 *** (-17.51)	-0.016 *** (-17.10)
TURNOVER	0.054 *** (10.32)	0.054 *** (10.49)
NDTS	-0.275 *** (-9.24)	-0.277 *** (-9.26)
Constant	-0.326 *** (-6.22)	-0.324 *** (-6.23)
Industry	控制	控制
Year	控制	控制
N	23 417	22 934
Adj_R^2	0.583	0.588

注：*、**、***分别表示显著性水平为10%、5%和1%，括号中的数字为双尾检验的t值，标准误经企业层面聚类（Cluster）调整。

（6）替换融资结构。前述融资结构在度量时采用的是财务杠杆，但是在总债务中含有的不带息债务，并不具有税盾效应，采用有息债务衡量债务水平是比较合适的。因此，在本部分的稳健性检验中借鉴王跃堂等（2010）的做法，使用有息债务（期末短期借款、长期借款与应付债券之和）与总资产的比值衡量企业融资结构（资本结构），记作 Lev1，并且将战略差异全部替换为滞后两期（L2DS）和主成分分析法计算的 DS1，重新代入模型进行回归。从表4-13可以看出，第（1）列至第（3）列战略差异的系数均为负，且在1%的水平下显著，这说明本书的研究结论具有稳健性，不受融资结构、战略差异替换的影响。

考虑到核心解释变量企业战略差异的刻画需要从六个维度进行衡量，但本章出于可能存在的内生性考虑剔除了财务杠杆维度，仅采用五个维度来反映企业战略差异，这可能会影响到实证结论的可靠性。考虑到财务杠杆单一维度对企业战略差异的影响权重较为有限，为提升结论的说服力，本书从六个维度，并采用主成分分析法来构建全面衡量企业的战略差异（LDS0）进行稳健性检验。回归结果如表4-14第（4）列所示，战略差异（LDS0）在1%的水平下显著为负，这说明本书的研究结论是可靠的。

表 4 – 14　　　　　　　　稳健性检验：替换融资结构的回归结果

变量	(1) Lev1	(2) Lev1	(3) Lev1	(4) Lev1
DS	- 0. 018 *** (- 3. 68)			
DS1		- 0. 009 *** (- 4. 11)		
L2DS			- 0. 020 *** (- 4. 07)	
LDS0				- 0. 007 *** (- 4. 15)
AGV	0. 038 *** (3. 13)	0. 040 *** (3. 28)	0. 038 *** (3. 18)	0. 037 *** (3. 10)
WP	- 0. 248 *** (- 22. 67)	- 0. 249 *** (- 22. 47)	- 0. 249 *** (- 22. 64)	- 0. 250 *** (- 22. 73)
STATE	- 0. 025 *** (- 6. 29)	- 0. 026 *** (- 6. 37)	- 0. 025 *** (- 6. 30)	- 0. 025 *** (- 6. 29)
SIZE	0. 022 *** (9. 66)	0. 022 *** (9. 65)	0. 022 *** (9. 67)	0. 022 *** (9. 63)
ROA	- 0. 271 *** (- 8. 08)	- 0. 277 *** (- 8. 16)	- 0. 263 *** (- 7. 85)	- 0. 278 *** (- 8. 30)
CFO	- 0. 260 *** (- 19. 23)	- 0. 260 *** (- 18. 68)	- 0. 260 *** (- 19. 20)	- 0. 261 *** (- 19. 32)
EXTFIN	0. 042 *** (13. 39)	0. 042 *** (13. 15)	0. 043 *** (13. 55)	0. 042 *** (13. 40)
TobinQ	- 0. 007 *** (- 5. 90)	- 0. 007 *** (- 6. 12)	- 0. 006 *** (- 5. 77)	- 0. 007 *** (- 5. 82)
CURRENT	- 0. 003 *** (- 4. 30)	- 0. 003 *** (- 3. 75)	- 0. 003 *** (- 4. 24)	- 0. 003 *** (- 4. 18)
TURNOVER	- 0. 029 *** (- 6. 56)	- 0. 028 *** (- 6. 30)	- 0. 028 *** (- 6. 48)	- 0. 029 *** (- 6. 56)
NDTS	- 0. 148 *** (- 6. 11)	- 0. 144 *** (- 5. 96)	- 0. 149 *** (- 6. 04)	- 0. 151 *** (- 6. 24)

续表

变量	(1) Lev1	(2) Lev1	(3) Lev1	(4) Lev1
Constant	−0.114 ** (−2.11)	−0.054 (−1.09)	−0.037 (−0.73)	−0.115 ** (−2.12)
Industry	控制	控制	控制	控制
Year	控制	控制	控制	控制
N	19 843	19 181	19 669	19 843
Adj_R^2	0.452	0.458	0.452	0.452

注：**、*** 分别表示显著性水平为 5%、1%，括号中的数字为双尾检验的 t 值，标准误经企业层面聚类（Cluster）调整。

（7）Cluster 聚类调整。考虑到本书使用的是一个跨越多个会计年度的典型面板数据，可能同时存在公司间的截面异方差问题和时间序列上的自相关问题。因此，本书主要使用彼得森（2009）的稳健估计模型，以从公司和年度层面两个维度对估计系数的标准误进行聚类调整，结果支持了本书的研究假设。另外，主要模型的 VIF 一般小于 3，表明变量之间不存在严重的多重共线性。

4.6 拓展性检验

4.6.1 影响机制检验

在研究假说提出部分，本书分析了财务灵活性与债务融资成本是战略差异影响融资结构（财务杠杆）的作用路径，并通过模型（4-1）实证检验了战略差异对融资结构的显著负向关系，接下来本书将通过实证分析验证两者是否是战略差异影响融资结构的作用渠道，这将有助于进一步理解战略差异影响融资结构的中间作用机制。

在作用机制检验方面，国内学者大多借鉴温忠麟等（2004）中介效应的逐步检验方法，其基本逻辑是，解释变量借助中介变量的传导进而影响被解释变量。如果财务灵活性和债务融资成本是战略差异（DS）影响融资结构（Lev）的中介变量，则战略差异（DS）通过影响中介变量最终影响融资结构（Lev）。

（1）检验财务灵活性的中介效应。按照上述思路，在前面研究的基础上，首先通过模型（4 - 2）的回归，观察 DS 是否会显著影响财务灵活性（Fin_Flex），如果显著，则进行下一步检验；如果不显著，则终止中介效应检验。由表 4 - 15 列（2）可以看出，DS 对 Fin_Flex 的回归系数 δ_1 为 0.027，且在 5% 水平上显著为正，说明战略差异的公司面临融资困难和未来发展的资金需求，提高了对财务灵活性需求的动机。

表 4 - 15　　　　　　　　　　影响机制检验：财务灵活性

变量	(1) Lev	(2) Fin_Flex	(3) Lev
DS	- 0.017 *** (- 2.96)	0.027 ** (2.22)	- 0.016 *** (- 2.89)
Fin_Flex			- 0.013 *** (- 3.81)
AGV	0.026 * (1.79)	- 0.440 *** (- 16.59)	0.020 (1.40)
WP	- 0.228 *** (- 19.02)	0.468 *** (18.09)	- 0.222 *** (- 18.39)
STATE	- 0.008 * (- 1.82)	0.032 *** (3.20)	- 0.008 * (- 1.72)
SIZE	0.042 *** (18.00)	0.001 (0.20)	0.042 *** (17.96)
ROA	- 0.722 *** (- 17.76)	- 0.130 (- 1.39)	- 0.724 *** (- 17.79)
CFO	- 0.225 *** (- 15.11)	0.722 *** (18.64)	- 0.216 *** (- 14.48)
EXTFIN	0.028 *** (9.06)	- 0.040 *** (- 4.83)	0.028 *** (8.90)
TobinQ	- 0.007 *** (- 5.73)	0.005 * (1.66)	- 0.007 *** (- 5.66)
CURRENT	- 0.016 *** (- 17.54)	0.018 *** (7.92)	- 0.016 *** (- 17.26)
TURNOVER	0.054 *** (10.50)	0.033 *** (3.02)	0.054 *** (10.53)

续表

变量	(1) Lev	(2) Fin_Flex	(3) Lev
NDTS	-0.274 *** (-9.31)	-0.093 (-1.59)	-0.275 *** (-9.34)
Constant	-0.317 *** (-6.07)	0.246 ** (2.15)	-0.314 *** (-5.99)
Industry	控制	控制	控制
Year	控制	控制	控制
N	23 596	23 596	23 596
Adj_R^2	0.582	0.188	0.583

注：*、**、***分别表示显著性水平为10%、5%和1%，括号中的数字为双尾检验的t值，标准误经企业层面聚类（Cluster）调整。

在模型（4-1）的基础上加入中介变量财务灵活性（Fin_Flex）构建模型（4-3）进行回归，结果如列（3）所示，战略差异（DS）的回归系数在加入财务灵活性变量后，系数由 -0.017 下降到 -0.016，系数显著性 T 值从 -2.96 下降到 -2.89，且财务灵活性的系数为负，在 1% 水平上显著。上述检验说明，财务灵活性（Fin_Flex）在战略差异（DS）对融资结构（Lev）的影响中发挥了部分中介作用，表明战略差异的企业面临经营风险，公司为了减轻未来的融资压力，储备财务灵活性，进而降低了融资结构（财务杠杆）。

为进一步验证财务灵活性的部分中介效应，借鉴温忠麟和叶宝娟（2014）的 Sobel 检验法对中介效应的存在性进行稳健性检验，如果 Sobel 检验的 Z 值显著，则表明中介效应存在。表 4-16 的报告结果显示，Sobel-Goodman 中介检验的 Sobel Z 值的绝对值为 2.66，检验 P 值小于 0.001，说明财务灵活性的中介效应在 1% 水平上显著。从表 4-17 中可知，财务灵活性的中介效应占总效应的比重约为 2.70%。

表 4-16   **Sobel-Goodman 中介检验**

	Coef	Std Err	Z	P > |Z|
Sobel	-0.000 3	0.000 1	-2.66	0.008
Goodman-1（Aroian）	-0.000 3	0.000 1	-2.61	0.009
Goodman-2	-0.000 3	0.000 1	-2.70	0.007

表 4 - 17　　　　　　　　　　部分中介效应检验

	Coef	Std Err	Z	P > |Z|
a coefficient	0.032	008	3.86	0.000
b coefficient	− 0.008	0.002	− 3.66	0.000
Indirect effect	− 0.000	0.000	− 2.66	0.008
Direct effect	− 0.010	0.003	− 3.34	0.001
Total effect	− 0.010	0.003	− 3.43	0.001
Proportion of total effect that is mediated	0.027			
Ratio of indirect to direct effect	0.028			
Ratio of total to direct effect	1.028			

（2）检验债务融资成本的中介效应。按照上述思路，在前面研究的基础上，通过模型（4 - 4）的回归，观察 DS 是否会显著影响债务融资成本（Cost），如果显著则进行下一步检验；如果不显著，则终止中介效应检验。由表 4 - 18 列（2）可以看出，DS 对债务融资成本（Cost）的回归系数 δ1 为 0.004，且在 1% 水平上显著为正，说明战略差异的公司因面临经营风险和信息不对称，在进行债务融资时，支付了更高的融资成本。

表 4 - 18　　　　　　　　影响机制检验：债务融资成本

变量	(1) Lev	(2) Cost	(3) Lev
LDS3	− 0.017 *** (− 2.96)	0.004 *** (2.68)	− 0.016 ** (− 2.43)
Cost			− 0.175 *** (− 4.79)
AGV	0.026 * (1.79)	− 0.012 *** (− 3.70)	0.032 ** (2.09)
WP	− 0.228 *** (− 19.02)	− 0.007 * (− 1.77)	− 0.205 *** (− 14.62)
STATE	− 0.008 * (− 1.82)	0.001 (0.63)	− 0.009 * (− 1.80)
SIZE	0.042 *** (18.00)	− 0.003 *** (− 5.64)	0.039 *** (16.04)
ROA	− 0.722 *** (− 17.76)	− 0.035 *** (− 2.73)	− 0.785 *** (− 16.76)

续表

变量	(1) Lev	(2) Cost	(3) Lev
_CFO	−0.225 *** (−15.11)	0.013 *** (2.67)	−0.202 *** (−11.96)
EXTFIN	0.028 *** (9.06)	−0.007 *** (−5.46)	0.038 *** (9.66)
TobinQ	−0.007 *** (−5.73)	0.001 ** (2.04)	−0.012 *** (−7.02)
CURRENT	−0.016 *** (−17.54)	−0.000 (−0.82)	−0.020 *** (−13.11)
TURNOVER	0.054 *** (10.50)	0.010 *** (6.19)	0.055 *** (10.73)
NDTS	−0.274 *** (−9.31)	−0.002 (−0.26)	−0.251 *** (−7.75)
Constant	−0.317 *** (−6.07)	0.138 *** (10.71)	−0.234 *** (−4.28)
Industry	控制	控制	控制
Year	控制	控制	控制
N	23 596	15 361	15 361
Adj_R^2	0.582	0.069 2	0.550

注: *、**、*** 分别表示显著性水平为 10%、5% 和 1%，括号中的数字为双尾检验的 t 值，标准误经企业层面聚类（Cluster）调整。

在模型（4-1）的基础上加入中介变量债务融资成本（Cost）构建模型（4-5）进行回归，结果如列（3）所显示，战略差异（DS）的回归系数在加入债务融资成本（Cost）变量后，系数由 −0.017 下降到 −0.016，系数显著性 T 值从 −2.96 下降到 −2.43，且债务融资成本（Cost）的系数为负，在 1% 水平上显著。上述检验说明，债务融资成本（Cost）在战略差异（DS）对融资结构（Lev）的影响中发挥了部分中介作用，表明战略差异的企业面临较高的债务融资成本，权衡融资成本与税盾收益，减少了债务融资水平，进而降低了财务杠杆。

为进一步验证债务融资成本的部分中介效应，借鉴温忠麟和叶宝娟（2014）的 Sobel 检验法对中介效应的存在性进行稳健性检验，结果如表 4-19 所示，Sobel-Goodman 中介检验的 Sobel Z 值的绝对值为 3.63，检验 P 值小于0.001，说明债务融资成本的中介效应在1%水平上显著。从表4-20中可知，债务融资成本的中介效应占总效应比重约为1%。

表4-19   Sobel-Goodman中介检验

	Coef	Std Err	Z	P > |Z|
Sobel	-0.001	0.000 3	-3.63	0.000 3
Goodman-1（Aroian）	-0.001	0.000 3	-3.62	0.000 3
Goodman-2	-0.001	0.000 3	-3.65	0.000 3

表4-20   部分中介效应检验

	Coef	Std Err	Z	P > |Z|
a coefficient	0.004	0.001	3.87	0.000
b coefficient	-0.273	0.026	-10.44	0.000
Indirect effect	-0.001	0.000	-3.63	0.000
Direct effect	-0.010	0.004	-2.90	0.004
Total effect	-0.012	0.004	-3.22	0.001
Proportion of total effect that is mediated	0.010			
Ratio of indirect to direct effect	0.112			
Ratio of total to direct effect	1.112			

4.6.2 异质性检验

前面已证实战略差异影响融资结构（财务杠杆）。为进一步考察战略差异影响融资结构的作用条件，本部分将检验宏观金融发展环境与微观资产专用性对两者关系的影响。一方面辨析两者关系在异质环境下的截面差异，另一方面为企业战略差异对融资结构的影响提供佐证，有助于深化对两者关系的进一步认识。

（1）金融发展环境的影响。前面已述及脱离行业常规的战略差异会引起内部经营风险，因经营风险的溢出效应，债权人为了降低风险损失，收取更高的风险补偿，因而导致企业更高的债务融资成本，权衡融资成本与融资收益，企业减少了债务融资水平。然而，企业的融资行为又受到所处的金融发展环境影响，因不同的金融发展环境，战略差异对融资结构的影响存在差异。

在金融发展环境较为完善的地区，金融市场发达、金融体系健全以及资源配置效率优化都将有助于增强企业获取外部融资的能力并降低企业的融资成本；相反，处于金融发展环境欠佳的地区，由于信息透明度较低、公司信用水平较差、风险控制弱化等问题突出，从而增加了债务契约履行和监督的难度，并导致债权人必要回报率的提高，最终将提高整个市场的债务融资成本（魏志华等，2012）。因此，在金融发展水平低的地区，债权人将对采用战略差异的企业收取更高的融资成本，企业权衡高融资成本与融资收益，将进一步减少债务融资水平。因而，战略差异对融资结构（财务杠杆）的负向作用在金融发展水平较低地区的企业中更为显著。

本书中所研究的金融发展水平采用樊纲等（2011）计算的我国金融业市场化指数替代，该指数包含融业竞争和信贷资金分配市场化两个维度。地区金融业市场化指数越高，说明该地区金融发展水平越高。为了便于分组检验，将高于中位数取值为1，否则取值为0，记为 G_finace。表4－21是对金融发展水平分组后的回归结果，在第（2）列的低金融发展水平组，战略差异对融资结构的回归系数为－0.029（t＝－4.05），在1%水平上显著，且其系数绝对值大于第（3）列高金融发展水平组（DS 回归系数为－0.005）。CHOW 检验显示，低金融发展水平组间系数差异在5%显著性水平上显著，这说明战略差异对融资结构（财务杠杆）负向影响在低金融发展水平组更显著。这说明在金融发展水平低的地区，债权人对采用战略差异的公司收取更高的融资成本，企业权衡融资成本与融资收益，进一步减少债务融资水平。

表4－21　　　　　　　　　拓展性检验：金融发展水平的影响

变量	(1) Lev 全样本	(2) Lev 金融发展 水平低	(3) Lev 金融发展 水平高
DS	－0.017 *** （－2.96）	－0.029 *** （－4.05）	－0.005 （－0.64）
AGV	0.026 * （1.79）	－0.000 （－0.02）	0.041 ** （2.08）
WP	－0.228 *** （－19.02）	－0.259 *** （－15.41）	－0.214 *** （－14.03）
STATE	－0.008 * （－1.82）	－0.010 （－1.63）	－0.005 （－0.88）

续表

变量	(1) Lev 全样本	(2) Lev 金融发展 水平低	(3) Lev 金融发展 水平高
SIZE	0.042 *** (18.00)	0.037 *** (11.44)	0.046 *** (15.17)
ROA	-0.722 *** (-17.76)	-0.713 *** (-12.67)	-0.709 *** (-13.45)
CFO	-0.225 *** (-15.11)	-0.186 *** (-8.90)	-0.256 *** (-12.73)
EXTFIN	0.028 *** (9.06)	0.036 *** (8.19)	0.020 *** (4.78)
TobinQ	-0.007 *** (-5.73)	-0.008 *** (-4.30)	-0.006 *** (-3.86)
CURRENT	-0.016 *** (-17.54)	-0.016 *** (-10.59)	-0.016 *** (-14.23)
TURNOVER	0.054 *** (10.50)	0.047 *** (7.45)	0.061 *** (8.57)
NDTS	-0.274 *** (-9.31)	-0.259 *** (-8.27)	-0.315 *** (-5.38)
Constant	-0.317 *** (-6.07)	-0.236 *** (-3.27)	-0.400 *** (-5.11)
Industry	Yes	Yes	Yes
Year	Yes	Yes	Yes
N	23 596	11 636	11 960
Adj_R^2	0.582	0.560	0.612
Chow 检验		14.98 **	

注：*、**、*** 分别表示显著性水平为 10%、5% 和 1%，括号中的数字为双尾检验的 t 值，标准误经企业层面聚类（Cluster）调整。

（2）资产专用性的影响。前面分析表明战略差异会增加公司的经营风险，公司会增强保持财务灵活性的动机，从而降低公司债务水平。然而，企业的融资行为又受到投资资产专用性的影响，因不同的资产专用性水平，战略差异对融资结构的影响存在差异。

　　为了在竞争中获得优势，企业往往会选择对专用性资产进行一定量的投资（Balakrishnan and Fox，1993）。已有研究发现，具有资产专用性的企业需要考虑维持与其专用性投资相关的企业间供求与合作关系（Titman，1984），为防止企业因发生财务危机而导致与向其投入专用性资产的投资方合作中断，需储存一定的财务灵活性。前面的研究发现，实施战略差异的公司通过财务灵活性影响了债务水平。那么，资产专用性程度不同、储存的财务灵活性不同，势必影响战略差异与融资结构（财务杠杆）的关系。当资产专用性程度高时，应储存的财务灵活性较高，战略差异对融资结构的负向影响将更为显著。

　　本书对资产专用性水平的度量借鉴雷新途（2010）的做法，用固定资产＋无形资产＋在建工程＋长期待摊费用与总资产之比来表示。该指标越高，说明该公司资产专用性水平越高。为了便于分组检验，将高于中位数取值为 1，否则取值为 0，记为 G_AS。表 4 - 22 是对资产专用性水平分组后的回归结果，在第（3）列高资产专用性水平组，战略差异对融资结构的回归系数为 - 0.024（t = - 3.68），在 1% 水平上显著，且其系数绝对值大于第（2）列低资产专业用水平组（DS 回归系数为 0.004）。CHOW 检验显示，高资产专用性水平组间系数差异在 1% 显著性水平显著，这说明战略差异对融资结构（财务杠杆）负向影响在高资产专用性水平组更显著。由此表明，对于高资产专用性的企业，战略差异越大，对财务灵活性的需求越高，因而进一步减少债务融资水平。

表 4 - 22　　　　　　　　　拓展性检验：资产专用性的影响

变量	（1） Lev 全样本	（2） Lev 资产专用 性低	（3） Lev 资产专用 性高
DS	- 0.017 *** （- 2.96）	0.004 （0.51）	- 0.024 *** （- 3.68）
AGV	0.026 * （1.79）	0.211 *** （11.86）	- 0.077 *** （- 4.63）
WP	- 0.228 *** （- 19.02）	- 0.283 *** （- 17.31）	- 0.346 *** （- 23.47）
STATE	- 0.008 * （- 1.82）	- 0.008 （- 1.43）	- 0.001 （- 0.23）

续表

变量	(1) Lev 全样本	(2) Lev 资产专用 性低	(3) Lev 资产专用 性高
SIZE	0.042 *** (18.00)	0.043 *** (15.87)	0.034 *** (11.41)
ROA	−0.722 *** (−17.76)	−0.655 *** (−11.63)	−0.646 *** (−13.60)
CFO	−0.225 *** (−15.11)	−0.158 *** (−8.99)	−0.188 *** (−9.04)
EXTFIN	0.028 *** (9.06)	0.021 *** (5.61)	0.034 *** (6.91)
TobinQ	−0.007 *** (−5.73)	−0.005 *** (−3.55)	−0.010 *** (−5.92)
CURRENT	−0.016 *** (−17.54)	−0.012 *** (−11.63)	−0.014 *** (−11.58)
TURNOVER	0.054 *** (10.50)	0.058 *** (9.07)	0.037 *** (5.75)
NDTS	−0.274 *** (−9.31)	−0.391 *** (−6.79)	−0.201 *** (−6.67)
Constant	−0.317 *** (−6.07)	−0.380 *** (−6.36)	−0.083 (−1.26)
Industry	控制	控制	控制
Year	控制	控制	控制
Obs	23 596	10 913	12 683
Adj_R^2	0.582	0.654	0.573
Chow 检验			20.20 ***

注：＊、＊＊、＊＊＊分别表示显著性水平为10%、5%和1%，括号中的数字为双尾检验的 t 值，标准误经企业层面聚类（Cluster）调整。

4.7　小结与讨论

在国家供给侧结构性改革的大背景下，基于战略差异视角，考察战略对融资结构（财务杠杆）的影响具有重要的现实意义。本书以 2000～2017 年中国 A 股上市公司为样本，采用标准的 Sobel 中介效应检验方法，实证检验了战略差异对融资结构影响以及作用机制。

研究发现：第一，战略差异能够显著影响融资结构，随着战略差异程度的提高，公司降低了财务杠杆。这表明，战略差异隐含的经营风险引起了企业关注，从保持财务灵活性的动机出发，权衡融资成本与未来收益，降低了债务融资比例。第二，基于财务弹性理论和权衡理论，分析并验证了财务灵活性和债务融资成本在战略差异影响融资结构关系中发挥了重要中介效应。一方面，采用脱离行业常规的战略差异，企业面临的经营风险使企业增加对财务灵活性的需求动机，从而减少了债务融资；另一方面，面临债务融资成本上升使得企业权衡融资成本与未来收益，减少债务融资水平。第三，异质性分组检验发现，战略差异对融资结构的负向影响在金融发展水平低的地区和资产专用性强的企业中更加显著。这表明，在金融发展水平低的地区存在较高的债务融资成本，企业权衡成本与收益，从而降低债务融资水平，而资产专用性强的企业对财务灵活性有更强的需求动机，从而减少了对债务融资的依赖。本书的研究对于理解战略差异经济后果、资本结构影响因素以及战略与资本结构关系具有一定的参考价值。

第5章 企业战略差异对融资期限的影响研究

第3章的研究结论表明，企业战略差异影响融资期限，那么，企业战略差异如何影响融资期限？影响作用机理是怎样的？这种影响在何种条件下成立？本章在进一步理论分析的基础上提出基本研究假说，并以2000~2017年我国 A 股非金融行业上市公司为研究样本进行验证，然后着重分析企业战略差异影响融资期限的作用路径，以及两者关系在不同条件下的差异。

5.1 引言

企业融资决策不仅涉及融资结构，还涉及融资期限（债务期限）。前面研究已发现，战略差异大的企业，降低了债务融资水平，那么战略差异是否影响企业债务期限？战略差异隐含的风险能否体现在债务期限决策中？

以往关于企业债务期限影响因素的研究成果较为丰富，但企业战略是否影响债务期限，鲜有文献对此进行研究。在为数不多的文献中，辛格和内贾德马拉耶里（2004）研究发现，法国公司跨国多元化程度与较高的长期负债率正相关。奥里比等（Olibe et al.，2019）研究发现，美国企业通过多元化形成的国外资产和长期债务之间存在正相关关系；国内学者李志刚和施先旺（2016）研究战略差异对银行契约的影响，实证发现战略差异越大，银行借款期限越短，但没有探究其内在影响机理。翟淑萍等（2019）研究发现，战略越激进，债务期限结构越短。总之，鲜有文献从战略差异的视角讨论战略差异对债务期限的影响并探究其影响机理。针对此问题的研究，对于深入理解战略如何影响企业债务期限决策，以及融资决策如何匹配企业战略具有重要意义。

基于上述分析，本书以2000~2017年中国 A 股非金融业上市公司为样本，采用标准的 Sobel 中介效应检验方法，实证检验了战略差异对债务期限的影响以及具体实现路径。研究发现，公司战略差异能够显著影响债务期限，战略差异程度越高，公司债务期限越长。进一步地，机制检验发现，战略差异程度高的企业通过提高资产流动性，降低流动性风险，进而提高了债务期限结构，这表明资产流动性发挥了重要的中介作用。此外，本部分研究了这一关系在不同产权性质和审计质量的截面差异，以推断我国企业在债务期限决策中对战略差异流动性风险的考量如何受企业异质性特征的影响。研究表明，两者关系在非国有企业和非四大审计的公司更加显著。研究结论表明，战略差异是影响债务期限的重要因素之一，管理层出于流动性风险考虑选择较长的债务期限。本章的研究对于理解战略差异的融资后果、战略差异风险的溢出效应和改善债务融资策略具有一定参考价值。

本章可能的创新和学术贡献体现为：首先，在流动性风险理论的验证方面，本章基于战略差异视角，为黛蒙德（1991）流动性风险理论的研究增添了新证据。其次，从战略差异视角研究战略对债务期限的影响，并考察了基于不同产权性质及审计质量的影响结果差异，为战略差异经济后果的研究提供了新视角。再次，已有研究关注了多元化和战略激进等不同战略定位对债务期限的影响，但这些研究忽略了公司战略差异因素的影响。本书从战略差异的流动性风险视角拓展了债务期限结构的影响因素研究。最后，通过检验资产流动性路径，揭示了战略差异影响债务期限结构的内在机制，这有助于加深对战略定位与公司融资行为关系的认识。

5.2　理论分析与研究假设

在某种程度上，公司选择债务是对投资不足和长期债务定价错误的成本（Myers，1977；Flannery，1986；Datta et al.，2005）与流动性/再融资风险和短期债务的监控效果（Diamond，1991；1993）进行的权衡。不同的战略定位影响企业的经营风险、信息不对称和代理成本，进而影响公司融资期限（债务期限结构）。本书将结合流动性风险理论、信息不对称理论、代理理论和感知风险理论进行分析。图 5-1 为战略差异影响融资期限（债务期限）的理论分析框架图。

首先，基于流动性风险理论视角。黛蒙德于 1991 年提出债务期限结构研究的流动性风险理论。流动性风险又称再融资风险，是企业通过举借短期债务所带来的因短期债务到期无法继续融资，以及无法满足长期投资项目的

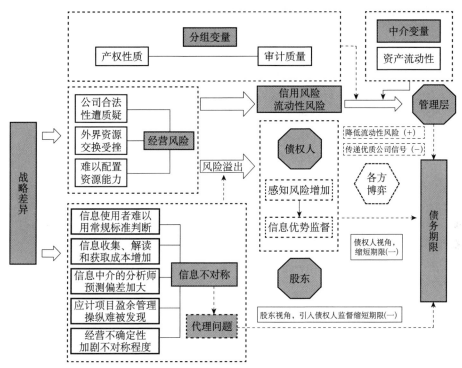

图 5 - 1　战略差异影响债务期限的理论分析框架

资金需求的再融资风险（廖冠民等，2010）。为了避免短期债务到期无法偿还或无法继续融资的流动性风险，公司应选择更长的债务期限。实施战略差异的公司，因违背行业智慧，战略合法性受到质疑，面临合法性风险，合法性受到挑战则会削弱公司从组织领域交易伙伴那获取资源的能力（DiMaggio and Powell，1983），增加了外部资源的获取难度或获取成本（杨兴全等，2018；王化成等，2017），外部融资环境恶化，经营风险上升（Tang et al.，2011）。如果因战略特立独行，合法性受质疑是一方面，另一方面则进一步影响企业与外界资源的互动。此外，战略差异度大的企业进行资源配置的有效性通常具有较大的不确定性，如果资源配置未能及时跟进，将使企业面临资源配置风险，进一步加剧企业经营风险。高经营风险的公司通常面临较高的流动性风险（廖冠民等，2010），根据黛蒙德（1991）的流动性风险理论，管理层为避免再融资风险和长期投资项目的资金需求，因而选择较长的债务期限。同理，为了减轻战略差异的负面影响，企业可能会在战略差异时期延长期限结构，以缓解企业流动性风险（再融资风险）。事实上，公司更有动机通过提高资产的流动性来应对战略差异对融资的不利影响。资产流动性意味着其交易的容易程度，公司的资产流动性越强，其在清算中的价值就越大，筹集外部资金的能力越强，越可能筹集到更长期限的债务。莫里斯（1992）认为，债务期限越长的公司持有越多流动性，以防止其在经济危机期间无法支付长期固定债务，资产的流动性使企业获得了更长的债务期限。

其次，从信息不对称理论与代理理论视角。已有研究发现信息不对称、代理问题在债务契约设计中的重要性（Armstrong et al.，2010；Christensen et al.，2016）。对于战略差异大的公司，信息使用者难以用常规标准判断战略信息，信息收集、解读和获取的成本增加，作为信息中介的分析师预测偏差加大，应计项目盈余管理操纵很难被发现，经营不确定性加剧不对称程度，使得企业面临程度较高的信息不对称（王化成等，2017）。卡彭特（2000）指出，偏离大众接受的政策或者行业已经确立的战略模式，会导致利益相关者对公司的评价更加困难。这意味着公司战略差异会导致公司与外部人之间的信息不对称程度加剧，公司代理问题比较严重。

当管理者未持有公司的全部股份时，由于信息不对称，管理者和股东之间存在代理问题，表现为管理者偏好在职消费、偷懒和致力于扩张自己的企业帝国，或投资于一些有损股东财富，但却能够给自身带来利益的项目（Jensen and Meckling，1976；Jensen，1986）。与行业常规战略差异较大的公司的信息不对称程度往往更高，可能的代理问题更为严重，为了减小代理成本，公司股东应该支持更多地采用短期债务融资，缩短债务期限可以缓解管理层防御带来的代理问题（Harris and Raviv，1990）。通过引入短期债务债权人的管理监督（Harris and Raviv，1990；Rajan and Winton，2012），可以减少管理者以牺牲其他利益相关者为代价来获利的机会，因为较短的期限迫使公司不断地回到债权人那里进行重新谈判，从而对借款人施加更多的约束（Harris and Raviv，1990；Stulz，1990），避免了管理人员进行无效投资的可能性，从而控制了管理人员的过度投资行为。彼特森和瑞詹（Petersen and Rajan，1995）、斯图资（Stulz，1990；2000）研究发现，债券市场上的银行和贷款人更喜欢短期债务，因为短期债务到期需要公司和贷款人之间重新谈判，不断更新借款合同。此外，由于不能偿还短期债务的威胁也增强了管理者提高资金利用效率的动机（Hart and Moore，1994）。

最后，从感知风险理论视角。在信息有限的情况下，交易对象在交易过程中没有预期到可能有利的结果时，为了减少不确定性，会制定或采用降低风险的策略（Bauer，1960）。对于提供借贷的金融机构等债权人来说，依据

《商业银行授信工作尽职指引》对商业银行授信的要求，重点关注业务战略频繁变化的预警信号风险和客户战略、业务或环境的重大变动的履约能力风险。对于偏离行业常规的战略差异，债权要应关注由此产生的经营风险、信息风险和代理风险。首先，由于战略差异会导致公司经营波动，经营风险升高。其次，战略差异引起的信息不对称将对债权人产生不利的影响（Garcia - Teruel et al.，2010）。最后，既然战略差异会导致公司与外部人之间的信息不对称程度加剧，股东与债权人代理问题可能比较严重。

债权人在感知战略差异风险增大时，其对未来现金流量的预测会更加困难，而且债务期限越长，债务重新谈判时刻发生的频率越低，债权人受现有合同约束的时间越长，这增加了监控过程的重要性和成本，特别是在信息不对称程度较高的情况下（Garcia-Teruel et al.，2010）。债权人出于风险规避或风险降低的考虑，通常只提供短期贷款（Krishnaswami et al.，1999），以短期债务作为契约手段（Garcia-Teruel et al.，2010），债权有更多的信息和监督的优势，以此降低因债务人战略差异、流动性降低债权人的贷款风险。此外，对于债务人来说，由于公司和投资者之间存在信息不对称，短期债务可以作为一种信号机制，高质量的公司有更强的动机使用短期债务，这样他们可以向外部贷款人表明其公司质量高的信号（Flannery，1986；Diamond 1991）。

综上所述，在实施战略差异的背景下，企业的融资期限（债务期限）是债权人、股东和企业管理层共同博弈的结果。出于风险控制、信息传递以及监督等动机，企业股东、管理人和债权人对债务期限结构的需求存在很大差异。因此，企业特定战略定位下的债务期限结构决策是一个有待实证检验的问题。基于以上分析，本书提出以下竞争性假设。

H1a：企业战略差异度与融资期限之间存在正相关关系，即实施战略差异的企业有更长的债务期限结构。

H1b：企业战略差异度与融资期限之间存在负相关关系，即实施战略差异的企业有更短的债务期限结构。

5.3　模型设计与变量选取

5.3.1　模型设计

为检验本书的基本假设，在借鉴廖冠民等（2010）研究经验的基础上构建如下模型：

$$
\begin{aligned}
\text{Loanstr}_{i,t} = {} & \alpha_0 + \alpha_1 \times \text{DS}_{i,t-1} + \alpha_2 \times \text{State}_{i,t-1} + \alpha_3 \times \text{Size}_{i,t-1} + \\
& \alpha_4 \times \text{Roa}_{i,t-1} + \alpha_5 \times \text{Lev}_{i,t-1} + \alpha_6 \times \text{Fix}_{i,t-1} + \alpha_7 \times \\
& \text{TobinQ}_{i,t-1} + \alpha_8 \times \text{Cv}_{i,t-1} + \alpha_9 \times \text{Liquid}_{i,t-1} + \alpha_{10} \times \\
& \text{Etr}_{i,t-1} + \alpha_{11} \times \text{Top1}_{i,t-1} + \alpha_{12} \times \text{Market}_{i,t-1} + \\
& \sum \text{industry} + \sum \text{year} + \varepsilon_{i,t}
\end{aligned} \quad (5-1)
$$

其中，Loanstr 表示融资期限，用债务期限结构来表示；DS 表示战略差异。如果假设 H1a 成立，DS 的系数 α_1 应显著为正，即战略差异与债务期限结构正相关；如果假设 H1b 成立，DS 的系数 α_1 应显著为负，即战略差异与债务期限结构负相关。

为了检验战略差异对债务期限结构影响的传导路径，本书借鉴温忠麟等（2004）的中介效应检验方法，构建如下模型：

$$
\begin{aligned}
\text{Current}_{i,t} = {} & \beta_0 + \beta_1 \times \text{DS}_{i,t-1} + \beta_2 \times \text{State}_{i,t-1} + \beta_3 \times \text{Size}_{i,t-1} + \\
& \beta_4 \times \text{Roa}_{i,t-1} + \beta_5 \times \text{Lev}_{i,t-1} + \beta_6 \times \text{Fix}_{i,t-1} + \beta_7 \times \\
& \text{TobinQ}_{i,t-1} + \beta_8 \times \text{Cv}_{i,t-1} + \beta_9 \times \text{Liquid}_{i,t-1} + \beta_{10} \times \\
& \text{Etr}_{i,t-1} + \beta_{11} \times \text{Top1}_{i,t-1} + \beta_{12} \times \text{Market}_{i,t-1} + \\
& \sum \text{Industry} + \sum \text{Year} + \varepsilon_{i,t}
\end{aligned} \quad (5-2)
$$

$$
\begin{aligned}
\text{Loanstr}_{i,t} = {} & \gamma_0 + \gamma_1 \times \text{DS}_{i,t-1} + \gamma_2 \times \text{Current}_{i,t} + \gamma_3 \times \text{State}_{i,t-1} + \\
& \gamma_4 \times \text{Size}_{i,t-1} + \gamma_5 \times \text{Roa}_{i,t-1} + \gamma_6 \times \text{Lev}_{i,t-1} + \gamma_7 \times \\
& \text{Fix}_{i,t-1} + \gamma_8 \times \text{TobinQ}_{i,t-1} + \gamma_9 \times \text{Cv}_{i,t-1} + \gamma_{10} \times \\
& \text{Liquid}_{i,t-1} + \gamma_{11} \times \text{Etr}_{i,t-1} + \gamma_{12} \times \text{Top1}_{i,t-1} + \\
& \gamma_{13} \times \text{Market}_{i,t-1} + \sum \text{Industry} + \sum \text{Year} + \varepsilon_{i,t}
\end{aligned} \quad (5-3)
$$

5.3.2 变量选取

（1）被解释变量。被解释变量为融资期限，又称为债务期限，用长期债务比例来表示，记为 Loanstr。借鉴廖冠民等（2010）的做法，该变量的计算公式为 Loanstr = （长期借款 + 一年内到期的长期负债）/（长期借款 + 一年内到期的长期负债 + 短期借款）。在进行稳健性测试时，借鉴孙铮等（2005）的做法，以长期借款/（长期借款 + 短期借款）作为债务期限的代理变量。

（2）解释变量。公司战略差异（DS），是反映企业战略偏离行业常规的程度的指标。借鉴吉利特坎伊资和汉姆布瑞克（Geletkanycz and Hambrick,

1997）、汤等（Tang et al.，2011）的研究，用能够刻画作为资源分配模式的公司战略的六个维度（Mintzberg，1978；Mintzberg et al.，1998）进行标准化处理，然后对每个公司标准化后的六个战略指标求算术平均值，得到公司战略差异度指标（DS）（详细构建过程见第 3 章，本部分不再赘述）。在稳健性测试中，本书通过采用主成分分析的方法，对于经过标准化后的六个指标通过主成分分析，构建企业的战略差异指标 DS1。

（3）中介变量。为深入分析战略差异对债务期限结构的影响路径，本书将重点通过资产流动性这一中介变量进行检验。

已有文献中主要有两种方法衡量资产流动性：一种是会计流动性，衡量公司偿还短期债务的能力（Deesomsak et al.，2009；Antoniou et al.，2008），即流动比（流动资产/流动负债）；另一种是市场流动性，衡量交易的难易程度（Amihud，2002；Amihud et al.，2005）。本书采用流动比来衡量资产流动性，它能反映公司流动性负债偿还能力，该指标越大说明企业流动性越好。

（4）控制变量。根据卡彭特和史密斯（1995）、蔡等（2008）、孙铮等（2005）、廖冠民等（2010）等已有文献的研究，本章对以下变量进行控制。

①产权性质（State）用是否为国有公司的虚拟变量来衡量。相比非国有企业，国有企业具有与政府天然的政治联系，由于政府的行政干预、隐性担保等原因，国有企业具有信贷优惠，更容易从银行获取长期贷款，因此，国有企业具有更长的债务期限（江伟和李斌，2006）。但是，由于政府的贷款隐性担保，国有企业的流动性风险较低，因而倾向于选择更短债务期限。因此，本书不对其符号进行预测。

②公司规模（Size）用总资产的自然对数来衡量。大公司拥有较少的不对称信息和更好的财务状况，这使他们能够筹集更多的长期债务（Barklay and Smith，1995；Custodio et al.，2013）。由于小公司的信息不对称程度和代理问题严重，债券市场将其排除在外（Diamond，1991）。因此，公司规模越大，其债务期限越长，本书预测 Size 的符号为正。

③盈利能力（Pro）用资产收益率（净利润/总资产）衡量。根据代理理论，当公司盈利能力越强时，作为债权人的银行对企业的监督需求越弱，公司就越容易筹集到长期借款，因而债务期限结构较长。但根据信息不对称及流动性风险理论，短期债务被视为一种盈利能力强、公司质量高的信号，公司有动力通过增加短期债务传递积极信号（Flannery，1986），并且其流动性风险较低，更容易举借到更多短期债务，此时盈利能力与债务期限负相关。

因此，本书不对 Pro 符号进行预测。

④财务杠杆（Lev）用债务总额与总资产之比来衡量。根据代理理论，当公司财务杠杆较高时，投资不足的代理成本较高（Dennis et al.，2000），银行收回贷款的风险加大，倾向于发放短期贷款以加强监督，因此，财务杠杆与债务期限呈负相关性。但依据流动性风险理论，高财务杠杆公司增加了流动性风险和违约风险，致使企业延长债务期限，因而有动机选择更多的长期债务。债务水平与期限呈正相关（Custodio et al.，2013；Johnson，2003；Morris，1992）。因此，本书不对 Lev 符号进行预测。

⑤固定资产比例（Fixas）用固定资产合计/总资产来衡量。德米尔古—昆特和马克西莫维奇（1999）、基尔奇和特拉（2012）发现，具有高固定资产的公司更容易进入长期债务市场，因为作为有形资产的固定资产可以作为抵押品。因此，本书预期固定资产比例与企业债务期限结构呈正相关，国内孙铮等（2005）提供了相应的经验证据，因此，本书预测 Fixas 的符号为正。

⑥成长机会（TobinQ）用市场价值/重置成本来衡量。具体计算公式为（每股价格×流通股数量＋每股净资产×非流通股数量＋负债账面价值）/总资产账面价值，迈尔斯（1977）认为，有高增长机会的公司借助短期债务来控制股东和债权人之间的代理问题。因此，TobinQ 与债务期限结构之间可能存在负相关关系。辛清泉等（2007）研究发现，我国上市公司存在严重的过度投资问题。也就是说，过度投资是中国更为普遍的代理问题。企业成长机会越多，债务期限越长。因此，本书不对托宾 Q 的符号进行预测。

⑦盈利波动性（Cv）用公司过去三年的资产收益率（ROA）的标准差来衡量。萨卡尔（1999）发现风险与债务期限之间存在负相关关系，收益的高波动性增加了财务困境的可能性，从而导致高破产风险。为了避免这种风险，企业倾向于发行短期债券。阿拉亚（2018）发现，盈利波动性高的公司面临更高的信用风险，它们更有可能局限于短期债务，因而盈利波动性与债务期限结构呈负相关，然而廖冠民等（2010）发现，盈利波动性越大，其长期债务比例越大，公司盈利波动性与债务期限结构呈正相关。因此，本书不预测 Cv 系数符号。

⑧企业资产流动性（Liquid），借鉴廖冠民等（2010）的做法，用货币资金与短期投资之和占总资产的比重来衡量。迈尔斯和拉詹（1998）提出了流动性资产的悖论理论。直观地说，流动性好的公司应该有充足的现金流来偿还债务。因此，一个公司拥有流动资产的数量越多，应越容易获得外部融资。根据流动性风险理论，公司资产流动性越强，流动性风险越低，应选择

更多的短期债务。因而资产的流动性与债务期限呈负相关。莫里斯（1992）认为，期限越长的公司持有越多流动性，以防他们在经济危机期间无法支付长期的固定债务，因而资产的流动性与债务期限呈正相关性。因此，本书不预测 Liquid 符号。

⑨有效税率（ETR）用所得税费用/税前利润总额来衡量。税收可能会影响债务期限（Brick and Ravid，1985）。然而，经验证据却因研究对象不同而存在差异，郑等（2012）发现企业税率与债务期限结构没有关系，古德斯和奥普勒（1996）发现企业税率与债务期限结构呈负相关关系。本书在模型中加入了 ETR 变量，以控制其对债务期限的潜在影响。

⑩第一大股东持股（TOP1）用第一大股东持股比例来衡量。江等（2010）的研究表明，中国上市公司股权结构高度集中，存在大股东掏空上市公司的问题。因此，根据代理理论，公司第一大股东的持股比例与债务期限呈负相关。因此，本书预测 TOP1 的符号为负。

⑪市场化程度（Market）用樊纲和王小鲁编制的中国市场化总指数来衡量，该指数越高，表明该地区市场化程度较高。以上市公司所在对应省份的中国市场化总指数的中位数为临界点，将中国市场化指数划分市场化程度高和市场化程度低两组。孙铮等（2005）研究表明，企业所在地的市场化程度越高，长期债务的比重越低。因此，我们预测 Market 的符号为负。

变量定义如表 5-1 所示。

表 5-1　　　　　　　　　　　　　　变量定义

变量	变量名称	变量代码	变量定义
被解释变量	债务期限结构（融资期限）	Loanstr	（长期借款 + 一年内到期的长期负债）/（长期借款 + 一年内到期的长期负债 + 短期借款）
解释变量	战略差异	DS	计算方法详见书中介绍
控制变量	产权性质	State	虚拟变量，国有企业取 1，否则取 0
	公司规模	Size	公司在年末总资产的自然对数
	盈利能力	Roa	资产收益率 = 净利润/总资产
	财务杠杆	Lev	负债总额/总资产
	固定资产比率	Fixas	固定资产合计/总资产
	成长机会	TobinQ	（股权的市场价值 + 负债的账面价值）/资产的账面价值
	盈利波动	Cv	三年营业利润的变动系数，用三年标准差表示
	资产流动性	Liquid	（货币资金 + 短期投资或交易性金融资产）/总资产

续表

变量	变量名称	变量代码	变量定义
控制变量	有效税率	Etr	所得税费用/税前利润总额
	第一大股东持股	Top1	第一大股东持股比例
	市场化程度	Market	参考樊纲和王小鲁编制的中国市场化总指数来衡量。据上市公司所在对应省份的"中国市场化总指数"的中位数划分市场化程度高和市场化程度低两组,当该地区市场化程度指数大于中位数时为1,否则为0
	行业虚拟变量	Industry	行业哑变量,用来控制行业因素的影响。按证监会的分类标准(除制造业继续划分为小类外,其他行业以大类为准),共有22个行业,剔除金融业后,模型中共21个行业虚拟变量
	年份虚拟变量	Year	年度哑变量,本书选取样本的时间是2000~2017年共18个年度,以2000年为基准,共采用17个哑变量

5.3.3　样本选择与数据来源

本书以2000~2017年中国A股非金融上市公司作为初始样本,并按照如下原则对原始样本进行筛选:首先,剔除资产和所有者权益为负值或0值的样本;其次,剔除ST、SST、＊ST、S＊ST公司;最后,剔除主要研究变量缺失的样本。总共得到16 348个公司—年度观测值,除固定资产原值数据来自CCER数据库外,本书涉及的数据主要来自CSMAR数据库。为了减轻异常值对研究结论的影响,本书对所有连续变量在前1%和后1%处进行了Winsorize缩尾处理,本书的描述性统计及回归检验均使用STATA15.1。

5.3.4　研究模型的效度处理

为提高研究模型效度及研究结论稳健性,在对相关数据进行实证检验前,本书对数据样本进行如下处理。

第一,异常值处理。首先,对数据缺失严重的样本进行删除处理;其次,考虑到行业龙头及新进入企业可能会存在较大的战略差异,本部分对所有研究样本中战略差异变量和其他的连续变量进行前后1%的Winsorize缩尾处理。为了排除可能存在的极端值对回归结果产生的影响,借鉴王化成等(2017)的做法,本书采用对极端值不敏感分位数回归检验本书结论的稳健性。

第二,共线性检验。为避免实证模型中因共线性导致的研究结论偏差,本书对解释变量与控制变量进行共线性(variance inflation factor,VIF)检验。经验判断方法表明，当 VIF 小于 10，不存在多重共线性，说明相关变量多重共线性对研究结论的干扰效应较小。

第三，异方差处理。本书考虑债务期限及采用脱离行业常规的战略差异行为可能随着公司特征及行业特征的变化而存在差异，即模型中可能存在异方差问题，因此，本书在后续实证检验中采用 Robust 调整，得到对异方差进行处理后的稳健估计量。

第四，组内相关性问题。本书认为债务期限及采用脱离行业常规的战略差异行为可能在相同公司样本及行业样本中存在组内相关性问题，即往年经济行为会对下一年经济行为决策产生影响，引起自相关问题。针对此问题，本部分在后续的检验中参考彼得森（2009）的研究，对样本分别进行了区分公司、行业及年份的聚类调整。

第五，内生性问题。本书认为涉及公司内部决策的相关性研究可能存在不同程度的内生性问题。本书还借鉴工具变量进行两阶段回归（IV‑2SLS）、处理效应模型检验（Heckman 两阶段回归方法）、战略差异（DS）滞后两期进行处理，以缓解反向因果等内生性问题对研究结论的干扰。

5.4　实证过程及结果分析

5.4.1　描述性统计分析

描述性统计的结果如表 5‑2 所示。由于所有连续变量均在 1% 和 99% 水平上进行了 Winsorize 处理，因此变量在最大值和最小值上均未有极端值的出现，保证了数据的可靠性。统计结果显示，债务期限结构（Loanstr）的均值和中位数分别为 0.346 和 0.266，较服从正态分布。Loanstr 的最小值为 0，最大值为 1，最大值与最小值差距较大，标准差为 0.327，说明不同上市公司的债务期限结构的差异较大。战略差异（DS）的均值为 0.597，最大值为 1.846，最小值为 0.193，最大值与最小值差距较大，标准差为 0.284，反映出我国上市公司在资源配置的战略方面存在较大差异。

表 5‑2　　　　　　　　　　　　描述性统计

变量	样本	均值	标准差	最小值	中位数	最大值
Loanstr	17 276	0.346	0.327	0	0.266	1
DS	17 276	0.597	0.284	0.193	0.534	1.846
STATE	17 276	0.546	0.498	0	1	1

续表

变量	样本	均值	标准差	最小值	中位数	最大值
SIZE	17 276	21.986	1.234	19.433	21.806	25.519
ROA	17 276	0.036	0.045	-0.169	0.031 5	0.189
LEV	17 276	0.490	0.185	0.050	0.499	0.873
FIX	17 276	0.263	0.178	0.003	0.233	0.747
TobinQ	17 276	1.662	1.444	0.229	1.240	10.518
CV	17 276	0.024	0.026	0.000	0.015	0.172
Liquid	17 276	0.166	0.113	0.010	0.138	0.699
ETR	17 276	0.190	0.174	-0.456	0.174	0.823
TOP1	17 276	0.372	0.155	0.088	0.354	0.750
Market	17 276	0.547	0.498	0	1	1

从控制变量来看，产权性质（State）均值为 0.546，说明 54.6% 为国有企业；市场化程度（Market）均值为 0.547，说明 54.7% 的企业处在市场化程度较高的地区；从其他控制变量的最大值、最小值、标准差来看，上市公司之间的差异较大。

为了更直观地观察战略差异对债务期限结构的影响，本书按照战略差异中位数将全部样本分为高低两组，然后进行均值 T 检验和中位数 Wilcoxon 秩和检验。检验结果如表 5-3 所示。首先，从债务期限结构（Loanstr）均值水平看，战略差异大的样本组取值为 35.21%，大于战略差异小的样本组取值（34.12%），独立样本 t 检验结果表明两组的差异在 5% 水平上显著；其次，从中位数水平看，战略差异大的样本组取值为 27.32%，大于战略差异小的样本组取值（26.07%），Wilcoxon 秩和检验的检验结果未能通过显著性水平检验。结果表明，战略差异程度越大，企业债务期限结构越长，初步验证了本书的研究假设。为了更准确地观察两者的关系，需要控制有关变量，进行多元回归分析。

表 5-3　　　　　　　　　　单变量分析

变量	低战略差异			高战略差异			t-test	Z-test
	N	mean	median	N	mean	median		
Loanstr	8 959	0.341 2	0.260 7	8 317	0.352 1	0.273 2	-2.19**	-0.780

注：** 表示显著性水平为 5%。

5.4.2　相关性结果分析

由表 5-4 的相关系数分析可知，战略差异的替代变量 DS 与债务期限结

表 5-4　相关系数（Pearson/Spearman）

变量	Loanstr	DS	STATE	SIZE	ROA	LEV	FIX	TobinQ	CV	Liquid	ETR	TOP1	Market_
Loanstr	1	0.006	0.139 ***	0.381 ***	-0.005	0.232 ***	0.048 ***	-0.197 ***	-0.026 ***	-0.174 ***	0.082 ***	0.058 ***	-0.090 ***
DS	0.030 ***	1	0.042 ***	0.001	-0.085 ***	0.057 ***	-0.027 ***	-0.012	0.081 ***	-0.005	-0.040 ***	0.018 **	-0.062 ***
STATE	0.131 ***	0.033 ***	1	0.239 ***	-0.113 ***	0.227 ***	0.175 ***	-0.289 ***	-0.059 ***	-0.133 ***	0.089 ***	0.230 ***	-0.171 ***
SIZE	0.352 ***	-0.011	0.251 ***	1	-0.003	0.429 ***	-0.011	-0.464 ***	-0.070 ***	-0.151 ***	0.102 ***	0.174 ***	-0.024 ***
ROA	0.036 ***	-0.125 ***	-0.091 ***	0.021 ***	1	-0.397 ***	-0.086 ***	0.405 ***	-0.030 ***	0.231 ***	-0.058 ***	0.091 ***	0.092 ***
LEV	0.173 ***	0.058 ***	0.232 ***	0.429 ***	-0.362 ***	1	-0.013 *	-0.584 ***	-0.081 ***	-0.273 ***	0.154 ***	0.038 ***	-0.061 ***
FIX	0.067 ***	-0.033 ***	0.199 ***	0.042 ***	-0.085 ***	0.027 ***	1	-0.111 ***	0.068 ***	-0.354 ***	-0.046 ***	0.069 ***	-0.124 ***
TobinQ	-0.103 ***	0.050 ***	-0.250 ***	-0.378 ***	0.341 ***	-0.460 ***	-0.137 ***	1	0.134 ***	0.226 ***	-0.187 ***	-0.107 ***	0.070 ***
CV	-0.041 ***	0.135 ***	-0.035 ***	-0.091 ***	-0.121 ***	-0.057 ***	0.036 ***	0.143 ***	1	-0.035 ***	-0.137 ***	-0.005	0.008
Liquid	-0.117 ***	0.020 ***	-0.145 ***	-0.160 ***	0.217 ***	-0.332 ***	-0.360 ***	0.220 ***	-0.003	1	-0.024 ***	-0.030 ***	0.058 ***
ETR	0.043 ***	-0.042 ***	0.063 ***	0.050 ***	0.047 ***	0.103 ***	-0.033 ***	-0.106 ***	-0.118 ***	-0.027 ***	1	0.043 ***	-0.003
TOP1	0.079 ***	0.000	0.231 ***	0.211 ***	0.092 ***	0.040 ***	0.079 ***	-0.088 ***	-0.015 *	-0.026 ***	0.020 ***	1	-0.048 ***
Market_	-0.078 ***	-0.065 ***	-0.171 ***	-0.036 ***	0.071 ***	-0.062 ***	-0.128 ***	0.048 ***	0.003	0.055 ***	-0.010	-0.055 ***	1

注：*、**、***分别表示显著性水平为10%、5%和1%。

构 Loanstr 在 1% 水平上显著正相关，其余变量彼此之间的相关系数均在 0.5 以下。另外，各变量的平均方差膨胀因子 VIF 小于 3，说明变量间可能并不存在严重的多重共线性问题。当然，上述报告的仅为单变量分析的结果，更加可靠的结论需要通过多元回归作进一步分析。

5.4.3 回归结果与分析

表 5 - 5 报告了战略差异（DS）对债务期限结构（Loanstr）的回归结果，所有回归结果的标准误经企业层面聚类（Cluster）调整，其中，第（1）列仅是战略差异（DS）单一变量的回归结果，DS 的系数为 0.035，且在 5%（t = 2.09）水平下显著。在控制了年度和行业后，第（3）列战略差异 DS 的系数为 0.028，虽然系数有所降低，但仍在 10%（t = 1.90）水平下显著。未考虑行业和年度变量的影响，加入其他控制变量后，第（2）列战略差异 DS 的系数为 0.041，系数有所增加，在 5%（t = 2.53）水平下显著。第（4）列是加入全部控制变量后的回归结果，DS 的系数为 0.041，系数有所增加，在 1%（t = 2.81）水平下显著。综合说明，战略差异（DS）显著影响了债务期限结构（Loanstr），战略差异越大的公司，越倾向于选择长期债务。以相对稳健的第（4）列为例，回归结果还表明，在控制其他影响因素前提下，战略差异每增加一个标准差，将导致债务期限结构（Loanstr）上升 0.041 个单位，相当于 Loanstr 平均水平的 11.56%（0.041/0.346）。结果还表明，在控制其他影响因素前提下，战略差异（DS）从每增加 1 个标准差，债务期限结构（Loanstr）将增加 3.56 个百分点（0.041 × 0.284/0.327）。这说明战略差异对债务期限结构的影响，无论是在统计意义上，还是在经济意义上，同样具有显著性。这些结果联合支持了本书的 H1a，即为了应对战略差异引起的流动性风险，企业倾向于举借长期债务，采用较长的债务期限结构，支持了流动性风险理论。

表 5 - 5 　　　　　　　　　战略差异对债务期限结构影响的回归结果

变量	(1) Loanstr	(2) Loanstr	(3) Loanstr	(4) Loanstr
DS	0.035 ** (2.09)	0.041 ** (2.53)	0.028 * (1.90)	0.041 *** (2.81)
STATE		0.020 * (1.85)		0.012 (1.23)

续表

变量	(1) Loanstr	(2) Loanstr	(3) Loanstr	(4) Loanstr
SIZE		0.089 *** (20.06)		0.067 *** (13.02)
ROA		0.344 *** (3.62)		0.383 *** (4.20)
LEV		0.063 ** (1.98)		0.004 (0.13)
FIX		0.061 * (1.83)		0.188 *** (6.10)
TobinQ		0.012 *** (4.03)		0.007 * (1.88)
CV		−0.150 (−1.06)		−0.182 (−1.40)
Liquid		−0.155 *** (−3.58)		−0.037 (−0.88)
ETR		0.044 ** (2.54)		−0.007 (−0.45)
TOP1		−0.017 (−0.50)		−0.030 (−1.00)
Market		−0.036 *** (−3.66)		−0.040 *** (−4.36)
Constant	0.326 *** (28.69)	−1.676 *** (−17.68)	0.141 *** (4.28)	−1.328 *** (−12.31)
Industry	未控制	未控制	控制	控制
Year	未控制	未控制	控制	控制
N	17 276	17 276	17 276	17 276
Adj_R²	0.000 8	0.139	0.175	0.243

注：*、**、*** 分别表示显著性水平为10%、5%和1%，括号中的数字为双尾检验的 t 值，标准误经企业层面聚类（Cluster）调整。

对于控制变量，公司规模 Size 与债务期限结构（Loanstr）显著正相关，与巴克莱和史密斯（1995）等文献一致，支持代理理论，即由于大公司的代理成本较低，能够获得更多的长期债务。盈利能力（ROA）与债务期限结构（Loanstr）显著正相关，说明当公司盈利能力越强时，公司就越容易筹集到长期款项，因而债务期限结构较长。固定资产比例 Fixas 在 1% 的水平上显著为正，符合资产与债务期限的匹配要求（Barklay and Smith，1995）。公司成长性（TobinQ）的系数估计符号为正，与前述的理论预测方向一致，即中国上市公司普遍存在过度投资代理问题，高成长性企业应该选择更多的长期债务。市场化程度（Market）与债务期限结构（Loanstr）负相关，与孙铮等（2005）的发现一致，说明企业所在地的市场化程度越高，长期债务的比重越低。

5.5　稳健性检验

5.5.1　内生性问题

前面验证了战略差异会影响融资期限（债务期限）。然而，公司战略与债务期限结构的因果推断可能会受到反向因果、遗漏变量等内生性问题的干扰，为缓解内生性的影响，本书进行了如下检验。

（1）工具变量进行两阶段回归（IV-2SLS）。上面已验证了战略差异对债务期限结构的正向影响，但是由于企业战略的制定会受到企业环境和企业行为的影响，因而企业的债务期限结构也可能会对企业战略产生影响。如果战略差异是内生变量，那么本书的估计结果可能有偏差。为了弱化潜在的反向因果对研究结论的影响，本书采用工具变量及两阶段最小二乘法对模型进行内生性处理。

工具变量的选择在理论上对被解释变量没有直接影响，但应该通过影响被工具的变量（解释变量）而间接影响被解释变量。由于企业战略差异度行业年度均值与滞后两期的战略差异并不可能对债务期限结构产生直接影响，但可能对战略滞后一期的战略差异产生影响，进而间接影响到债务期限结构，因此，本书将其作为可供选择的工具变量。

本书运用两阶段最小二乘法（IV-2SLS）对模型进行内生性处理，结果如表 5–6 所示。首先，进行弱工具变量检验时，F 值为 2 762.22，大于 10，且 P 值为 0.00，拒绝了存在弱工具变量的原假设。这表明，本书对于工具变量的选择是合理的。过度识别检验的 P 值为 0.198 3，大于 0.1，未过度识别，工具变量是外生的。这表明本书对于工具变量的选择也是合理的。在控制了内生性后，发现 Instrumented_DS 的系数为 0. 041（t = 3. 71），且在 1% 的水平上显著，与表 5 - 5 结论一致，支持了 H1a。

表 5 - 6　　　　　　　　稳健性检验：工具变量两阶段回归

变量	第一阶段 (1) DS	第二阶段 (2) Loanstr
DS$_{t-2}$	9. 309 * (1. 95)	
DS_mean	- 8. 586 * (- 1. 80)	
Instrumented_DS		0. 041 *** (3. 71)
STATE	0. 000 (0. 04)	0. 014 *** (2. 77)
SIZE	0. 009 *** (5. 18)	0. 067 *** (25. 41)
ROA	- 0. 682 *** (- 17. 38)	0. 384 *** (6. 35)
LEV	0. 013 (1. 26)	0. 008 (0. 50)
FIX	- 0. 038 *** (- 3. 70)	0. 188 *** (11. 90)
TobinQ	0. 010 *** (6. 63)	0. 007 *** (3. 12)
CV	0. 393 *** (6. 52)	- 0. 155 * (- 1. 69)
Liquid	0. 026 * (1. 75)	- 0. 035 (- 1. 57)
ETR	- 0. 038 *** (- 4. 46)	- 0. 009 (- 0. 66)
TOP1	0. 001 (0. 15)	- 0. 032 ** (- 2. 11)

续表

变量	第一阶段 (1) DS	第二阶段 (2) Loanstr
Market	-0.004 (-1.44)	-0.040*** (-8.56)
Constant	0.023 (0.63)	-1.328*** (-23.85)
Industry	控制	控制
Year	控制	控制
N	17 054	17 054
Adj_R²	0.561	0.242

注：*、**、*** 分别表示显著性水平为 10%、5% 和 1%，括号中的数字为双尾检验的 t 值。

（2）Heckman 两阶段回归。本书还用处理效应模型处理可能的选择性偏差问题。由于企业的战略是由企业特征决定的，而这些企业特征又同时会影响企业债务期限结构，那么我们的结论可能就存在自选择偏差问题。为缓解战略差异可能的自选择问题，本书采用 Heckman 两阶段回归方法进行处理。

在第一阶段战略选择模型中，被解释变量为战略差异虚拟变量（DS_ya），依据战略差异（DS）中位数，大于中位取 1，否则取 0。控制变量方面参考刘行（2016），控制了规模（Size）、产权性质（State）、市值账面比（MB）、资产负债率（LEV）、业绩波动（ROA_SD）、第一大股东持股比例（TOP）、地区虚拟变量（Region）、行业和年度。第一阶段的战略选择模型如下：

$$DS\_ya_{i,t} = \alpha_0 + \alpha_1 \times SIZE_{i,t} + \alpha_2 \times STATE_{i,t} + \alpha_3 \times MB_{i,t} +$$
$$\alpha_4 \times LEV_{i,t} + \alpha_5 \times ROA\_SD_{i,t-1} + \alpha_6 \times TOP_{i,t} +$$
$$\sum Region + \sum Industry + \sum Year + \varepsilon_{i,t} \qquad (5-4)$$

首先，对模型（5-4）进行了 Probit 回归，计算出逆米斯比率，命名为 Lambda；其次，将 Lambda 加入模型（5-1）重新进行回归，回归结果即为控制了自选择偏差后的结果。

表 5-7 是 Heckman 第一阶段的回归结果，从中可以看出，规模小、非国有企业、高成长性、高业绩波动和高股权集中度的企业更有可能采取战略差异，这与经验基本相符。

表 5 - 7   稳健性检验：Heckman 第一阶段回归

变量	（1） DS_ya
SIZE	- 0. 026 *** （ - 2. 69）
STATE	- 0. 091 *** （ - 4. 52）
MB	0. 140 *** （8. 65）
LEV	0. 000 （0. 00）
ROA_SD	7. 044 *** （18. 70）
TOP	0. 185 *** （3. 16）
Constant	0. 093 （0. 43）
Region	控制
Industry	控制
Year	控制
N	24 026
Pseudo R^2	0. 052 9
LR chi^2	1 762. 90

注：*** 表示显著性水平为 1% ，括号中的数字为双尾检验的 t 值。

表 5 - 8 是 Heckman 第二阶段的回归结果，从第（1）列和第（2）列可以看出，在加入控制自选择偏差的变量 Lambda 后，战略差异（DS）与债务期限结构（Loanstr）回归结果显示，战略差异（DS_{t-1}）回归系数分别为 0. 045 和 0. 040，在 1% 水平上显著为正，与预期的研究假设相符，这说明本书的研究结论不受样本自选择偏差的影响。

表 5 - 8   稳健性检验：Heckman 第二阶段回归

变量	(1) Loanstr	(2) Loanstr
DS	0.045 *** (2.74)	0.040 *** (2.65)
TATE	0.020 * (1.82)	0.013 (1.26)
SIZE	0.089 *** (20.03)	0.066 *** (12.74)
ROA	0.340 *** (3.55)	0.403 *** (4.37)
LEV	0.070 ** (2.08)	−0.006 (−0.18)
FIX	0.066 ** (1.99)	0.192 *** (6.19)
TobinQ	0.012 *** (3.94)	0.006 * (1.78)
CV	−0.105 (−0.63)	−0.311 * (−1.90)
Liquid	−0.152 *** (−3.47)	−0.036 (−0.85)
ETR	0.042 ** (2.45)	−0.008 (−0.55)
TOP1	−0.013 (−0.38)	−0.033 (−1.09)
Market	−0.036 *** (−3.66)	−0.038 *** (−4.09)
Lambda	0.021 (0.84)	−0.040 (−1.22)
Constant	−1.713 *** (−16.91)	−1.280 *** (−10.74)
Industry	未控制	控制
Year	未控制	控制
N	17 074	17 074
Adj_R^2	0.139	0.244

注：*、**、*** 分别表示显著性水平为 10%、5% 和 1%，括号中的数字为双尾检验的 t 值，标准误经企业层面聚类（Cluster）调整。

5.5.2　其他稳健性检验

（1）控制短债长用的影响。在前面主回归过程中，虽然已经验证了战略差异显著增加了债务期限结构，即实施战略差异的公司增加了对长期债务的依赖。但考虑到中国资本市场的现实情况，从我国上市公司的债务融资渠道来看，由于长期借款较少，实际上，较多的企业是通过还旧借新的方法实现短债长用（刘晓光和刘元春，2019）。短债长用可能对长期债务融资造成影响，在回归时有必要对企业的短债长用予以控制。

借鉴刘晓光和刘元春（2019）的方法，选取企业短期负债比例（短期负债/总负债）与短期资产比例（短期资产/总资产）之差，大于其中位数的记为 1，否则为 0，以此作为企业短债长用的衡量指标，记为 G_LR。表 5 - 9 是控制短债长用前后回归结果的对比表，其中，列（1）未控制短债长用，相比列（1），列（2）在控制短债长用以后，战略差异对债务期限结构的回归系数及显著性均有所降低，但仍然在 5% 水平上（t = 2.04）显著为正。说明短债长用对战略差异与债务期限结构关系的影响有限，本书的主研究结论较为稳健。

表 5 - 9　　　　　　　　　　　稳健性检验：控制短债长用的影响

变量	（1） Loanstr	（2） Loanstr
DS	0. 041 *** （2. 81）	0. 029 ** （2. 04）
G_LR		- 0. 161 *** （ - 19. 16）
STATE	0. 012 （1. 23）	0. 010 （1. 08）
SIZE	0. 067 *** （13. 02）	0. 056 *** （11. 13）
ROA	0. 383 *** （4. 20）	0. 402 *** （4. 54）
LEV	0. 004 （0. 13）	0. 054 * （1. 82）
FIX	0. 188 *** （6. 10）	- 0. 009 （ - 0. 28）
TobinQ	0. 007 * （1. 88）	0. 007 * （1. 88）

续表

变量	(1) Loanstr	(2) Loanstr
CV	− 0. 182 (− 1. 40)	− 0. 216 * (− 1. 72)
Liquid	− 0. 037 (− 0. 88)	0. 095 ** (2. 31)
ETR	− 0. 007 (− 0. 45)	0. 006 (0. 44)
TOP1	− 0. 030 (− 1. 00)	0. 000 (0. 01)
Market	− 0. 040 *** (− 4. 36)	− 0. 035 *** (− 3. 89)
Constant	− 1. 328 *** (− 12. 31)	− 1. 029 *** (− 9. 62)
Industry	控制	控制
Year	控制	控制
N	17 276	17 276
Adj_R^2	0. 243	0. 281

注：*、**、*** 分别表示显著性水平为 10%、5% 和 1%，括号中的数字为双尾检验的 t 值，标准误经企业层面聚类（Cluster）调整。

（2）制造业分样本回归检验。从构建战略差异的几个维度来看，如固定资产更新、资本密集度等更是针对传统的制造业企业。在本部分的稳健性检验中，将保留制造业企业样本进行单独回归检验，从表 5 - 10 的回归结果可以看出，战略差异对融资期限的影响至少在 10% 水平上显著为正，与主检验的研究结论相符，再次支持了本书的研究结论。

表 5 - 10　　　　　　　稳健性检验：制造业分样本回归

变量	(1) Loanstr	(2) Loanstr
DS	0. 028 * (1. 90)	0. 045 ** (2. 00)
STATE		− 0. 001 (− 0. 04)
SIZE		0. 073 *** (9. 29)
ROA		0. 261 * (1. 65)

续表

变量	(1) Loanstr	(2) Loanstr
LEV		0.014 (0.29)
FIX		0.155 *** (3.40)
TobinQ		0.005 (0.75)
CV		0.270 (1.13)
Liquid		−0.199 *** (−2.92)
ETR		−0.012 (−0.48)
TOP1		0.045 (0.87)
Market		−0.053 *** (−3.40)
Constant	0.141 *** (4.28)	−1.355 *** (−7.77)
N	17 276	6 863
Adj_R^2	0.175	0.288
F	35.90	31.08

注：*、**、*** 分别表示显著性水平为 10%、5% 和 1%，括号中的数字为双尾检验的 t 值，标准误经企业层面聚类（Cluster）调整。

（3）控制企业会计准则（2006）实施的影响。由于我们所收集的数据时间跨度较长，中间经历了企业会计准则（2006）的实施，准则确认、计量标准范围的变化可能影响债务期限结构变量的构建。为了增强研究结论的稳健性，本书在模型中加入了准则实施控制变量（STANDARD），2007 年以后的样本取 1，否则取 0，以控制准则实施对债务期限结构的影响。从表 5-11 可以看出，第（1）列是控制准则实施变量（STANDARD）的回归结果，准则实施（STANDARD）的系数为正但不显著，而战略差异（DS）显著为正，说明战略差异对债务期限结构的影响并不受准则实施的影响。另外，从分组回归的结果来看，在会计准则实施后，战略差异对债务期限结构的影响的回归系数有所降低，但仍在 5% 水平上显著为正。总之，对于企业会计准则（2007）的实施，本书的研究结论仍具有稳健性。

表 5-11   稳健性检验：控制企业会计准则（2007）实施的影响

变量	(1) Loanstr 全样本	(2) Loanstr 2001~2006	(3) Loanstr 2007~2017
DS	0.041*** (2.81)	0.050** (2.05)	0.038** (2.40)
STANDARD	0.003 (0.35)		
STATE	0.012 (1.23)	0.020 (1.24)	0.014 (1.26)
SIZE	0.067*** (13.02)	0.068*** (7.32)	0.067*** (12.05)
ROA	0.383*** (4.20)	0.793*** (4.67)	0.271*** (2.70)
LEV	0.004 (0.13)	0.052 (0.93)	-0.017 (-0.52)
FIX	0.188*** (6.10)	0.235*** (4.17)	0.180*** (5.29)
TobinQ	0.007* (1.88)	0.018 (1.46)	0.007* (1.96)
CV	-0.182 (-1.40)	0.163 (0.64)	-0.181 (-1.25)
Liquid	-0.037 (-0.88)	-0.173** (-2.28)	-0.008 (-0.17)
ETR	-0.007 (-0.45)	0.023 (0.76)	-0.015 (-0.91)
TOP1	-0.030 (-1.00)	-0.086* (-1.86)	-0.028 (-0.85)
Market	-0.040*** (-4.36)	-0.029** (-2.03)	-0.041*** (-4.14)
Constant	-1.314*** (-12.04)	-1.319*** (-6.79)	-1.201*** (-9.52)
Industry	控制	控制	控制
Year	控制	控制	控制
N	17 276	2 638	13 745
Adj_R^2	0.243	0.241	0.249

注：*、**、***分别表示显著性水平为10%、5%和1%，括号中的数字为双尾检验的 t 值，标准误经企业层面聚类（Cluster）调整。

（4）战略差异（DS）等采用滞后两期。为了控制战略差异与债务期限结构可能存在的内生性问题，同时，为了检验战略对债务期限结构的滞后性影响，虽然战略差异（DS）已采用滞后一期，在本部分稳健性检验中，用滞后两期值战略差异（LDS）替代滞后一期值。表 5 – 12 报告了采用战略差异（DS）滞后两期的回归结果，战略差异（LDS）系数为正，且在 5% 水平上显著，说明了研究结论的可靠性。

表 5 – 12　　　　　　稳健性检验：战略差异滞后两期的回归结果

变量	(1) Loanstr	(2) Loanstr
LDS	0.035 ** (2.14)	0.030 ** (2.04)
STATE	0.022 ** (1.98)	0.014 (1.39)
SIZE	0.089 *** (19.99)	0.067 *** (12.92)
ROA	0.318 *** (3.32)	0.356 *** (3.90)
LEV	0.066 ** (2.04)	0.009 (0.28)
FIX	0.060 * (1.78)	0.186 *** (6.02)
TobinQ	0.013 *** (4.26)	0.007 ** (2.07)
CV	− 0.117 (− 0.79)	− 0.139 (− 1.00)
Liquid	− 0.153 *** (− 3.53)	− 0.034 (− 0.81)
ETR	0.039 ** (2.26)	− 0.010 (− 0.67)
TOP1	− 0.018 (− 0.54)	− 0.032 (− 1.07)
Market	− 0.036 *** (− 3.67)	− 0.040 *** (− 4.33)
Constant	− 1.678 *** (− 17.62)	− 1.327 *** (− 12.22)
Industry	未控制	控制

续表

变量	(1) Loanstr	(2) Loanstr
Year	未控制	控制
N	17 054	17 054
Adj_R^2	0.139	0.242

注：*、**、*** 分别表示显著性水平为 10%、5% 和 1%，括号中的数字为双尾检验的 t 值，标准误经企业层面聚类（Cluster）调整。

（5）改变关键变量的度量方式。为了保证研究结论的稳健性，本书通过采用主成分分析的方法，构建企业的战略差异指标 DS1 替代 DS；借鉴孙铮等（2005）的做法，以长期借款/（长期借款 + 短期借款）作为债务期限的代理变量 Loanstr1 替代 Loanstr。表 5 – 13 报告了指标替换后的回归结果，从中可以看出，Loanstr 经 Loanstr1 替换后，第（1）列战略差异（DS）的系数为 0.032（t = 2.25），且在 5% 水平上显著。DS 经 DS1 替换后，第（2）列战略差异（DS1）系数分别为 0.017（t = 3.22），且在 1% 水平上显著。被解释变量和解释变量全部被替换后，战略差异（DS1）系数为 0.014（t = 3.58），且在 1% 水平上显著为正。总之，本书的研究结论不受关键变量改变的影响。

表 5 – 13　　　　　　　　　稳健性检验：关键变量替换

变量	(1) Loanstr1	(2) Loanstr	(3) Loanstr1
DS	0.032 ** (2.25)		
DS1		0.017 *** (3.22)	0.014 *** (2.94)
STATE	0.015 (1.52)	0.013 (1.26)	0.015 (1.55)
SIZE	0.062 *** (11.99)	0.067 *** (13.07)	0.062 *** (12.01)
ROA	0.410 *** (4.69)	0.399 *** (4.36)	0.427 *** (4.87)
LEV	0.007 (0.25)	0.008 (0.26)	0.010 (0.36)

续表

变量	(1) Loanstr1	(2) Loanstr	(3) Loanstr1
FIX	0.150 *** (4.92)	0.191 *** (6.21)	0.153 *** (5.03)
TobinQ	0.006 (1.64)	0.006 * (1.72)	0.005 (1.47)
CV	− 0.207 * (− 1.71)	− 0.194 (− 1.49)	− 0.220 * (− 1.82)
Liquid	− 0.089 ** (− 2.28)	− 0.030 (− 0.71)	− 0.083 ** (− 2.13)
ETR	− 0.013 (− 0.88)	− 0.006 (− 0.43)	− 0.012 (− 0.85)
TOP1	− 0.022 (− 0.74)	− 0.029 (− 0.95)	− 0.020 (− 0.69)
Market	− 0.038 *** (− 4.28)	− 0.039 *** (− 4.29)	− 0.038 *** (− 4.21)
Constant	− 1.232 *** (− 11.35)	− 1.330 *** (− 12.34)	− 1.234 *** (− 11.39)
Industry	控制	控制	控制
Year	控制	控制	控制
N	17 098	17 276	17 098
Adj_R^2	0.252	0.244	0.252

注：* 、** 、*** 分别表示显著性水平为10%、5%和1%，括号中的数字为双尾检验的 t 值，标准误经企业层面聚类（Cluster）调整。

（6）分位数回归。为了排除样本中可能存在的极端值对回归结果的影响，借鉴王化成等（2017）的做法，本书采用对极端值不敏感分位数回归检验。表5 – 14报告了分位数回归的结果，战略差异（DS）系数从低分位点到高分位点经历逐渐变大的过程。具体地，由 25% 分位点系数 0.006（系数为正但不显著）升到 50% 分位点的 0.25（5% 水平上显著），再上升到 75% 分位点的 0.096（1% 水平上显著），这表明战略差异对企业债务期限结构的影响存在逐渐增大的趋势。由此可见，分位数回归更具体地刻画了战略差异强度的变化对企业流动性风险的影响，再次证明研究结论具有可靠性。

表 5 – 14 稳健性检验：分位数回归

变量	(1) 25%分位数 Loanstr	(2) 50%分位数 Loanstr	(3) 75%分位数 Loanstr
DS	0.006 (0.90)	0.025 ** (2.57)	0.096 *** (4.26)
STATE	-0.006 (-1.59)	0.010 (1.00)	0.070 *** (15.42)
SIZE	0.067 *** (48.74)	0.116 *** (60.05)	0.107 *** (18.11)
ROA	-0.026 (-0.53)	0.244 *** (6.36)	0.912 *** (10.55)
LEV	0.108 *** (14.08)	0.154 *** (5.08)	0.081 *** (3.84)
FIX	0.137 *** (12.26)	0.151 *** (4.22)	-0.008 (-0.18)
TobinQ	0.007 *** (6.49)	0.014 *** (7.62)	0.017 *** (4.73)
CV	-0.205 *** (-5.02)	-0.169 (-1.04)	-0.096 (-0.42)
Liquid	-0.080 *** (-16.40)	-0.206 *** (-4.95)	-0.307 *** (-4.36)
ETR	0.014 (0.90)	0.048 *** (5.42)	0.043 * (1.70)
TOP1	-0.039 *** (-2.61)	-0.029 (-1.33)	0.010 (0.26)
Market	-0.029 *** (-12.54)	-0.047 *** (-58.54)	-0.051 *** (-4.28)
Constant	-1.433 *** (-46.41)	-2.380 *** (-42.36)	-1.936 *** (-13.50)
N	17 276	17 276	17 276
Adj_R^2	0.091 8	0.128 3	0.087 7

注：*、**、***分别表示显著性水平为10%、5%和1%，括号中的数字为双尾检验的t值。

（7）其他检验。本书使用的是一个跨越多个会计年度的典型面板数据，可能同时存在公司间的截面异方差问题和时间序列上的自相关问题。因此，本书主要使用 Petersen（2009）的稳健估计模型，以从公司对估计系数的标准误进行聚类调整。此外，主要模型的 VIF 一般都小于 3，表明模型没有严重的共线性问题，这些测试均表明本书的结果是比较稳健的。

5.6　拓展性检验

5.6.1　影响机制检验

在前面研究假说提出部分，本书分析了战略差异对债务期限的影响，在这一部分，本书将通过实证分析验证资产流动性是否是战略差异影响公司债务期限的作用渠道，这将有助于进一步理解战略差异影响公司债务期限结构的中间作用机制。从公司的经营环境来看，战略差异会影响利益相关者对公司的态度，并进一步影响到公司外部资源获取和内部资源配置，导致公司未来盈利水平的不确定性提升，进而造成其未来现金流的不稳定性（Bloom et al.，2007）。可见，战略差异会触发公司的流动性风险，企业增加流动性，以应对战略差异带来的不利影响，而流动性增强又反过来延长了债务期限结构。

在作用机制检验方面，国内学者大多借鉴温忠麟等（2004）中介效应的逐步检验方法。其基本逻辑是，解释变量借助中介变量的传导进而影响被解释变量。如果资产流动性（Current）是战略差异（DS）影响债务期限结构的中介变量，则战略差异（DS）通过影响资产流动性（Current），最终影响债务期限结构（Loanstr）。

表 5 - 15　　　　　　　　　　拓展性检验：影响机制检验

变量	(1) Loanstr1	(2) Current	(3) Loanstr1
DS	0.041 *** (2.81)	0.194 *** (4.22)	0.029 ** (2.03)
Current			0.063 *** (13.32)
STATE	0.012 (1.23)	− 0.058 ** (− 2.09)	0.016 * (1.67)
SIZE	0.067 *** (13.02)	0.031 * (1.84)	0.065 *** (13.22)

续表

变量	(1) Loanstr1	(2) Current	(3) Loanstr1
ROA	0.383 *** (4.20)	-0.377 (-1.02)	0.406 *** (4.57)
LEV	0.004 (0.13)	-3.274 *** (-24.51)	0.210 *** (6.86)
FIX	0.188 *** (6.10)	-1.254 *** (-13.72)	0.266 *** (8.98)
TobinQ	0.007 * (1.88)	0.045 ** (2.38)	0.004 (1.15)
CV	-0.182 (-1.40)	0.365 (0.68)	-0.205 (-1.58)
Liquid	-0.037 (-0.88)	2.496 *** (12.66)	-0.194 *** (-4.70)
ETR	-0.007 (-0.45)	0.025 (0.51)	-0.008 (-0.58)
TOP1	-0.030 (-1.00)	0.106 (1.03)	-0.037 (-1.29)
Market	-0.040 *** (-4.36)	-0.037 (-1.37)	-0.038 *** (-4.29)
Constant	-1.328 *** (-12.31)	1.961 *** (5.41)	-1.451 *** (-14.02)
Industry	控制	控制	控制
Year	控制	控制	控制
N	17 276	17 276	17 276
Adj_R^2	0.243	0.415	0.281

注：*、**、*** 分别表示显著性水平为10%、5%和1%，括号中的数字为双尾检验的 t 值，标准误经企业层面聚类（Cluster）调整。

按照上述思路，在前面研究的基础上，通过模型（5-2）的回归，观察 DS 是否会显著影响资产流动性（Current），如果显著，则进行下一步检验；如果不显著，则终止中介效应检验。由表5-15第（2）列可以看出，战略差异（DS）对资产流动性（Current）的回归系数 δ_1 为0.194，且在1%水平上显著为正，说明采取战略差异的公司面临流动性风险，从而提高了对资产流动性的需求动机。在模型（5-1）的基础上加入中介变量资产流动性（Current）构建模型（5-3）进行回归，结果如第（3）列所示，战略差异

（DS）的回归系数在加入资产流动性（Current）变量后，系数由 0.041 下降到 0.029，系数显著性 T 值从 2.81 下降到 2.03，且资产流动性（Current）的系数为正，在 1% 水平上显著。则说明资产流动性（Current）在战略差异（DS）对债务期限结构（Loanstr）的影响中发挥了部分中介作用，表明采取战略差异的企业面临流动性风险，即企业为了降低再融资风险，储备资产流动性，从而获得了较长的债务期限结构。

为进一步验证资产流动性所发挥的部分中介效应，借鉴温忠麟和叶宝娟（2014）的 Sobel 检验法对中介效应的存在性进行稳健性检验，如果 Sobel 检验的 Z 值显著，则表明中介效应存在。结果如表 5 - 16 所示，Sobel - Goodman 中介检验的 Sobel Z 值的绝对值为 5.605，检验 P 值小于 0.001，说明资产流动性的中介效应在 1% 水平上显著。从表 5 - 17 中可知，资产流动性的中介效应占总效应的比例约为 27.79%。

表 5 - 16　　　　　　　　　　Sobel - Goodman 中介检验

	Coef	Std Err	Z	P > |Z|
Sobel	0.011	0.002	5.605	2.078e - 08
Goodman - 1（Aroian）	0.011	0.002	5.603	2.109e - 08
Goodman - 2	0.011	0.002	5.608	2.047e - 08

表 5 - 17　　　　　　　　　　部分中介效应检验

	Coef	Std Err	Z	P > |Z|
a coefficient	0.160	0.028	5.69	1.3e - 08
b coefficient	0.071	0.002	32.30	0.000
Indirect effect	0.011	0.002	5.61	2.1e - 08
Direct effect	0.029	0.008	3.63	0.000
Total effect	0.041	0.008	4.89	1.0e - 06
Proportion of total effect that is mediated	0.277 9			
Ratio of indirect to direct effect	0.384 9			
Ratio of total to direct effect	1.384 9			

5.6.2　异质性检验

前面已证实战略差异影响公司债务期限结构。至于战略差异影响公司债务期限结构的作用条件，本部分将检验产权性质、审计质量对企业战略差异与债务期限结构两者关系的异质性影响。一方面辨析两者关系在异质企业环境下的截面差异，另一方面为企业战略差异对债务期限结构的影响提供佐证，有助于深化对两者关系的进一步认识。

（1）战略差异、产权性质与债务期限结构。相比国有企业，非国有企业缺少政府背景或具有较弱的政府背景。勃兰特和李（2003）、胡奕明和谢诗蕾（2005）等大量研究表明，由于政府行政干预银行的贷款决策，或者政府提供隐性担保，国有企业能从银行获取优惠贷款，而且其贷款申请也更容易获得银行的批准，因而国有企业的再融资风险较低。然而，对于非国有企业来说，普遍存在信贷配给，加上缺少政府的"庇护"，其面临的融资约束较重，再融资风险相对较高。因而，在非国有企业实施战略差异，流动性风险对债务期限结构的冲击将更大。为减少再融资风险，所以本书预计在非国有产权背景下，实施战略差异的公司将选择更长的债务期限。

产权性质分组样本 Chow 检验结果如表 5 - 18 所示，模型系数在 5% 的水平上具有显著差异，从而推断，基于不同的产权性质，战略差异对债务期限结构的影响具有显著差异。从回归系数来看，在产权性质为非国有企业的第（3）列样本企业中，战略差异对于企业债务期限结构的影响在 1% 的水平上显著为正，且回归系数大于第（2）列国有企业样本公司。这说明，相比国有企业，非国有企业战略差异的流动性风险影响较大，为了减少短期还债压力，降低企业流动性风险，企业倾向于选择长期债务。

表 5 - 18　　　　　　　　　拓展性检验：产权性质的影响

变量	（1） Loanstr1 全样本	（2） Loanstr1 国有企业	（3） Loanstr1 非国有企业
DS	0.041 *** (2.81)	0.017 (0.81)	0.060 *** (2.94)
STATE	0.012 (1.23)		
SIZE	0.067 *** (13.02)	0.066 *** (9.81)	0.056 *** (6.98)
ROA	0.383 *** (4.20)	0.632 *** (4.95)	0.199 (1.56)
LEV	0.004 (0.13)	0.000 (0.01)	0.013 (0.30)

续表

变量	(1) Loanstr1 全样本	(2) Loanstr1 国有企业	(3) Loanstr1 非国有企业
FIX	0.188 *** (6.10)	0.262 *** (6.63)	0.052 (1.12)
TobinQ	0.007 * (1.88)	−0.005 (−0.90)	0.008 * (1.65)
CV	−0.182 (−1.40)	−0.228 (−1.24)	−0.140 (−0.78)
Liquid	−0.037 (−0.88)	0.003 (0.05)	−0.053 (−0.98)
ETR	−0.007 (−0.45)	−0.025 (−1.33)	0.010 (0.43)
TOP11	−0.030 (−1.00)	−0.085 ** (−2.08)	0.028 (0.66)
Market	−0.040 *** (−4.36)	−0.020 (−1.60)	−0.056 *** (−4.25)
Constant	−1.328 *** (−12.31)	−1.190 *** (−7.85)	−1.058 *** (−6.18)
Industry	控制	控制	控制
Year	控制	控制	控制
N	17 276	9 437	7 839
Adj_R^2	0.243	0.274	0.199
Chow Test		6.03 **	

注：*、**、*** 分别表示显著性水平为10%、5%和1%，括号中的数字为双尾检验的 t 值，标准误经企业层面聚类（Cluster）调整。

（2）战略差异、审计质量与债务期限结构。罗斯敏（2010）的研究认为，"四大"会计师事务所拥有的丰富经验、人力资源、技术和资本，使他们能够提供更高质量的审计。此外，它们通常拥有更大的客户群和全球知名的品牌，因此，它们更有动力保持更高的审计质量。为了维护自己的声誉以及避免法律责任，借助于独特的专业知识和资源，"四大"会计师事务所更倾向于识别客户的错报或舞弊，来揭示客户的盈余管理行为。林和黄（2010）报告了"四大"会计师事务所的聘用与盈余管理之间的显著负相关。

由于受到更高水平会计师事务所的有效监控，客户具有更少的盈余管理行为，因而财务报告具有较高的透明度和可信性，能够在资本市场上有较强的融资能力，具有较低的流动性风险。因此战略差异对债务期限结构的正向影响在非"四大"审计的公司将更为显著。迪安哥罗（DeAngelo，1981）论证了事务所规模可以作为审计质量的替代变量的可行性。本书也以事务所规模大小作为审计质量的代理变量，当事务所为国际"四大"时，审计质量（Aq）为1，否则取0。

产权性质分组样本 Chow 检验结果如表 5 – 19 所示，模型系数在 1% 的水平上具有显著差异。从而可以推断，基于不同的审计质量，战略差异对债务期限结构的影响具有显著差异。从回归系数来看，在聘请非"四大"审计的第（3）列样本中，战略差异对于企业债务期限结构的影响在 1% 的水平上显著为正，且回归系数大于第（2）列经"四大"审计的公司。这说明，相较"四大"审计的公司，非"四大"审计的公司战略差异的流动性风险影响较大，为了减轻短期还债压力、降低企业流动性风险，企业倾向于选择长期债务。

表 5 – 19　　　　　　　　　拓展性检验：审计质量的影响

变量	（1） Loanstr 全样本	（2） Loanstr "四大"审计	（3） Loanstr 非"四大"审计
DS	0.041*** (2.81)	−0.040 (−0.80)	0.049*** (3.20)
STATE	0.012 (1.23)	−0.051 (−1.40)	0.016 (1.55)
SIZE	0.067*** (13.02)	0.047*** (2.85)	0.068*** (11.68)
ROA	0.383*** (4.20)	1.142*** (3.42)	0.345*** (3.68)
LEV	0.004 (0.13)	0.191* (1.72)	−0.010 (−0.31)
FIX	0.188*** (6.10)	0.260*** (2.66)	0.182*** (5.70)
TobinQ	0.007* (1.88)	−0.044** (−2.52)	0.008** (2.18)

续表

变量	（1） Loanstr 全样本	（2） Loanstr "四大"审计	（3） Loanstr 非"四大"审计
CV	-0.182 (-1.40)	-0.049 (-0.08)	-0.192 (-1.47)
Liquid	-0.037 (-0.88)	0.205 (1.26)	-0.047 (-1.08)
ETR	-0.007 (-0.45)	0.013 (0.17)	-0.004 (-0.26)
TOP11	-0.030 (-1.00)	-0.056 (-0.55)	-0.020 (-0.64)
Market	-0.040*** (-4.36)	-0.019 (-0.61)	-0.040*** (-4.21)
Constant	-1.328*** (-12.31)	-0.990*** (-2.87)	-1.188*** (-9.06)
Industry	控制	控制	控制
Year	控制	控制	控制
N	17 276	1 150	16 126
Adj_R^2	0.243	0.288	0.232
Chow Test		7.00***	

注：*、**、***分别表示显著性水平为10%、5%和1%，括号中的数字为双尾检验的 t 值，标准误经企业层面聚类（Cluster）调整。

5.7　小结与讨论

以往关于企业债务期限结构影响因素的研究虽然成果丰富，但作为企业财务决策的重要组成部分，债务期限结构如何契合企业战略的实施，换句话说，企业战略是否对债务期限结构产生影响，此类文献较少。已有研究仅涉及多元化和战略激进两个维度，还鲜有从战略差异视角进行的研究。基于此，本书以2000~2017年中国 A 股非金融业上市公司为样本，采用标准的 Sobel 中介效应检验方法，实证检验了战略差异对债务期限结构的影响以及作用条件和影响机制。

本书主要研究结论为：首先，战略差异能够显著影响公司债务期限结构，战略差异程度越高，公司债务期限结构越长。这意味着，为了应对战略差异引起的流动性风险，企业倾向于举借长期债务，采用较长的债务期限结构，验证了流动性风险理论。其次，采取战略差异的企业更倾向于增强资产流动性，以应对战略差异带来的流动性风险。流动性提升可以向银行等金融机构传递良好信号，为企业赢得了较长期限的债务期限结构。因此，资产流动性是战略差异影响债务期限结构的作用路径。最后，进一步检验发现，战略差异对公司债务期限结构的影响受产权性质和审计质量的影响。战略差异对债务期限结构的正向影响以非国有企业、非"四大"审计的企业更加显著，这是因为非国有企业或非"四大"审计的企业本身面临较高流动性风险，这更加剧了战略差异对债务期限的正向影响。本书研究为流动性风险理论研究增添了新证据，拓展了公司战略差异经济后果研究应用领域，丰富了债务期限结构影响因素的文献成果，同时为战略与融资决策研究提供了基本的研究思路。

第6章 企业战略差异对融资成本的影响研究

第3章理论框架分析表明，企业战略差异影响融资成本（总资本成本），那么企业战略差异如何影响融资成本（总资本成本）？其中的影响渠道怎样？在特定条件下，这种影响是否存在异质性？本书在进一步理论分析的基础上提出研究假说，并以2000～2017年我国A股非金融行业上市公司为研究样本进行验证，最后着重分析了企业战略差异对融资成本（总资本成本）影响的路径：现金流波动和融资约束，以及两者关系在不同产品市场竞争地位和财务困境下的差异。

6.1 引言

长期以来，我国企业所面临的融资难、融资成本高问题一直困扰着实体经济的高质量发展。为支持实体经济发展，政府出台一系列措施试图缓解企业所面临的融资成本高的问题，如国家适时提出"去产能、去库存、去杠杆、降成本、补短板"（以下简称"三去一降一补"）的经济工作部署。2016年8月8日国务院发布《降低实体经济企业成本工作方案》，然而，企业的融资成本不可避免受到资金提供方的影响，企业财务信息或非财务信息成为投资者或债权人定价的基础。

《深圳证券交易所上市公司投资者关系管理指引》指出并引导投资者关系管理负责人应当自愿性持续披露战略规划及发展前景等信息，帮助投资者作出理性的投资判断和决策。为规范商业银行授信工作和防范化解信用风险，中国银行业监督管理委员会于2004年7月25日发布《商业银行授信工作尽职指引》。该指引提醒商业银行在授信决策中，应重点关注业务战略中频繁的预警信号风险和客户战略、业务或环境的重大变动引起的履约能力风险。由此可见，企业战略等非财务信息应受到投资者和债权人的关注。

随着战略与财务交叉研究的兴起，学者们开始从多元化、国际化、竞争战略、战略激进和战略差异多个维度考察战略对融资成本的影响。就战略差异经济后果研究而言，采用战略差异的公司因业绩波动性高，通常面临较大的经营风险，并且还会加剧企业内外的信息不对称程度，这些因素一方面导致利益相关者估计不确定性的增加以及交易成本的上升，这些因素都使投资者要求更高的风险补偿，从而提高了权益资本成本（王化成等，2017）；另一方面，债权人因此要求更高的必要报酬率或风险补偿，从而提高了债务融资成本（杨兴全等，2018；Liu et al.，2019）。已有研究发现，经营风险和信息不对称是战略差异影响融资成本的影响机制（王化成等，2017；杨兴全等，2018）。与已有研究不同，本书关注的核心问题是战略差异是否以及如何影响融资成本（总资本成本），战略差异对融资成本（总资本成本）的影响在不同的条件下是否存在异质性差异。

鉴于此，本书以 2000~2017 年中国 A 股非金融业上市公司为样本，采用标准的 Sobel 中介效应检验方法，实证检验了战略差异对融资成本（总资本成本）的影响以及具体实现路径。研究发现，战略差异能够显著影响公司的总资本成本，企业战略差异程度越高，总资本成本越高。机制检验发现，战略差异程度高的企业引起现金流波动和融资约束程度增加，进一步提升了资本成本，这表明现金流波动和融资约束，在其中发挥了重要中介作用。此外，本书还考察了在不同竞争地位和企业财务困境下，战略差异对资本成本影响的异质性。研究发现，两者的关系在低产品市场竞争地位和高财务困境的公司更加显著。本书的研究结论表明，战略差异是影响融资成本（总资本成本）的重要因素之一，投资者和债权人能够识别战略差异引致的现金流波动风险和融资约束，对此收取了更多的风险补偿，进而增加了公司的融资成本。本书的研究对于理解战略差异的融资后果、战略差异风险的溢出效应和改善债务融资策略具有一定参考价值。

本书主要创新和学术贡献体现为：第一，尝试从战略差异视角研究战略对融资成本的影响，并关注到不同竞争地位及财务困境的异质性影响，为战略差异经济后果的研究提供了新视角。第二，已有研究关注了战略差异对债务融资成本、权益融资成本的影响，但这些研究忽略了公司战略差异对总资本成本的影响。本书从战略差异视角拓展了资本成本影响因素的研究。第三，突破已有从经营风险、信息不对称和代理成本角度对债务或权益融资成本影响机制的研究，本书通过检验现金流波动和融资约束两条路径，揭示出战略差异影响融资成本的内在机制，这有助于加深对战略定位与公司融资行为关系的认识。第四，由于战略差异通过影响现金流波动和融资约束增加了资本成本，同时战略差异对资本成本的影响在低产品市场竞争地位和高财务困境的公司更为明显，因此本书结论可以为客户如何在实施战略差异的情况下降低资本成本指明实践路径。

6.2　理论分析与研究假设

已有研究发现，按照行业常规进行竞争为利益相关者提供了绩效和声誉基准（Carpenter，2000；Zwiebel，1995）。因为，遵守行业常规战略，意味着可以被社会普遍认可，增强组织的合法性（DiMaggio and Powell，1983；Scott，1995；Suchman，1995），使一个组织能够获得生存和增长所必需的资源，增加了组织生存的能力（Zimmerman and Zeitz，2002）。反之，如果企业选择超出行业可接受范围的战略，合法性受到挑战，阻碍了企业获取外部资源（Deephouse，1999），使企业面临经营风险与不确定性，导致战略偏离的公司的外部融资成本高昂，使企业面临融资约束，而且战略差异往往是复杂的和有风险的（Carpenter，2000），导致极端业绩（Tang et al.，2011）和现金流波动（Dong et al.，2020）。本书认为，战略差异正是通过加剧企业现金流波动和融资约束两条路径增加了企业融资成本（总资本成本）。图 6-1 为战略差异影响融资成本的理论分析框架。

（1）战略差异、现金流波动与融资成本。一般而言，采用行业常规战略的企业更容易获得利益相关者的认可，进而容易获得发展所需的社会资源；而偏离行业常规的战略，因不容易被利益相关者认可，阻碍了企业与其外部环境的资源交换，降低了企业经营效率，可能导致更高的经营风险和现金流波动（Dong et al.，2020），然而不利的现金流冲击更有可能影响战略偏离的企业的资本成本。根据感知风险理论，当现金流波动增大时，债权人感知公司未来经营风险增大，从而要求给予更高的资本回报，因此将提高债务融资成本。而且，从传统的公司估值模型来说，预期未来现金流与折现率是两个最主要估值参数，折现率其实反映的就是公司的权益资本成本。现金流波动率作为投资者对公司未来经营活动风险的估计指标，能够同时反映出未来现金流以及权益资本成本的变化情况。就权益资本成本而言，当上市公司的现

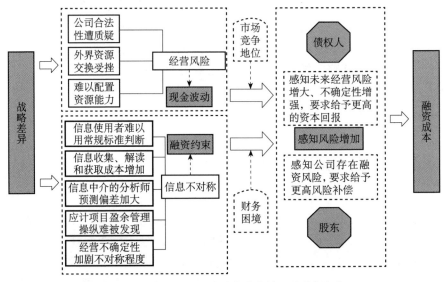

图 6 - 1 战略差异影响融资成本的理论分析框架

金流波动较高时，持有该公司股票的投资者将感知到公司更大的经营风险和不确定性，因而要求更高的补偿，由此增加了公司的权益融资成本（陈海强等，2012）。

（2）战略差异、融资约束与融资成本。由于公司战略偏离行业常规，利益相关者难以根据行业常规评价企业战略以及资源配置情况，信息收集、解读和获取成本增加，分析师预测偏差加大，加上应计项目盈余管理操纵难被发现，经营不确定性加剧信息不对称程度（王化成等，2017），因此，战略差异会加剧信息不对称程度（Carpenter，2000）。因此，如果公司采取了偏离行业常规的战略，那么它从这种外部性中获得的收益将会减少（Geletkanycz and Hambrick，1997），这是因为利益相关者在评估特定偏离战略时面临着增加的信息处理成本，这个信息问题产生了一个不透明的信息环境。管理者可以利用这种不透明性来掩饰其不当行为，因而代理问题突出（Dong et al.，2020）。由于战略差异所造成的信息不对称和代理问题，使得企业面临融资约束（John et al.，2012；张静和张焰朝，2021）。投资者或债权人感知出现融资约束的公司存在再融资风险，要求给予更高的资本回报，从而提高了公司的融资成本。

基于以上分析，提出本章的研究假设：

H1：其他条件相同的情况下，战略差异程度越高，企业融资成本越高。

6.3　模型设计与变量选取

6.3.1　模型设计

为检验本章的基本假设，借鉴林钟高等（2015）的研究构建如下模型：

$$
\begin{aligned}
\text{Wacc}_{i,t} = {} & \alpha_0 + \alpha_1 \times \text{DS}_{i,t-1} + \alpha_2 \times \text{Shr1}_{i,t} + \alpha_3 \times \text{Shr2\_10}_{i,t} + \\
& \alpha_4 \times \text{Salary}_{i,t} + \alpha_5 \times \text{Board}_{i,t} + \alpha_6 \times \text{Mshare}_{i,t} + \alpha_7 \times \\
& \text{State}_{i,t} + \alpha_8 \times \text{Tobinq}_{i,t} + \alpha_9 \times \text{Size}_{i,t} + \alpha_{10} \times \\
& \text{Profit}_{i,t} + \alpha_{11} \times \text{Liquild}_{i,t} + \alpha_{12} \times \text{Lev}_{i,t} + \alpha_{13} \times \\
& \text{Oprisk}_{i,t} + \alpha_{14} \times \text{Turnover}_{i,t} + \alpha_{15} \times \text{BM}_{i,t} + \\
& \alpha_{16} \times \text{Beta}_{i,t} + \alpha_{17} \times \text{Market}_{i,t} + \alpha_{18} \times \text{LnAge}_{i,t} + \\
& \sum \text{Industry}_{i,t} + \sum \text{year}_{i,t} + \varepsilon_{i,t} \qquad\qquad (6-1)
\end{aligned}
$$

其中，$\text{Wacc}_{i,t}$ 表示企业总资本成本，DS 表示战略差异。如果假设 H1 成立，DS 的系数 α_1 应显著为正，即战略差异与资本成本显著正相关。

为了检验战略差异对资本成本影响的传导路径，本书借鉴温忠麟等（2004）提出的中介效应检验方法，构建如下模型。

①检验现金流波动的中介效应。

$$
\begin{aligned}
\text{Cfo\_RD}_{i,t} = {} & \delta_0 + \delta_1 \times \text{DS}_{i,t-1} + \delta_2 \times \text{Shr1}_{i,t} + \delta_3 \times \text{Shr2\_10}_{i,t} + \\
& \delta_4 \times \text{Salary}_{i,t} + \delta_5 \times \text{Board}_{i,t} + \delta_6 \times \text{Mshare}_{i,t} + \delta_7 \times \\
& \text{State}_{i,t} + \delta_8 \times \text{Tobinq}_{i,t} + \delta_9 \times \text{Size}_{i,t} + \delta_{10} \times \text{Profit}_{i,t} + \\
& \delta_{11} \times \text{Liquild}_{i,t} + \delta_{12} \times \text{Lev}_{i,t} + \delta_{13} \times \text{Oprisk}_{i,t} + \delta_{14} \times \\
& \text{Turnover}_{i,t} + \delta_{15} \times \text{BM}_{i,t} + \delta_{16} \times \text{Beta}_{i,t} + \delta_{17} \times \text{Market}_{i,t} + \\
& \delta_{18} \times \text{LnAge}_{i,t} + \sum \text{Industry}_{i,t} + \sum \text{year}_{i,t} + \varepsilon_{i,t} \quad (6-2)
\end{aligned}
$$

$$
\begin{aligned}
\text{Wacc}_{i,t} = {} & \gamma_0 + \gamma_1 \times \text{DS}_{i,t-1} + \gamma_2 \times \text{Cfo\_RD}_{i,t} + \gamma_3 \times \text{Shr1}_{i,t} + \gamma_4 \times \\
& \text{Shr2\_10}_{i,t} + \gamma_5 \times \text{Salary}_{i,t} + \gamma_6 \times \text{Board}_{i,t} + \gamma_7 \times \text{Mshare}_{i,t} + \\
& \gamma_8 \times \text{State}_{i,t} + \gamma_9 \times \text{Tobinq}_{i,t} + \gamma_{10} \times \text{Size}_{i,t} + \gamma_{11} \times \text{Profit}_{i,t} + \\
& \gamma_{12} \times \text{Liquild}_{i,t} + \gamma_{13} \times \text{Lev}_{i,t} + \gamma_{14} \times \text{Oprisk}_{i,t} + \\
& \gamma_{15} \times \text{Turnover}_{i,t} + \gamma_{16} \times \text{BM}_{i,t} + \gamma_{17} \times \text{Beta}_{i,t} + \\
& \gamma_{18} \times \text{Market}_{i,t} + \gamma_{19} \times \text{LnAge}_{i,t} + \\
& \sum \text{Industry}_{i,t} + \sum \text{year}_{i,t} + \varepsilon_{i,t} \qquad\qquad (6-3)
\end{aligned}
$$

②检验融资约束的中介效应。

$$
\begin{aligned}
KZ_{i,t} =\ & \delta_0 + \delta_1 \times DS_{i,t-1} + \delta_2 \times Shr1_{i,t} + \delta_3 \times Shr2\_10_{i,t} + \delta_4 \times \\
& Salary_{i,t} + \delta_5 \times Board_{i,t} + \delta_6 \times Mshare_{i,t} + \delta_7 \times State_{i,t} + \\
& \delta_8 \times Tobinq_{i,t} + \delta_9 \times Size_{i,t} + \delta_{10} \times Profit_{i,t} + \delta_{11} \times \\
& Liquild_{i,t} + \delta_{12} \times Lev_{i,t} + \delta_{13} \times Oprisk_{i,t} + \delta_{14} \times \\
& Turnover_{i,t} + \delta_{15} \times BM_{i,t} + \delta_{16} \times Beta_{i,t} + \delta_{17} \times \\
& Market_{i,t} + \delta_{18} \times LnAge_{i,t} + \sum Industry_{i,t} + \\
& \sum year_{i,t} + \varepsilon_{i,t}
\end{aligned} \tag{6-4}
$$

$$
\begin{aligned}
Wacc_{i,t} =\ & \gamma_0 + \gamma_1 \times DS_{i,t-1} + \gamma_2 \times KZ_{i,t} + \gamma_3 \times Shr1_{i,t} + \gamma_4 \times Shr2\_10_{i,t} + \\
& \gamma_5 \times Salary_{i,t} + \gamma_6 \times Board_{i,t} + \gamma_7 \times Mshare_{i,t} + \gamma_8 \times State_{i,t} + \\
& \gamma_9 \times Tobinq_{i,t} + \gamma_{10} \times Size_{i,t} + \gamma_{11} \times Profit_{i,t} + \gamma_{12} \times Liquild_{i,t} + \\
& \gamma_{13} \times Lev_{i,t} + \gamma_{14} \times Oprisk_{i,t} + \gamma_{15} \times Turnover_{i,t} + \gamma_{16} \times \\
& BM_{i,t} + \gamma_{17} \times Beta_{i,t} + \gamma_{18} \times Market_{i,t} + \gamma_{19} \times LnAge_{i,t} + \\
& \sum Industry_{i,t} + \sum year_{i,t} + \varepsilon_{i,t}
\end{aligned} \tag{6-5}
$$

6.3.2 变量选取

（1）被解释变量。对融资成本（Wacc）来说，参考姜付秀和陆正飞（2006）和林钟高等（2015）采用的方法，采用债务资本成本与权益资本成本加权计算的平均资本成本来衡量总资本成本。计算公式为：

$$
Wacc = K_{dL}(1-t)\frac{B_L}{B_L+B_S+E} + K_{dS}(1-t)\frac{B_L}{B_L+B_S+E} + K_e\frac{E}{B_L+B_S+E} \tag{6-6}
$$

其中，B_L 为长期负债，B_S 为短期负债，E 为权益资本，K_{dL} 为长期债务成本，K_{dS} 为短期债务成本，K_e 为股权成本，t 为公司所得税率。

在计算债务资本成本时，用公司总负债额剔除不需要支付利息的负债（如应付款项等），并将总负债划分为长期负债和短期负债，其中短期债务成本按照当年银行一年期贷款利率计算，长期债务成本按照当年的三至五年中长期贷款利率计算，如果遇贷款利率调整，则以天数为权重，加权计算当年的短期和中长期贷款利率。

在计算权益资本成本（COC）时，毛新述等（2012）的研究发现，PEG模型和修正 PEG 模型更符合我国实践，能恰当地反映出各项风险因素的影

响。鉴于此，本书采用 PEG 模型计算权益资本成本，并且使用修正的 PEG
模型对权益资本成本（R_{MPEG}）进行稳健性检验。

$$COC = \sqrt{(EPS_{t+2} - EPS_{t+1})/P_t} \qquad (6-7)$$

$$R_{MPEG} = \frac{d_{t+2} + \sqrt{d_{t+2}^2 - 4 \times P_t \times (EPS_{t+1} - EPS_{t+2})}}{2 \times P_t} \qquad (6-8)$$

其中，R_{MPEG} 为公司在第 t 期的权益资本成本，EPS_{t+2} 为 t + 2 期末每股盈余的
预测值，EPS_{t+1} 为 t + 1 期末每股盈余的预测值，d_{t+2} 为 t + 1 期末的预测股利
支付率，P_t 为 t 期末的股票价格。

（2）解释变量。公司战略差异（DS），是反映企业战略偏离行业常规的
程度的指标。借鉴格莱曼尼茨和汉布里克（1997）、唐等（2011）的研究，
用如下方法构建，首先对能刻画资源分配模式的公司战略的六个战略维度
（Mintzberg，1978；Mintzberg et al.，1998）进行标准化处理，其次对每个公
司标准化后的六个战略指标求算术平均值，得到公司战略差异度指标（详细
构建过程见第 3 章，本部分不再赘述）。在稳健性测试中，本书通过采用主
成分分析的方法，对经过标准化后的六个指标通过主成分分析，构建企业的
战略差异指标 DS1。

（3）中介变量。

①现金流波动。本书借鉴张传奇等（2019）的方法，用过去三年经营活
动净现金流的标准差来衡量现金流波动，记为 Cfo_RD，指标越大，说明现
金流波动性越大。

$$Cfo\_RD = \sqrt{\frac{1}{N-1} \sum_{n=1}^{N} \left(Cfo - \frac{1}{N} \sum_{n=1}^{N} Cfo \right)^2} \mid N = 3 \qquad (6-9)$$

②融资约束。卡普兰和津加莱斯（1997）曾构建了一个综合指数（KZ
指数）来衡量企业的融资约束程度，该指标广泛应用于国内外的财务与会计
研究（Almeida et al.，2004；魏志华等，2014）。本书借鉴其公式，直接构
建融资约束指数，并将大于中位数的取值为 1，否则为 0。

$$KZ_{it} = -1.002CF_{i,t}/A_{i,t-1} - 39.368DIV_{i,t}/A_{i,t-1} - 1.315C_{i,t}/A_{i,t-1} +$$
$$3.139LEV_{i,t} + 0.283Q_{i,t} \qquad (6-10)$$

其中，CF 表示经营活动净现金流，$A_{i,t-1}$ 表示上期总资产，DIV 表示现金股
利，$C_{i,t}$ 表示现金持有，$LEV_{i,t}$ 表示财务杠杆，$Q_{i,t}$ 表示企业成长性。

（4）控制变量。借鉴姜付秀和陆正飞（2006）、林钟高等（2015）的已
有文献研究，本书对如下变量进行控制（变量定义详见表 6 - 1）：第一大股

东持股（Shr1）、股权制衡（Shr2_10）、前三位高管薪酬（Salary）、董事会规模（Board）、高管持股比例（Mshare）、产权性质（State）、成长性（Tobingq）、公司规模（Size）、盈利能力（Profit）、资产流动性（Liquild）、财务杠杆（Lev）、经营风险（Oprisk）、经营效率（Turnover）、市净率（BM）、系统风险（Beta）、市场化进程（Market）、上市年限（lnAge）、行业虚拟变量（Industry）、年份虚拟变量（Year）。

表 6-1 变量定义

变量	变量名称	变量代码	变量定义
被解释变量	融资成本（总资本成本）	Wacc	具体见书中计算公式
解释变量	战略差异	DS	具体构建过程详见前述
控制变量	第一大股东持股	Shr1	第一大股东持股数量与总股数的比值
	股权制衡	Shr2_10	第二到第十大股东持股数量之和与总股数的比值
	前三位高管薪酬	Salary	前三位高管薪酬取自然对数
	董事会规模	Board	董事会规模取自然对数
	高管持股比例	Mshare	高管持股数量与总股数的比值
	产权性质	State	哑变量，国有企业取 1，否则取 0
	成长性	Tobingq	托宾 Q 值
	公司规模	Size	期末总资产的自然对数
	盈利能力	Profit	期末销售毛利率
	资产流动性	Liquild	期末流动资产与流动负债的比值
	财务杠杆	Lev	期末负债总额与资产总额的比值
	经营风险	Oprisk	三年总资产收益率的标准差
	经营效率	Turnover	当年总资产周转率
	市净率	BM	市净率
	系统风险	Beta	Beta 系数
	市场化进程	Market	参考樊纲和王小鲁编制的中国市场化总指数来衡量
	上市年限	lnAge	公司上市时间取自然对数
	行业虚拟变量	Industry	行业哑变量，用来控制行业因素的影响。按证监会的分类标准（除制造业继续划分为小类外，其他行业以大类为准），共有 22 个行业，剔除金融业后，模型中共 21 个行业虚拟变量
	年份虚拟变量	Year	年度哑变量，本书选取的样本时间是 2000~2017 年，共 18 个年度，以 2000 年为基准，共采用 17 个哑变量

第一大股东持股：股权过度集中，会产生对中小股东或债权人的"掏空"行为，加大债权人的投资或借贷风险，从而增大公司的融资成本（刘冰和方政，2011）。

股权制衡：当其他股东对大股东的制衡作用越强时，公司治理结构相对较完善，越不容易发生侵害中小股东或债权人利益的问题，公司面临较少的融资约束，有着较低的融资成本（姜付秀和陆正飞，2006）。

前三位高管薪酬：从公司治理激励的角度来说，对高管薪酬激励越高，越有动机减少代理问题，减少代理风险，股东或债权人收取较少的风险溢价，因而有较低的融资成本（姜付秀和陆正飞，2006）。

董事会规模：董事会作为公司治理机制的核心，有效的董事会能够合理地解决股东与经理层之间的代理问题。董事会规模与股权融资成本显著负相关（刘冰和方政，2011）。

高管持股比例：高管持股是对高管进行激励的一种公司治理机制，有效的高管持股比例，使其与股东利益相一致，能够降低股权融资成本（刘冰和方政，2011）。

产权性质：由于国有企业与政府有天然联系，政府对于企业某种程度上来说具有担保效应，使企业具有较低的偿债风险，因此国有企业面临较低的资本成本（魏志华等，2012）。

成长性：对股东而言，投资成长性高的公司，未来能获得更高的回报，在市场越受投资者追捧，权益融资成本越低。但对债权人而言，更关注高成长性公司未来发展的不确定性，要求提供的风险补偿越多，从而导致债权融资成本提高。已有研究发现，高成长性公司更愿意进行股权融资，但股权融资的成本通常高于债务融资，这促使企业总资本成本提高（姜付秀和陆正飞，2006）。

公司规模：一般而言，规模较大的公司预计会有更好的信息披露、更为多元化的经营和更具流动性的交易，因而财务困境风险较低。反之，规模小的公司有较高的财务困境风险，可能会被收取更高的风险溢价，付出更高的资本成本（姜付秀和陆正飞，2006）。

盈利能力：企业盈利能力越强，经营风险和违约风险就越低，那么相应的资本成本就越低（曾颖和陆正飞，2006）。

资产流动性：资产流动性反映一个公司的偿债能力，所以资产流动性越强的公司，有较低的资金总成本（林钟高等，2015）。

财务杠杆：财务杠杆反映企业的破产风险，无论是股东，还是债权人都要求较高的回报以弥补所承担的破产风险。所以，财务杠杆越高，企业资金成本将越高（姜付秀和陆正飞，2006）。

经营风险：企业经营风险越大，股东和债权人要求相应的回报就越多，资本成长将上升（姜付秀和陆正飞，2006）。

资产周转率：资产周转率反映管理层对企业资产的使用或经营效率，该指标越高，说明投资的风险越小，因而要求的投资回报率越小，企业资金成本越低（曾颖和陆正飞，2006）。

市净率：市净率较高的公司，由于股价很容易被低估，投资者期望未来可以赚取更多的收益，投资于这类股票时，要求的投资回报率较低；同时，此类公司还面临较高的系统风险，因此被要求较高的投资回报率。因此，市净率与股权融资成本之间的关系不确定（曾颖和陆正飞，2006）。

系统风险：资本资产定价模型（CAPM）认为市场风险（Beta 系数）反映了股票的系统性风险，权益资本成本与之呈正相关关系。

市场化进程：考虑到多层次市场化进程对企业外部融资成本的共同作用，整体市场化进程有利于降低企业外部融资成本（张良贵，2013）。

上市年限：黛蒙德（1989）指出，随着时间的推移，企业的业绩和信誉都在提高，这降低了债权人和投资者的风险感知，因此我们预计 AGE 的系数会出现负值。

6.3.3　样本选择与数据来源

本书以 2000～2017 年中国 A 股非金融上市公司作为初始样本，并按照如下原则对原始样本进行筛选：首先，剔除资产和所有者权益为负值或 0 值的样本；其次，剔除 ST、SST、＊ST、S＊ST 公司；最后，剔除主要研究变量缺失的样本。总共得到 9 190 个公司—年度的观测值，除固定资产原值数据来自 CCER 数据库外，本书涉及的数据主要来自 CSMAR 数据库。为了减轻异常值对研究结论的影响，本书对所有连续变量在前 1% 和后 1% 处进行了 Winsorize 缩尾处理，本书的描述性统计及回归检验均使用 STATA15.1。

6.3.4　研究模型的效度处理

为提高研究模型效度及研究结论稳健性，在对相关数据进行实证检验前，本书对数据样本进行如下处理：

第一，异常值处理。首先对数据缺失严重的样本进行删除处理；其次，考虑到行业龙头及新进入企业可能会存在较大的战略差异，本部分对所有研究样本中战略差异变量和其他的连续变量进行前后 1% 的 Winsorize 缩尾处理，其中对于过于明显的异常变量，本书进行了异常变量的截断处理。

第二，共线性检验。为避免实证模型中因共线性导致的研究结论偏差，本部分对解释变量与控制变量进行共线性容忍度 VIF 检验。一般经验判表明 VIF 小于 10，不存在多重共线性，说明相关变量多重共线性对研究结论的干扰效应较小。

第三，异方差处理。本书考虑融资成本及采用脱离行业常规的战略差异行为可能随着公司特征及行业特征的变化而存在差异，即模型中可能存在异方差问题，因此本章在后续实证检验中采用 Robust 调整，得到对异方差进行处理后的稳健估计量。

第四，组内相关性问题。本书认为融资成本及采用脱离行业常规的战略差异行为可能在相同公司样本及行业样本中存在组内相关性问题，即往年经济行为会对下一年经济行为决策产生影响，引起自相关问题。针对此问题，本部分在后续的检验中，借鉴彼得森（2009）的做法，对样本分别按公司、行业及年份进行了 Cluster 聚类调整。

第五，内生性问题。本书认为涉及公司内部决策的相关性研究可能存在不同程度的内生性问题。本书还借鉴工具变量进行两阶段回归（IV – 2SLS）、处理效应模型检验（Heckman 两阶段回归方法）、战略差异（DS）滞后两期进行处理，以缓解反向因果等内生性问题对研究结论的干扰。

6.4　实证过程及结果分析

6.4.1　描述性统计分析

表 6 – 2 报告了描述性统计的结果，由于所有连续变量均在 1% 和 99% 水平上进行了 Winsorize 处理，因此变量在最大值和最小值上均未有极端值的出现，保证了数据的可靠性。统计结果显示，资本成本（Wacc）均值为 8.9%，最小值为 2.0%，最大值为 25.7%，标准差为 0.047，说明上市公司的资本成本存在较大差异。另外，战略差异（DS）的均值为 0.608，最大值为 1.846，最小值为 0.193，最大值与最小值差距较大，标准差为 0.296，反映出我们上市公司在资源配置的战略方面存在较大差异。从控制变量的最大值、最小值、标准差来看，上市公司之间的差异较大。

表 6 - 2 描述性统计

变量	样本量	均值	标准差	最小值	中位数	最大值
Wacc	9 190	0.089	0.047	0.020	0.078	0.257
DS	9 190	0.608	0.296	0.193	0.541	1.846
Shr1	9 190	0.364	0.153	0.088	0.343	0.750
Shr2 10	9 190	0.198	0.128	0.014	0.180	0.556
Salary	9 190	13.88	0.852	11.00	13.94	15.93
Board	9 190	2.184	0.201	1.609	2.197	2.708
Mshare	9 190	0.034	0.098	0	0	0.585
State	9 190	0.532	0.499	0	1	1
Tobingq	9 190	1.739	1.571	0.227	1.276	10.478
Size	9 190	22.024	1.226	19.464	21.861	25.648
Profit	9 190	0.242	0.154	−0.006	0.209	0.801
Liquild	9 190	1.894	1.915	0.298	1.362	16.72
Lev	9 190	0.477	0.196	0.051	0.490	0.873
Oprisk	9 190	0.191	0.209	0.004	0.121	1.162
Turnover	9 190	0.669	0.476	0.068	0.553	2.731
BM	9 190	1.070	0.893	0.095	0.784	4.407
Beta	9 190	1.142	0.244	0.379	1.149	2.018
Market	9 190	8.898	2.106	3.100	9.020	11.80
LnAge	9 190	2.210	0.615	0.693	2.303	3.178

6.4.2 相关性结果分析

表 6 - 3 是战略差异及其控制变量与资本成本变量的相关系数表（Pearson / Spearman），首先由 Pearson 相关系数可知，战略差异的替代变量（DS）与资本成本（Wacc）在 1% 水平上显著负相关，无论是 Pearson 相关系数，还是 Spearman 相关系数，战略差异的替代变量（DS）与资本成本（Wacc）都在 1% 水平上显著正相关。此外，各变量的方差膨胀因子 VIF 均值小于 3，说明变量间的多重共线性问题可能并不突出。

表 6 – 3　相关系数表（Pearson/Spearman）

	Wacc	DS	Shr1	Shr2_10	Salary	Board	Mshare	State	Tobinq	Size	Profit	Liquild	Lev	Oprisk	Turnover	BM	Beta	Market	LnAge
Wacc	1	0.031***	0.001	-0.002	-0.024**	-0.001	0.023**	-0.046***	-0.134***	-0.003	-0.039***	0.075***	-0.171***	0.488***	-0.043***	0.063***	0.028***	-0.09	-0.081***
DS	0.031***	1	0.012	0.008	-0.076***	-0.006	-0.112***	0.030***	0.009	-0.047***	0.013	-0.047***	0.034***	0.054***	-0.083***	-0.009	-0.059***	-0.063***	0.044***
Shr1	0.005	0.012	1	-0.429***	-0.042***	0.028***	-0.065***	0.233***	-0.104***	0.183***	-0.016	-0.017	0.029***	0.043***	0.078***	0.101***	-0.057***	-0.035***	-0.117***
Shr2_10	0.005	0.008	-0.429***	1	0.152***	0.015 0	0.230***	-0.261***	0.145***	-0.009	0.151***	0.122***	-0.118***	0.020*	0.005	-0.126***	-0.062***	0.099***	-0.280***
Salary	-0.022	-0.076***	-0.028***	0.161***	1	-0.013 0	0.094***	-0.096***	0.030***	0.496***	0.138***	0.049***	0.021**	0.104***	0.091***	0.018*	0.091***	0.358***	0.178***
Board	0.005	-0.006	0.024	0.008	-0.018	1	-0.140***	0.270***	-0.184***	0.176***	-0.061***	-0.128***	0.138***	0.021**	0.038***	0.176***	-0.057***	-0.116***	0.024
Mshare	0.031***	-0.112***	-0.205***	0.251***	0.204***	-0.129***	1	-0.343***	0.197***	-0.122***	0.132***	0.199***	-0.214***	-0.002	-0.017	-0.182***	0.034***	0.174***	-0.371***
State	-0.060***	0.030***	0.231***	-0.279***	-0.087***	0.272***	-0.388***	1	-0.253***	0.201***	-0.166***	-0.188***	0.214***	0.036***	0.062***	0.267***	-0.012	-0.221***	0.311***
Tobinq	-0.110***	0.009	-0.115***	0.165***	0.022	-0.193***	0.201***	-0.291***	1	-0.417***	0.306***	0.346***	-0.474***	-0.095***	-0.032***	-0.614***	-0.061***	0.091***	-0.127***
Size	-0.006	-0.047***	0.153***	-0.038***	0.507***	0.152***	-0.030***	0.180***	-0.485***	1	-0.074***	-0.226***	0.409***	0.213***	0.025***	0.520***	0.024	0.058***	0.306***
Profit	-0.047***	0.013	-0.039***	0.170***	0.153***	-0.068***	0.158***	-0.188***	0.313***	-0.071***	1	0.279***	-0.330***	-0.082***	-0.379***	-0.254***	-0.094***	0.005	-0.093***
Liquild	0.061***	-0.047***	-0.036***	0.124***	0.114***	-0.182***	0.210***	-0.248***	0.451***	-0.259***	0.304***	1	-0.607***	-0.076***	-0.117***	-0.287***	0.012	0.091***	-0.205***
Lev	-0.159***	0.034***	0.033***	-0.114***	0.021	0.139***	-0.185***	0.212***	-0.604***	0.405***	-0.312***	-0.685***	1	0.192***	0.095***	0.604***	0.017	-0.079***	0.276***
Oprisk	0.569***	0.054***	0.045***	0.064***	0.145***	0.000	0.042***	-0.032***	-0.107***	0.215***	-0.079***	-0.095***	0.145***	1	0.014	0.175***	0.064***	-0.022***	0.035***
Turnover	-0.030***	-0.083***	0.088***	0.002	0.086***	0.061***	0.048***	0.042***	0.018	0.004	-0.422***	-0.078***	0.065***	0.018	1	-0.006	-0.048***	0.091***	-0.020*
BM	0.110***	-0.009	0.115***	-0.165***	-0.022	0.193***	-0.201***	0.291***	-1.000*	0.485***	-0.313***	-0.451***	0.604***	0.107***	-0.018	1	0.003	-0.099***	0.192***
Beta	0.026	-0.059***	-0.045***	-0.052***	0.091***	-0.060***	0.028***	-0.012	-0.021	0.049***	-0.068***	0.061***	0.014	0.060***	-0.042***	0.021	1	0.021***	0.062***
Market	-0.008	-0.063***	-0.028***	0.112***	0.341***	-0.115***	0.261***	-0.232***	0.129***	0.059***	0.017	0.144*	-0.082***	0.013	0.109***	-0.129***	0.025	1	-0.049***
LnAge	-0.100*	0.044***	-0.114***	-0.264***	0.206***	0.014	-0.314***	0.301***	-0.174***	0.328*	-0.107***	-0.202***	0.261***	-0.006	-0.072***	0.174***	0.081***	-0.037***	1

注：*、**、***分别表示显著性水平为10%、5%和1%。

为了进一步了解上市公司融资成本的异质性特征，本书还按照战略差异程度大小对样本进行了区分，对组间样本企业资本成本（Wacc）进行了均值 T 检验和中位数 Wilcoxon 秩和检验。检验结果如表 6 - 4 所示。

表 6 - 4   单变量分析

变量	低战略差异			高战略差异			t - test	Z - test
	N	mean	median	N	mean	median		
Wacc	4 658	0.087	0.077	4 532	0.091	0.080	- 3.63 **	- 2.78 **

注：** 表示显著性水平为 5%。

根据回归结果，从资本成本（Wacc）均值水平看，战略差异大的样本组取值为 9.1%，大于战略差异小的样本组取值（8.7%），独立样本 T 检验结果表明两组的差异在 5% 水平上显著；从中位数水平看，战略差异大的样本组取值为 8%，大于战略差异小的样本组取值（7.7%），Wilcoxon 秩和检验的检验结果表明两组的差异在 5% 水平上显著；结果表明，战略差异程度越大，企业承担的资本成本越高，初步验证了本书的研究假设。为了更准确地观察两者的关系，需要控制有关变量，进行多元回归分析。

6.4.3 回归结果与分析

为了检验战略差异与资本成本的关系，对模型（6 - 1）进行多元回归，为增强结果的稳健性，对标准误进行了企业层面的聚类（Cluster）调整，表 6 - 5 列示了回归结果。其中第（1）列是没有控制年度和行业效应的结果，战略差异对资本成本的回归系数在 1% 水平上显著为正；当控制年度和行业效应后，第（3）列战略差异的回归系数为 0.008，且在 1%（t = 3.75）的水平上显著；第（2）列是加入控制变量，但未进行年度和行业固定效应控制情况下的结果，战略差异对资本成本的回归系数在 1% 水平上显著为正；第（4）列显示，当控制年度和行业固定效应后，战略差异的回归系数为 0.005，且在 1%（t = 3.18）的水平上显著，说明 DS 每增加 1 个单位，将导致资本成本增加 0.005 个单位，相当于资本成本平均值的 5.62%（0.005/0.089）。结果还表明，在控制其他影响因素的前提下，战略差异每增加 1 个标准差，资本成本上升 3.15 个百分点（0.005 × 0.296/0.047 = 0.031 5），这说明战略差异对资本成本的影响，不仅具有统计意义上的显著性，而且具有经济意义上的显著性。这意味着战略差异引发的企业的现金流波动和融资约束，导致了企业资本成本的整体升高。

表 6 - 5　　　　　　　　战略差异影响资本成本的回归结果

变量	(1) Wacc	(2) Wacc	(3) Wacc	(4) Wacc
DS	0. 008 *** (4. 09)	0. 006 *** (4. 14)	0. 008 *** (3. 75)	0. 005 *** (3. 18)
Shr1		- 0. 012 *** (- 3. 18)		- 0. 014 *** (- 3. 79)
Shr2_10		- 0. 014 *** (- 3. 43)		- 0. 015 *** (- 3. 58)
Salary		- 0. 001 (- 0. 78)		- 0. 001 (- 0. 71)
Board		0. 002 (0. 80)		- 0. 000 (- 0. 21)
Mshare		- 0. 008 * (- 1. 86)		- 0. 007 (- 1. 50)
State		- 0. 006 *** (- 5. 85)		- 0. 006 *** (- 6. 02)
Tobingq		- 0. 007 *** (- 21. 98)		- 0. 006 *** (- 16. 46)
Size		- 0. 003 *** (- 5. 11)		- 0. 001 (- 0. 84)
Profit		- 0. 014 *** (- 4. 13)		- 0. 018 *** (- 4. 79)
Liquild		- 0. 002 *** (- 5. 81)		- 0. 002 *** (- 5. 85)
Lev		- 0. 112 *** (- 33. 17)		- 0. 105 *** (- 29. 72)
Oprisk		0. 123 *** (36. 43)		0. 121 *** (35. 97)
Turnover		- 0. 003 *** (- 2. 69)		- 0. 005 *** (- 3. 80)
BM		0. 006 *** (7. 66)		0. 003 *** (3. 25)
Beta		- 0. 003 ** (- 1. 97)		- 0. 003 (- 1. 36)

续表

变量	(1) Wacc	(2) Wacc	(3) Wacc	(4) Wacc
Market		0.000 (1.20)		0.000 (1.19)
lnAge		-0.002* (-1.68)		-0.000 (-0.53)
Constant	0.084*** (62.61)	0.216*** (17.43)	0.103*** (20.42)	0.171*** (12.00)
Industry	未控制	未控制	控制	控制
Year	未控制	未控制	控制	控制
N	9 190	9 190	9 190	9 190
Adj_R^2	0.003	0.390	0.079	0.406

注：*、**、***分别表示显著性水平为10%、5%和1%，括号中的数字为双尾检验的t值，标准误经企业层面聚类（Cluster）调整。

在检验控制变量时，以较为稳健的第（4）列结果为例，经营风险与资本成本在1%水平显著正相关，说明企业经营风险越大，股东和债权人要求相应的回报就越高，致使企业资本成本上升，这与姜付秀和陆正飞（2006）的发现一致。市净率与资本成本在1%水平显著为正，说明账面市值比较高的公司面临较高的系统风险，因此被要求较高的投资回报率，企业为此承担了较高的资本成本，这与曾颖和陆正飞（2006）的结论相符。

其他控制变量，如产权性质与资本成本负相关，并且是显著的，这说明对于国有企业来说，由于与政府天然的政治关联，偿债风险较低，企业承担了更低的资本成本，这与魏志华等（2012）的研究结论一致。第一大股东持股与资本成本显著负相关，与刘冰和方政（2011）的发现相反，可能原因是，第一大股东当中有超过半数是国有企业，而国有企业的产权性质与资本成本显著负相关，使得全样本出现了负相关。股权制衡与资本成本负相关，而且在1%水平显著，这说明，因其他股东对大股东的制衡作用强，公司治理结构相对较完善，从而降低了公司资本成本，这与姜付秀和陆正飞（2006）的发现一致。成长性与资本成本负相关，并且是显著的，这说明成长性高的公司，被市场上投资者追捧较多，使得公司资本成本降低了，这一结果与姜付秀和陆正飞（2006）的发现相符合。盈利能力与资本成本显著负相关，说明盈利能力强的企业，有较低的经营风险和违约风险，企业融资的资本成本较低，与曾颖和陆正飞（2006）的发现一致。

资产流动性与资本成本负相关，而且在 1% 水平显著，说明资产流动性强的公司，有较强的偿债能力，企业承担了较低的资本成本（林钟高等，2015）。此外，本书发现财务杠杆与资本成本显著负相关，可能的原因是，通过债权人的监督，财务杠杆起到了公司治理的作用，反而降低了资本成本。资产周转率与资本成本负相关，而且在 1% 水平显著，这说明高的企业资产周转率高，反映了企业较高的经营效率，投资的风险较小，资金成本较低，这与曾颖和陆正飞（2006）的发现一致。

综上所述，这些结果联合支持了本书的 H1，即战略差异越大的公司，面临较高的现金流波动和融资约束，在融资时面临较高的资本成本。

6.5 稳健性检验

6.5.1 内生性问题

前面验证了战略差异对资本成本的影响。然而，公司战略与资本成本的因果推断可能会受到反向因果、遗漏变量等内生性问题的干扰，为剔除内生性的影响，本书进行了如下检验。

（1）使用工具变量进行两阶段回归（IV-2SLS）。上面的研究结果表明，偏离行业常规的战略差异增加了资本成本，但是战略差异与资本成本可能同时受到模型中未能控制变量的影响。本书采用工具变量及两阶段最小二乘法对模型进行内生性处理，使用滞后期的战略差异作为战略差异度的工具变量。这种做法的理由在于滞后期的战略差异可能会影响公司的战略差异（满足工具变量的相关性条件），但可能不会直接影响资本成本（满足工具变量的外生性条件）。

首先，对模型进行内生性的存在性判断。模型内生性的 DWH 检验结果为 32.78，并在 1% 显著性水平上显著相关，说明本书模型确实存在内生性问题。弱工具变量检验的结果显示，F 值为 5 827.79，大于 10，且 P 值为 0.000，拒绝了弱工具变量的原假设，说明我们对于工具变量的选择在统计上也是合理的。内生性检验结果（2SLS）如表 6 - 6 所示，在控制了内生性后，本书发现第（2）列战略差异（Instrumented_DS）拟合值的系数为 0.007（t = 3.60），且在 1% 的水平上显著，与表 6 - 5 结论一致，支持了本书的 H1。

表 6 – 6   稳健性检验：使用工具变量进行两阶段回归的结果

变量	(1) DS 第一阶段	(2) Wacc 第二阶段
DS	0.740 *** (96.50)	
Instrument_DS		0.007 *** (3.60)
Shr1	0.023 (1.23)	−0.014 *** (−4.39)
Shr2_10	0.027 (1.24)	−0.015 *** (−4.02)
Salary	−0.018 *** (−4.74)	0.000 (−0.71)
Board	−0.001 (−0.12)	0.000 (−0.14)
Mshare	−0.002 (−0.08)	−0.007 (−1.56)
State	−0.003 (−0.61)	−0.006 *** (−6.51)
Tobingq	0.007 *** (3.63)	−0.006 *** (−15.78)
Size	−0.009 *** (−2.97)	0.000 (−0.77)
Profit	0.037 ** (2.02)	−0.018 *** (−5.56)
Liquild	0.010 *** (6.78)	−0.002 *** (−6.43)
Lev	0.167 *** (9.34)	−0.106 *** (−33.298)
Oprisk	0.098 *** (8.91)	0.120 *** (61.45)
Turnover	−0.020 *** (−3.59)	−0.004 *** (−4.53)
BM	0.007 * (1.79)	0.003 *** (3.73)

续表

变量	(1) DS 第一阶段	(2) Wacc 第二阶段
Beta	0.007 (0.70)	−0.003 (−1.44)
Market	−0.001 (−0.47)	0.000 (1.38)
LnAge	0.019 *** (3.95)	−0.001 (−0.70)
Constant	0.435 *** (6.35)	0.167 *** (13.72)
Industry	控制	控制
Year	控制	控制
N	9 151	9 151
Adj_R^2	0.563	0.403
内生性检验	32.78	
弱工具变量检验:	5 827.79	

注：＊、＊＊、＊＊＊分别表示显著性水平为 10%、5% 和 1%，括号中的数字为双尾检验的 t 值。

（2）Heckman 两阶段回归检验。由于企业的战略是由企业特征决定的，而这些企业特征又同时会影响企业资本成本，那么本书的结论可能就存在自选择偏差问题。为缓解战略差异可能的自选择问题，本书采用 Heckman 两阶段回归方法进行处理。具体而言：

在第一阶段战略选择模型中，被解释变量为战略差异虚拟变量（DS_ya），依据战略差异中位数，大于中位数取 1，否则取 0，控制变量方面参考刘行（2016）的做法，控制了规模（Size）、产权性质（State）、市值账面比（MB）、资产负债率（LEV）、业绩波动（ROA_SD）、第一大股东持股比例（TOP1）、地区虚拟变量（Region）、行业和年度。模型如下：

$$DS\_ya_{i,t} = \alpha_0 + \alpha_1 \times SIZE_{i,t} + \alpha_2 \times STATE_{i,t} + \alpha_3 \times MB_{i,t} + \alpha_4 \times$$
$$LEV_{i,t} + \alpha_5 \times ROA\_SD_{i,t-1} + \alpha_6 \times TOP_{i,t} + \sum REGION +$$
$$\sum INDUSTRY + \sum YEAR + \varepsilon_{i,t} \qquad (6-11)$$

Heckman 第一阶段的回归结果如表 6 − 7 所示，规模小、非国有企业、高成长性、高业绩波动和高股权集中度的企业更有可能采取战略差异。这些结论与经验基本相符。

表6-7　　　　　稳健性检验：Heckman 第一阶段的回归结果

变量	(1) DS_ya
size	−0.042 ** (−2.56)
state	−0.083 *** (−2.65)
MB	0.098 *** (4.08)
Lev	0.084 (0.92)
ROA_SD	5.766 *** (9.45)
Top	0.236 ** (2.48)
Constant	0.227 (0.60)
N	20 126
Pseudo R^2	0.049 1
LR chi2	624.06

注：** 、*** 分别表示显著性水平为5% 和1% ，括号中的数字为双尾检验的 t 值。

Heckman 第二阶段的回归结果如表6-8所示。从表6-8第（1）列~第（3）列可以看出，在加入控制自选择偏差的变量（Lambda）后，战略差异回归系数为0.003，至少在10%水平上显著为正，与预期的研究假设相符，这说明本书的研究结论不受样本自选择偏差的影响。

表6-8　　　　　稳健性检验：Heckman 第二阶段的回归结果

变量	(1) Wacc
DS	0.003 * (1.69)
Shr1	−0.019 *** (−5.09)
Shr2_10	−0.015 *** (−3.57)
Salary	−0.001 (−1.53)

续表

变量	(1) Wacc
Board	0.000 (-0.01)
Mshare	-0.009 ** (-2.01)
State	-0.005 *** (-4.37)
Tobingq	-0.006 *** (-17.32)
Size	0.000 (0.76)
Profit	-0.016 *** (-4.17)
Liquild	-0.002 *** (-6.15)
Lev	-0.107 *** (-30.40)
Oprisk	0.113 *** (32.16)
Turnover	-0.004 *** (-3.13)
BM	0.001 * (1.74)
Beta	-0.003 (-1.43)
Market	0.001 ** (2.36)
lnAge	-0.002 * (-1.85)
lambda	-0.029 *** (-8.12)
Constant	0.163 *** (11.28)
Indtustry	控制
Year	控制
N	9 171
Adj_R^2	0.412

注：*、**、*** 分别表示显著性水平为 10%、5% 和 1%，括号中的数字为双尾检验的 t 值，标准误经企业层面聚类（Cluster）调整。

6.5.2 其他稳健性检验

（1）控制企业会计准则（2006）实施的影响。由于本书所收集数据的时间跨度较长，中间经历了企业会计准则（2006）的实施，准则确认、计量标准或范围的变化可能影响资本成本变量的构建。为了增强研究结论的稳健性，本书在模型中加入了准则实施控制变量（STANDARD），2007 年以后的样本取 1，否则取 0，以控制准则实施对资本成本的影响。从表 6-9 可以看出，第（1）列全样本回归结果显示，在控制了会计准则实施的影响后，战略差异系数为 0.005，在 1% 水平（t = 3.18）显著为正，表明战略差异与资本成本显著相关。分样本检验的结果表明，在企业会计准则实施后，战略差异对资本成本增加的影响系数由 0.008 降到 0.005，显著性有所提高，但至少在 5% 水平显著。总之，对于企业会计准则的实施，本书的研究结论仍具有稳健性。

表 6-9   稳健性检验：控制企业会计准则（2006）影响后的结果

变量	(1) Wacc 全样本	(2) Wacc 2000~2006	(3) Wacc 2007~2017
DS	0.005 *** (3.18)	0.008 ** (2.04)	0.005 *** (2.85)
STANDARD	0.007 ** (1.97)		
Shr1	-0.014 *** (-3.79)	-0.004 (-0.37)	-0.015 *** (-3.82)
Shr2_10	-0.015 *** (-3.58)	0.005 (0.46)	-0.019 *** (-4.02)
Salary	-0.001 (-0.71)	-0.001 (-0.44)	-0.000 (-0.48)
Board	0.000 (-0.21)	-0.009 * (-1.91)	0.002 (0.63)
Mshare	-0.007 (-1.50)	0.025 (0.68)	-0.009 * (-1.92)
State	-0.006 *** (-6.02)	0.001 (0.37)	-0.007 *** (-6.46)
Tobingq	-0.006 *** (-16.46)	-0.013 *** (-6.66)	-0.005 *** (-14.60)

续表

变量	(1) Wacc 全样本	(2) Wacc 2000~2006	(3) Wacc 2007~2017
Size	-0.001 (-0.84)	-0.003 ** (-2.05)	0.000 (0.11)
Profit	-0.018 *** (-4.79)	-0.015 (-1.41)	-0.018 *** (-4.46)
Liquild	-0.002 *** (-5.85)	-0.004 *** (-4.36)	-0.002 *** (-5.06)
Lev	-0.105 *** (-29.72)	-0.137 *** (-14.55)	-0.104 *** (-26.47)
Oprisk	0.121 *** (35.97)	0.150 *** (15.46)	0.116 *** (31.81)
Turnover	-0.005 *** (-3.80)	-0.005 ** (-2.16)	-0.004 *** (-2.99)
BM	0.003 *** (3.25)	0.002 (1.05)	0.003 *** (2.96)
Beta	-0.003 (-1.36)	-0.013 *** (-3.09)	-0.000 (-0.22)
Market	0.000 (1.19)	0.000 (0.24)	0.000 (1.02)
lnAge	0.000 (-0.53)	0.006 ** (2.26)	-0.001 (-1.09)
Constant	0.164 *** (11.72)	0.247 *** (8.25)	0.150 *** (9.41)
Industry	Yes	Yes	Yes
Year	Yes	Yes	Yes
N	9 190	1 700	7 142
Adj_R^2	0.406	0.381	0.416

　　注：*、**、***分别表示显著性水平为10%、5%和1%，括号中的数字为双尾检验的t值，标准误经企业层面聚类（Cluster）调整。

　　（2）采用固定效应回归。本书在模型中尽可能考虑了常用的控制变量，但是作为混合面板数据的普通 OLS 估计模型回归，仍可能存在遗漏变量问题，此时需要采用固定效应模型。表6-10 报告了同时控制个体效应与时间效应的双向固定效应模型的回归结果，战略差异与资本成本之间的关系始终在1%水平上显著为正，与前面研究结论保持一致。此外，本书还进行了

Hausman 检验，其结果为 Prob > chi2 = 0.000，说明采用固定效应模型好于采用随机效应模型，因此结果是可信的。

表 6 – 10　　　　　　　稳健性检验：固定效应模型回归结果

变量	(1) Wacc	(2) Wacc
DS	0.007 *** (3.55)	0.006 *** (3.11)
Shr1	− 0.015 ** (− 2.09)	− 0.019 ** (− 2.53)
Shr2_10	− 0.018 *** (− 2.79)	− 0.019 *** (− 2.84)
Salary	− 0.001 (− 0.84)	− 0.002 (− 1.62)
Board	0.001 (0.30)	− 0.001 (− 0.28)
Mshare	− 0.019 * (− 1.78)	− 0.021 ** (− 1.97)
State	0.000 (0.05)	0.001 (0.43)
Tobingq	− 0.008 *** (− 18.58)	− 0.006 *** (− 12.54)
Size	− 0.008 *** (− 6.58)	− 0.003 ** (− 2.52)
Profit	− 0.003 (− 0.55)	− 0.011 * (− 1.95)
Liquild	− 0.002 *** (− 4.53)	− 0.002 *** (− 5.07)
Lev	− 0.120 *** (− 24.05)	− 0.117 *** (− 22.98)
Oprisk	0.128 *** (52.26)	0.127 *** (51.37)
Turnover	− 0.004 * (− 1.88)	− 0.007 *** (− 3.82)
BM	0.008 *** (9.92)	0.004 *** (3.73)
Beta	− 0.005 ** (− 2.44)	− 0.004 * (− 1.79)

续表

变量	（1） Wacc	（2） Wacc
Market	0.003 *** （3.44）	0.000 （-0.12）
lnAge	0.000 （0.07）	0.003 （1.11）
Constant	0.296 *** （12.89）	0.243 *** （7.15）
Industry	未控制	控制
Year	未控制	控制
N	9 190	9 190
Adj_R²	0.159	0.176

注：* 、** 、*** 分别表示在 10% 、5% 和 1% 水平上显著。

（3）采用分位数回归。为了排除可能存在的极端值对回归结果的影响，借鉴王化成等（2017）的做法，本书采用对极端值不敏感分位数回归进行检验。分位数回归结果如表 6 - 11 所示，战略差异系数从低分位点到高分位点经历逐渐变大的过程。具体而言，由 25% 分位点系数 0.003（1% 水平下显著）升到 50% 分位点系数 0.004（1% 水平下显著），再上升到 75% 分位点系数 0.007（1% 水平下显著），这表明战略差异对企业资本成本的影响存在逐渐增大的趋势。分位数回归更具体地刻画了战略差异强度的变化对企业资本成本的影响，结论与前面一致。

表 6 - 11　　　　　　　　稳健性检验：分位数回归结果

变量	（1） 25% 分位数 Wacc	（2） 50% 分位数 Wacc	（3） 75% 分位数 Wacc
DS	0.003 *** （3.76）	0.004 *** （3.15）	0.007 *** （4.30）
Shr1	-0.008 ** （-2.22）	-0.010 *** （-3.95）	-0.008 ** （-2.55）
Shr2_10	-0.010 *** （-2.64）	-0.017 *** （-8.48）	-0.017 *** （-5.55）
Salary	0.001 （1.28）	-0.001 （-1.16）	-0.002 *** （-3.92）

变量	（1） 25%分位数 Wacc	（2） 50%分位数 Wacc	（3） 75%分位数 Wacc
Board	0.002 （1.20）	0.002 *** （3.45）	0.002 （0.94）
Mshare	−0.002 （−0.53）	−0.004 （−0.87）	−0.010 ** （−2.01）
State	−0.005 *** （−17.76）	−0.005 *** （−4.85）	−0.006 *** （−5.24）
Tobingq	−0.005 *** （−23.87）	−0.006 *** 	−0.008 *** （−15.29）
Size	−0.002 ** （−2.38）	−0.002 *** （−3.67）	−0.004 *** （−4.37）
Profit	−0.001 （−0.30）	−0.009 *** （−2.68）	−0.020 *** （−6.90）
Liquild	−0.001 *** （−5.32）	−0.001 *** （−3.90）	−0.001 *** （−10.02）
Lev	−0.053 *** （−10.19）	−0.098 *** （−23.72）	−0.136 *** （−128.69）
Oprisk	0.088 *** （21.92）	0.143 *** （56.52）	0.191 *** （42.61）
Turnover	−0.001 （−0.80）	−0.002 *** （−4.08）	−0.004 *** （−6.39）
BM	0.002 *** （2.76）	0.005 *** （10.03）	0.009 *** （7.50）
Beta	−0.003 （−0.93）	−0.002 （−0.74）	−0.003 *** （−3.28）
Market	0.000 （1.09）	0.000 *** （2.65）	0.000 （0.63）
LnAge	−0.004 *** （−4.76）	−0.002 *** （−3.71）	0.002 *** （9.71）
Constant	0.125 *** （10.69）	0.186 *** （20.41）	0.264 *** （18.70）
N	9 190	9 190	9 190
Pseudo R^2	0.13	0.232 3	0.335

注：**、***分别表示显著性水平为5%和1%，括号中的数字为双尾检验的t值。

（4）采用 Tobit 回归。林钟高等（2015）的研究认为，由于资本成本不存在负值情形，考虑到单纯使用 OLS 回归可能出现估计量偏误，影响各变量对资本成本的回归结果。因此，本书借鉴林钟高等（2015）的处理方法，尝试使用 Tobit 回归方法重新进行检验。如表 6-12 所示，战略差异对资本成本的回归系数均在 1% 水平显著为正，说明本书的研究结论不受 OLS 估计偏误的影响。

表 6-12　　　　　　　　稳健性检验：Tobit 回归结果

变量	（1）	（3）
DS	0.006 *** (4.82)	0.005 *** (3.67)
Shr1	-0.012 *** (-3.64)	-0.014 *** (-4.41)
Shr2_10	-0.014 *** (-3.77)	-0.015 *** (-3.96)
Salary	-0.001 (-0.88)	-0.001 (-0.80)
Board	0.002 (0.90)	0.000 (-0.23)
Mshare	-0.008 * (-1.89)	-0.007 (-1.54)
State	-0.006 *** (-6.41)	-0.006 *** (-6.50)
Tobingq	-0.007 *** (-22.30)	-0.006 *** (-15.80)
Size	-0.003 *** (-6.01)	-0.001 (-0.97)
Profit	-0.014 *** (-4.78)	-0.018 *** (-5.68)
Liquild	-0.002 *** (-6.32)	-0.002 *** (-6.41)
Lev	-0.112 *** (-37.44)	-0.105 *** (-33.55)
Oprisk	0.123 *** (64.22)	0.121 *** (62.98)
Turnover	-0.003 *** (-3.30)	-0.005 *** (-4.70)

续表

变量	(1)	(3)
BM	0.006 *** (9.08)	0.003 *** (3.86)
Beta	−0.003 ** (−2.13)	−0.003 (−1.43)
Market	0.000 (1.35)	0.000 (1.33)
lnAge	−0.002 * (−1.87)	0.000 (−0.57)
Constant	0.216 *** (22.51)	0.159 *** (12.52)
Industry	未控制	控制
Year	未控制	控制
N	9 190	9 190
Pseudo R^2	−0.152	−0.161
LR chi2	4 559.49	4 851.41

注：*、**、***分别表示显著性水平为10%、5%和1%，括号中的数字为双尾检验的t值。

（5）替换关键变量。为了增强研究结论的稳健性，本书还对主要变量进行了替换测试，如使用修正 PEG 模型计算的权益资本成本替换 PEG 模型计算出来的 COC，重新计算 $WaccR^2$；对于战略差异指标，用经过标准化后的六个指标通过主成分分析法，构建战略差异指标 DS1，重新代入模型进行回归，回归结果如表6-13所示。表6-13第（1）列和第（2）列战略差异的系数均为正，且在至少10%的水平下显著，这说明本书的研究结论具有稳健性。

表6-13　　　　　稳健性检验：主要变量替换的回归结果

变量	(1) $WaccR^2$	(2) $WaccR^2$
DS	0.008 * (1.85)	
DS1		0.008 ** (2.37)
Shr1	0.061 *** (6.46)	0.059 *** (6.35)
Shr2_10	0.064 *** (4.86)	0.066 *** (5.03)

续表

变量	(1) WaccR^2	(2) WaccR^2
Salary	- 0. 003 (- 1. 38)	- 0. 003 (- 1. 41)
Board	0. 014 ** (2. 11)	0. 014 ** (2. 14)
Mshare	- 0. 003 (- 0. 20)	- 0. 004 (- 0. 24)
State	- 0. 006 ** (- 2. 58)	- 0. 006 ** (- 2. 53)
Tobingq	- 0. 002 (- 1. 41)	- 0. 002 (- 1. 45)
Size	0. 013 *** (6. 33)	0. 014 *** (6. 69)
Profit	0. 050 *** (5. 10)	0. 052 *** (5. 23)
Liquild	- 0. 004 *** (- 5. 73)	- 0. 004 *** (- 5. 79)
Lev	- 0. 109 *** (- 10. 35)	- 0. 110 *** (- 10. 61)
Oprisk	- 0. 000 (- 0. 01)	- 0. 000 (- 0. 04)
Turnover	0. 010 *** (3. 63)	0. 010 *** (3. 51)
BM	0. 004 * (1. 65)	0. 004 (1. 51)
Beta	- 0. 019 *** (- 3. 03)	- 0. 019 *** (- 3. 04)
Market	0. 003 *** (4. 24)	0. 003 *** (4. 38)
lnAge	0. 005 ** (2. 13)	0. 004 ** (2. 00)
Constant	- 0. 233 *** (- 5. 80)	- 0. 244 *** (- 6. 13)
Industry	控制	控制
Year	控制	控制
N	5 471	5 532
Adj_R^2	0. 119	0. 126

注：*、**、***分别表示显著性水平为 10%、5% 和 1%，括号中的数字为双尾检验的 t 值，标准误经企业层面聚类（Cluster）调整。

（6）对不同类型融资成本的影响。本章检验战略差异对融资成本的影响，采用债务资本成本与权益资本成本加权计算的平均资本成本来衡量融资成本，发现随着战略差异程度的提高，公司的融资成本增加。此处需要关注的一个细节问题是战略差异对债务资本成本与权益资本成本是均有影响，还是主要影响其中之一。借鉴李广子和刘力（2009）以及 Minnis（2011）的做法，本书采用利息费用占比衡量债务融资成本（Cost），借鉴毛新述等（2012）的研究采用 PEG 模型计算权益资本成本（COC），重新代入模型（1）进行回归，回归结果如表 6 - 14 所示。表 6 - 14 第（2）列和第（3）列战略差异的系数均为正，且在 1% 的水平下显著，说明企业战略差异不仅正向影响加权资本成本，而且正向影响债务融资成本和权益融资成本，这与王化成等（2017）、刘东博（2019）的研究发现相符；再次证明，本书所研究的企业战略差异对融资成本正向影响是较为稳健的。但从回归系数来看，战略差异对融资成本的影响存在差异，即战略差异对权益融资成本的影响最大（0.015），对债务融资成本的影响居中（0.007），可能由于加权权重的原因，企业战略差异对加权资本成本的影响最小（0.004）。

表 6 - 14　　　　稳健性检验：对不同类型融资成本影响的回归结果

变量	(1) Wacc	(2) Cost	(3) COC
LDS	0.004 ** (2.38)	0.007 *** (3.14)	0.015 *** (4.00)
Shr1	-0.015 *** (-3.59)	-0.009 * (-1.78)	-0.028 *** (-3.29)
Shr2_10	-0.017 *** (-3.47)	-0.002 (-0.38)	-0.027 *** (-2.83)
Salary	-0.001 (-0.90)	-0.003 *** (-3.17)	-0.001 (-0.60)
Board	-0.001 (-0.40)	0.004 (1.26)	0.000 (-0.01)
Mshare	-0.011 ** (-2.14)	-0.003 (-0.40)	-0.017 ** (-1.98)
State	-0.005 *** (-4.56)	0.000 (-0.04)	-0.008 *** (-3.30)

续表

变量	(1) Wacc	(2) Cost	(3) COC
Tobingq	- 0. 006 *** (- 12. 27)	0. 001 * (1. 69)	- 0. 007 *** (- 9. 48)
Size	- 0. 001 (- 0. 68)	- 0. 003 *** (- 3. 56)	- 0. 005 *** (- 3. 55)
Profit	- 0. 020 *** (- 4. 29)	0. 010 * (1. 71)	- 0. 036 *** (- 3. 91)
Liquild	- 0. 003 *** (- 6. 13)	- 0. 001 (- 1. 50)	- 0. 002 *** (- 3. 53)
Lev	- 0. 112 *** (- 26. 01)	- 0. 017 *** (- 2. 95)	- 0. 037 *** (- 4. 63)
Oprisk	0. 119 *** (32. 34)	0. 011 *** (4. 02)	0. 274 *** (35. 63)
Turnover	- 0. 005 *** (- 3. 51)	0. 014 *** (6. 23)	- 0. 010 *** (- 4. 07)
BM	0. 003 *** (3. 57)	0. 001 (1. 01)	0. 021 *** (10. 56)
Beta	- 0. 003 (- 1. 12)	0. 004 (1. 59)	- 0. 010 ** (- 2. 12)
Market	0. 001 ** (2. 24)	- 0. 000 (- 0. 16)	0. 001 (1. 37)
lnAge	0. 000 (0. 19)	0. 003 * (1. 92)	0. 001 (0. 49)
Constant	0. 177 *** (11. 07)	0. 165 *** (10. 04)	0. 238 *** (7. 05)
Industry	控制	控制	控制
Year	控制	控制	控制
N	6 735	6 735	6 735
Adj_R^2	0. 408	0. 080	0. 469

注: * 、 ** 、 *** 分别表示显著性水平为 10% 、5% 和 1% , 括号中的数字为双尾检验的 t 值,标准误经企业层面聚类 (Cluster) 调整。

（7）其他检验。本书使用的是一个跨越多个会计年度的典型面板数据，可能同时存在公司间的截面异方差问题和时间序列上的自相关问题。因此，本书在回归中主要使用彼德森（Petersen，2009）的稳健估计模型对估计系数的标准误进行 Cluster 聚类调整。此外，本书还计算了相关回归模型变量的 VIF 值，都小于 3，表明模型不存在严重的共线性问题，这些测试均表明本书的研究结果是比较稳健的。

6.6 拓展性检验

6.6.1 影响机制检验

在前面研究假说提出部分，本书分析了战略差异影响资本成本的作用路径，并通过模型（6-1）实证检验了战略差异对资本成本的影响具有显著正向效应。接下来进行作用机制检验，这将有助于进一步理解战略差异影响融资成本的中间作用机理。

在作用机制检验方面，国内学者大多借鉴温忠麟等（2004）提出的中介效应的逐步检验方法，其基本逻辑是，解释变量借助中介变量的传导进而影响被解释变量。如果中介变量是战略差异影响资本成本的中介变量，即战略差异通过影响中介变量最终影响资本成本。

①检验现金流波动的中介效应。按照上述思路，在前面研究的基础上，首先通过模型（6-2）的回归，观察 DS 是否会显著影响现金流波动（Cfo_RD），如果显著则进行下一步检验，如果不显著，则中止中介效应检验。由表6-15 第（2）列的结果可以看出，DS 对现金流波动的回归系数 δ_1 为 0.004，且在 5% 水平上显著为正，说明实施战略差异的公司面临合法性挑战，与外部资源交换受限，出现极端绩效，导致较高的现金流波动。

在模型（6-1）的基础上加入中介变量现金流波动构建模型（6-3）进行回归，结果如表6-15 第（3）列所示，战略差异的回归系数在加入现金流波动变量后，由 0.004 9 下降到 0.004 8，系数显著性 T 值从 3.18 下降到 3.10，且现金流波动的系数为正，在 1% 水平上显著。上述检验说明现金流波动在战略差异对资本成本的影响中发挥了部分中介作用，表明实施战略差异的企业面临较大的现金流波动，债权人或投资者预估公司未来经营风险增大，从而要求给予更高的资本回报，因此增加了企业资本资成本。

表 6 – 15　　　　　　　　　　现金流波动的影响机制检验结果

变量	(1) Wacc	(2) Cfo_RD	(3) Wacc
DS	0.004 9 *** (3.18)	0.004 ** (2.28)	0.004 8 *** (3.10)
Cfo_RD			0.037 *** (3.33)
Shr1	− 0.014 *** (− 3.79)	0.016 *** (3.34)	− 0.015 *** (− 3.94)
Shr2_10	− 0.015 *** (− 3.58)	0.012 ** (2.20)	− 0.016 *** (− 3.68)
Salary	− 0.001 (− 0.71)	− 0.001 (− 0.77)	0.001 (− 0.67)
Board	0.000 (− 0.21)	− 0.007 *** (− 2.59)	− 0.000 (− 0.09)
Mshare	− 0.007 (− 1.50)	− 0.010 * (− 1.94)	− 0.007 (− 1.42)
State	− 0.006 *** (− 6.02)	− 0.006 *** (− 3.88)	− 0.006 *** (− 5.82)
Tobingq	− 0.006 *** (− 16.46)	0.001 * (1.88)	− 0.006 *** (− 16.52)
Size	− 0.001 (− 0.84)	− 0.005 *** (− 6.68)	0.000 (− 0.55)
Profit	− 0.018 *** (− 4.79)	− 0.013 *** (− 2.67)	− 0.018 *** (− 4.68)
Liquild	− 0.002 *** (− 5.85)	0.002 *** (4.75)	− 0.002 *** (− 6.02)
Lev	− 0.105 *** (− 29.72)	0.030 *** (6.78)	− 0.106 *** (− 29.72)
Oprisk	0.121 *** (35.97)	0.022 *** (8.20)	0.120 *** (35.65)
Turnover	− 0.005 *** (− 3.80)	0.010 *** (5.88)	− 0.005 *** (− 4.10)
BM	0.003 *** (3.25)	− 0.002 * (− 1.78)	0.003 *** (3.33)
Beta	− 0.003 (− 1.36)	0.003 (1.61)	− 0.003 (− 1.43)
Market	0.000 (1.19)	0.000 (1.19)	0.000 (1.13)

续表

变量	(1) Wacc	(2) Cfo_RD	(3) Wacc
lnAge	0.000 (−0.53)	0.002 * (1.76)	−0.001 (−0.61)
Constant	0.171 *** (12.00)	0.148 *** (8.62)	0.166 *** (11.55)
Industry	控制	控制	控制
Year	控制	控制	控制
N	9 190	9 190	9 190
Adj_R^2	0.406	0.139	0.407

注：*、**、*** 分别表示显著性水平为 10%、5% 和 1%，括号中的数字为双尾检验的 t 值，标准误经企业层面聚类（Cluster）调整。

为进一步验证现金波动所发挥的部分中介效应，借鉴温忠麟和叶宝娟（2014）使用的 Sobel 检验法对中介效应的存在性进行稳健性检验，结果如表 6 - 16 所示。Sobel - Goodman 中介检验的 Sobel Z 值的绝对值为 2.31，检验 P 值小于 0.05，说明现金流波动的中介效应在 5% 水平上显著。从表 6 - 17 可知，现金流波动的中介效应占总效应的比重约为 2.47%。

表 6 - 16　　　　　　　　　Sobel - Goodman 中介检验结果

	Coef	Std Err	Z	P > │Z│
Sobel	0.000 2	0.000	2.31	0.021
Goodman - 1（Aroian）	0.000 2	0.000	2.26	0.024
Goodman - 2	0.000 2	0.000	2.36	0.018

表 6 - 17　　　　　　　　　　部分中介效应检验结果

	Coef	Std Err	Z	P > │Z│
a coefficient	0.004	0.001	2.82	0.005
b coefficient	0.040	0.010	4.04	0.000
Indirect effect	0.000	0.000	2.31	0.021
Direct effect	0.006	0.001	4.69	2.7e − 06
Total effect	0.006	0.001	4.81	1.5e − 06
Proportion of total effect that is mediated	0.024 7			
Ratio of indirect to direct effect	0.025 3			
Ratio of total to direct effect	1.025 3			

②检验融资约束的中介效应。按照上述思路，在前面研究的基础上，首先通过模型（6 - 4）的回归，观察战略差异是否会显著影响融资约束（KZ）。由表 4 - 17 第（2）列的结果可以看出，战略差异对融资约束的回归系数 δ1 为 0.085，且在 1% 水平上显著为正，说明实施战略差异的公司因面临代理问题和信息不对称，引发了企业的外部融资约束。

在模型（6 - 1）的基础上加入中介变量融资约束构建模型（6 - 5）进行回归，结果如表 6 - 18 第（3）列所示，战略差异的回归系数在加入融资约束变量后，由 0.004 9 下降到 0.004 7，系数显著性 T 值从 3.18 下降到 3.04，且融资约束的系数为正，在 1% 水平上显著。由上述检验可知，融资约束在战略差异对资本成本的影响中发挥了部分中介作用，表明战略差异引发了企业融资约束，投资者或债权人感知出现融资约束的公司存在再融资风险，要求给予更高的资本回报，从而提高了公司的融资成本。

表 6 - 18　　　　　　　　　　融资约束的影响机制检验结果

变量	（1） Wacc	（2） G_Kz	（3） Wacc	（4） G_Kz	（5） Wacc
DS	0.004 9 *** （3.18）	0.085 *** （4.71）	0.004 7 *** （3.04）	0.054 *** （2.94）	0.004 7 *** （3.06）
G_Kz			0.003 *** （3.24）		
G_Kz1					0.004 *** （4.31）
Shr1	-0.014 *** （-3.79）	0.227 *** （4.80）	-0.015 *** （-3.95）	0.152 *** （3.20）	-0.015 *** （-3.94）
Shr2_10	-0.015 *** （-3.58）	0.272 *** （5.11）	-0.016 *** （-3.75）	0.244 *** （4.53）	-0.016 *** （-3.81）
Salary	-0.001 （-0.71）	-0.067 *** （-7.04）	0.000 （-0.47）	-0.065 *** （-6.70）	0.000 （-0.39）
Board	0.000 （-0.21）	-0.120 *** （-3.95）	0.000 （-0.07）	-0.080 *** （-2.65）	0.000 （-0.08）
Mshare	-0.007 （-1.50）	0.024 （0.35）	-0.007 （-1.52）	0.054 （0.81）	-0.007 （-1.55）
State	-0.006 *** （-6.02）	-0.035 ** （-2.36）	-0.006 *** （-5.96）	-0.034 ** （-2.37）	-0.006 *** （-5.93）
Tobingq	-0.006 *** （-16.46）	0.043 *** （9.79）	-0.006 *** （-16.69）	0.069 *** （15.42）	-0.006 *** （-16.70）

续表

变量	(1) Wacc	(2) G_Kz	(3) Wacc	(4) G_Kz	(5) Wacc
Size	-0.001 (-0.84)	0.029 *** (3.69)	-0.001 (-0.96)	0.019 ** (2.32)	-0.001 (-0.95)
Profit	-0.018 *** (-4.79)	-0.226 *** (-5.08)	-0.018 *** (-4.63)	-0.326 *** (-7.09)	-0.017 *** (-4.46)
Liquild	-0.002 *** (-5.85)	-0.007 ** (-2.04)	-0.002 *** (-5.77)	-0.019 *** (-5.42)	-0.002 *** (-5.60)
Lev	-0.105 *** (-29.72)	0.384 *** (9.06)	-0.106 *** (-29.73)	0.720 *** (16.83)	-0.108 *** (-29.57)
Oprisk	0.121 *** (35.97)	0.291 *** (12.68)	0.120 *** (35.46)	0.160 *** (6.74)	0.120 *** (35.76)
Turnover	-0.005 *** (-3.80)	-0.074 *** (-5.25)	-0.004 *** (-3.64)	-0.132 *** (-9.14)	-0.004 *** (-3.39)
BM	0.003 *** (3.25)	-0.004 (-0.44)	0.003 *** (3.27)	0.013 (1.48)	0.003 *** (3.21)
Beta	-0.003 (-1.36)	-0.273 *** (-12.32)	-0.002 (-0.96)	-0.181 *** (-8.32)	-0.002 (-0.99)
Market	0.000 (1.19)	-0.007 ** (-2.25)	0.000 (1.27)	-0.007 ** (-2.16)	0.000 (1.30)
lnAge	0.000 (-0.53)	0.086 *** (6.82)	-0.001 (-0.77)	0.074 *** (5.92)	-0.001 (-0.83)
Constant	0.171 *** (12.00)	1.127 *** (6.70)	0.168 *** (11.81)	1.068 *** (6.27)	0.167 *** (11.74)
Industry	控制	控制	控制	控制	控制
Year	控制	控制	控制	控制	控制
N	9 190	9 190	9 190	9 190	9 190
Adj_R²	0.406	0.168	0.407	0.207	0.408

注: ** 、 *** 分别表示显著性水平为 5% 和 1% , 括号中的数字为双尾检验的 t 值, 标准误经企业层面聚类 (Cluster) 调整。

为进一步验证融资约束所发挥的部分中介效应, 借鉴温忠麟和叶宝娟 (2014) 使用的 Sobel 检验法对中介效应的存在性进行稳健性检验, 结果如表 6 - 19 所示。Sobel - Goodman 中介检验的 Sobel Z 值的绝对值为 3.64, 检验 P 值小于 0.001, 说明融资约束的中介效应在 1% 水平上显著。从表 6 - 20 中可知, 债融资约束的中介效应约占总效应的 6.24%。

表 6－19   Sobel－Goodman 中介检验结果

	Coef	Std Err	Z	P > │Z│
Sobel	0.000 4	0.000	3.64	0.001
Goodman－1（Aroian）	0.000 4	0.000	3.61	0.001
Goodman－2	0.000 4	0.000	3.67	0.001

表 6－20   部分中介效应检验结果

	Coef	Std Err	Z	P > │Z│
a coefficient	0.108	0.016	6.90	0.005
b coefficient	0.004	0.001	4.37	0.000
Indirect effect	0.000	0.000	3.64	0.000
Direct effect	0.006	0.006	4.50	6.6e－06
Total effect	0.006	0.001	4.81	1.5e－06
Proportion of total effect that is mediated	0.062 4			
Ratio of indirect to direct effect	0.066 6			
Ratio of total to direct effect	1.066 6			

6.6.2　异质性检验

前面已证实战略差异影响资本成本，至于战略差异影响资本成本的作用条件，本部分将检验行业竞争地位与财务困境对两者关系的影响。一方面辨析两者关系在异质环境下的截面差异，另一方面为企业战略差异对资本成本的影响提供佐证，有助于深化对两者关系的进一步认识。

（1）行业竞争地位的影响。前已述及，脱离行业常规的战略差异引起企业现金流波动，使企业面临更高的资本成本。然而企业不是孤立运作的，它们不断与其他公司进行战略互动，争夺客户和市场份额（Valta，2012），处于不同的竞争地位将从根本上影响着企业的经营决策、经营环境的风险性，进而影响到现金流波动性。公司的竞争地位还能影响企业应对特定冲击的能力（Gaspar and Massa，2006），对于市场竞争地位相对较低的公司而言，以市场模仿者或追随者的身份参与竞争，具有较弱的抵御外部冲击的能力和风险管理能力，因而很难将外部冲击转嫁给消费者或竞争对手，具有较大的现金流波动性（邢占全和陈汉文，2013），那么对于实施战略差异的企业来说，较低的市场地位无疑加剧企业的现金流波动，使企业承担更高的资本成本。

因此，战略差异对资本成本的正向影响在低市场竞争地位的企业来说将更为显著。

借鉴卡莱和卢恩（2011）、邢立全和陈汉文（2013）的做法，本书使用"（营业收入 – 营业成本 – 销售费用 – 管理费用)/营业收入"来近似衡量上市公司在行业内的竞争地位，该值越大，说明企业的竞争地位越高。为了便于分样本检验，按照竞争地位的中位数进行划分，低于中位数取1，否则取0，记为G_JZ。表6 – 21 是对竞争地位样本分组后的回归结果，在第（2）列低竞争地位样本检验结果中，战略差异对资本成本的回归系数为0.008（t = 4.02），在1%水平显著，且其系数大于第（3）列高竞争地位样本组回归系数（ – 0.001）。CHOW 检验显示，组间系数差异在1%显著性水平显著，这说明战略差异对资本成本的正向影响在低市场竞争地位的样本组更为显著。研究表明，处于较低的市场地位，实施战略差异无疑加剧企业的现金流波动，使企业承担了更高的资本成本。

表6 – 21　　　　　　　拓展性检验：产品市场竞争地位的影响结果

变量	(1) Wacc	(2) Wacc 低竞争地位	(3) Wacc 高竞争地位
DS	0.005 *** (3.18)	0.008 *** (4.02)	– 0.001 (– 0.61)
Shr1	– 0.014 *** (– 3.79)	– 0.016 *** (– 3.10)	– 0.013 *** (– 2.69)
Shr2_10	– 0.015 *** (– 3.58)	– 0.015 ** (– 2.53)	– 0.019 *** (– 3.21)
Salary	– 0.001 (– 0.71)	0.000 (0.35)	– 0.002 ** (– 2.00)
Board	0.000 (– 0.21)	0.002 (0.57)	– 0.002 (– 0.72)
Mshare	– 0.007 (– 1.50)	– 0.012 (– 1.60)	– 0.001 (– 0.19)
State	– 0.006 *** (– 6.02)	– 0.006 *** (– 4.31)	– 0.006 *** (– 4.44)
Tobingq	– 0.006 *** (– 16.46)	– 0.005 *** (– 10.54)	– 0.006 *** (– 11.84)

续表

变量	(1) Wacc	(2) Wacc 低竞争地位	(3) Wacc 高竞争地位
Size	-0.001 (-0.84)	0.001 (0.71)	-0.001 (-1.59)
Profit	-0.018 *** (-4.79)	-0.013 ** (-2.10)	-0.012 ** (-2.06)
Liquild	-0.002 *** (-5.85)	-0.003 *** (-4.88)	-0.001 *** (-2.98)
Lev	-0.105 *** (-29.72)	-0.115 *** (-23.69)	-0.091 *** (-18.49)
Oprisk	0.121 *** (35.97)	0.116 *** (29.42)	0.135 *** (24.24)
Turnover	-0.005 *** (-3.80)	-0.005 *** (-3.70)	-0.006 * (-1.66)
BM	0.003 *** (3.25)	0.002 * (1.87)	0.002 ** (2.32)
Beta	-0.003 (-1.36)	-0.006 *** (-2.63)	0.001 (0.45)
Market	0.000 (1.19)	0.000 (0.76)	0.000 (0.49)
lnAge	0.000 (-0.53)	-0.002 (-1.46)	0.000 (0.12)
Constant	0.171 *** (12.00)	0.130 *** (6.71)	0.194 *** (9.92)
Industry	控制	控制	控制
Year	控制	控制	控制
N	9 190	5 598	3 592
Adj_R^2	0.406	0.399	0.432
Chow 检验		10.11 ***	

注：*、**、***分别表示显著性水平为 10%、5% 和 1%，括号中的数字为双尾检验的 t 值，标准误经企业层面聚类（Cluster）调整。

（2）财务困境的影响。前面已述及脱离行业常规的战略差异通过加剧融资约束，企业面临更高的资本成本。然而，不可否认企业的融资行为又受到企业本身财务状况影响。虽然在主回归时控制了反映财务状况的财务杠杆，但本书没有发现财务杠杆（反映经营或破产风险）越大资本成本越高的证据，在此有必要进一步考察在不同的财务困境的条件下，战略差异对资本成本的差异性影响。法乔和徐（2015）研究认为，破产可能性越大的公司，通常伴随着更大的经营风险，在债务偿还时具有更高的不确定性，此类公司可能面临更高的融资约束，因此本书认为，在面临财务困境的企业实施脱离行业常规的战略差异，将承担更高的资本成本。

本书借鉴阿特曼（1968）的破产预测模型来衡量公司财务困境，该计算公式为：$Z - score = 1.2 \times 营运资金/总资产 + 1.4 \times 留存收益/总资产 + 3.3 \times 息税前利润/总资产 + 0.6 \times 股票总市场/负债账面价值 + 营业收入/总资产$，$Z - score$ 的结果越大说明财务状况越好，越不容易陷入财务困境。为了分组检验的需要，依据中位数进行分组，低于中位数取值为 1，否则为 0，记为 G_ZS。表 6 - 22 是对财务困境样本分组后的回归结果，在第（1）列，高财务困境样本，战略差异对资本成本的回归系数为 0.006（t = 2.93），在 1% 水平显著，且其系数大于第（3）列低财务困境样本组（DS 回归系数为 - 0.000）。CHOW 检验显示，组间系数差异在 10% 显著性水平显著，这说明战略差异对资本成本的正向影响在高财务困境样本组更显著。说明，当企业处于财务困境时，面临更高的融资约束，实施战略差异，无疑使企业承担更高的资本成本。

表 6 - 22　　　　　　拓展性检验：财务困境的影响

变量	(1) Wacc	(2) Wacc 高财务困境	(3) Wacc 低财务困境
DS	0.005 *** (3.18)	0.006 *** (2.93)	0.000 (0.00)
Shr1	- 0.014 *** (- 3.79)	- 0.014 *** (- 2.89)	- 0.010 * (- 1.93)
Shr2_10	- 0.015 *** (- 3.58)	- 0.016 *** (- 2.88)	- 0.010 (- 1.47)
Salary	- 0.001 (- 0.71)	0.000 (- 0.40)	0.001 (0.70)
Board	0.000 (- 0.21)	- 0.001 (- 0.28)	0.001 (0.24)
Mshare	- 0.007 (- 1.50)	- 0.007 (- 0.88)	- 0.006 (- 1.12)

续表

变量	（1） Wacc	（2） Wacc 高财务困境	（3） Wacc 低财务困境
State	− 0. 006 *** （− 6. 02）	− 0. 005 *** （− 3. 49）	− 0. 008 *** （− 5. 29）
Tobingq	− 0. 006 *** （− 16. 46）	− 0. 005 *** （− 9. 09）	− 0. 006 *** （− 13. 73）
Size	− 0. 001 （− 0. 84）	0. 001 （0. 59）	− 0. 003 *** （− 3. 02）
Profit	− 0. 018 *** （− 4. 79）	− 0. 019 *** （− 3. 85）	− 0. 009 * （− 1. 68）
Liquild	− 0. 002 *** （− 5. 85）	− 0. 001 （− 1. 42）	− 0. 001 ** （− 2. 38）
Lev	− 0. 105 *** （− 29. 72）	− 0. 120 *** （− 23. 56）	− 0. 100 *** （− 16. 46）
Oprisk	0. 121 *** （35. 97）	0. 114 *** （27. 71）	0. 140 *** （25. 15）
Turnover	− 0. 005 *** （− 3. 80）	0. 001 （0. 36）	− 0. 000 （− 0. 13）
BM	0. 003 *** （3. 25）	0. 002 * （1. 71）	0. 009 *** （5. 13）
Beta	− 0. 003 （− 1. 36）	− 0. 007 *** （− 2. 67）	0. 004 （1. 32）
Market	0. 000 （1. 19）	0. 001 * （1. 91）	0. 000 （− 0. 46）
lnAge	0. 000 （− 0. 53）	0. 001 （0. 54）	− 0. 002 * （− 1. 71）
Constant	0. 171 *** （12. 00）	0. 158 *** （8. 35）	0. 171 *** （8. 09）
Industry	控制	控制	控制
Year	控制	控制	控制
N	9 190	5 258	3 932
Adj_R²	0. 406	0. 399	0. 444
Chow 检验		2. 93 *	

注：*、**、***分别表示显著性水平为 10% 、5% 和 1% ，括号中的数字为双尾检验的 t 值，标准误经企业层面聚类（Cluster）调整。

6.7 小结与讨论

为了促进经济高质量发展，国家采取的"三去一降一补"工作部署，把"降低实体经济融资成本"提上国家宏观调控的议事日程。然而不可否认，企业融资问题的解决是一个系统工程，只有了解影响融资成本的决定因素，才能"对症下药"。纵览国内外关于融资成本影响因素的研究主要涉及微观、中观和宏观三大领域，随着战略与财务交叉研究的兴起，学者们开始从多元化、国际化、竞争战略、战略激进和战略差异多个维度考察战略对融资成本的影响。然而，已有文献还未从战略差异视角考察战略对整体企业融资成本的影响。本章以 2000～2017 年中国 A 股上市公司为样本，采用标准的 Sobel 中介效应检验方法，实证检验了战略差异对融资成本影响以及作用机制。

本章主要研究结论为：第一，战略差异能够显著影响融资成本，随着战略差异程度的提高，公司的融资成本也相应提高。这表明投资者和债权人能够识别战略差异引致现金流波动风险和融资约束，对此收取了更多的风险补偿，进而增加了公司的融资成本。第二，机制检验发现，战略差异程度高的企业引起现金流波动和融资约束程度增加，进一步提升了融资成本，这表明现金流波动和融资约束在其中发挥了重要的中介作用。第三，异质性分组检验发现，战略差异对融资成本的正向影响在处于低竞争地位和高财务困境的企业更加显著。这表明，低竞争地位的企业本身面临较高的现金流波动，加剧了战略差异对融资成本的正向影响；在高财务困境的企业因面临较高的融资约束，使得战略差异对融资成本的正向影响更为突出。本章的研究对于深化战略差异经济后果研究、拓展资本成本影响因素以及为客户如何在实施战略差异的情况下降低资本成本提供了思路。

第7章　研究结论与政策建议

7.1　本书主要研究结论

在中国经济进入新常态背景下，如何推动我国经济高质量发展？国家适时提出"推进供给侧结构性改革"。而"三去一降一补"则是此次改革的重大战略性工作部署。如何执行去杠杆、降成本的重大任务，积极、稳妥地处理好企业债务，切实防范、化解金融风险，是理论界与实务界关注并着力推进解决的重大问题。在国家供给侧结构性改革的现实背景下，研究企业融资行为无疑具有重要现实意义。

作为企业资源配置的行动指引，偏离行业常规的战略差异是否影响企业的融资行为？其影响机理怎样？两者的关系受到哪些因素的影响，这是一系列现实而又急需解决的研究议题。本书结合财务领域的财务弹性理论、权衡理论、信息不对称理论、代理理论、流动性风险理论以及心理学领域的感知风险理论，以2000~2017年中国沪深两市A股非金融业上市公司为样本，通过理论分析和实证研究，考察战略差异对融资行为的影响、作用路径及作用条件，研究得到的主要结论如下。

（1）战略差异显著影响企业融资结构，战略差异程度越大，债务融资水平越低，而财务灵活性与债务融资成本是战略差异影响融资结构的作用路径。此外，战略差异与融资结构的关系受金融发展环境和资产专用性投资的异质性影响。在"战略差异对融资结构影响"一章中，结合财务领域的财务弹性理论与权衡理论，推导战略差异影响融资结构的理论逻辑，接着通过六个关键战略维度复合度量方法构建战略差异指标，用负债总额/资产总额表示融资结构，进而通过实证回归检验发现：第一，战略差异能够显著影响融资结构，随着战略差异程度的提高，公司减少债务融资水平。这意味着，战略差异较大时，企业经营风险加剧，一方面面临对财务灵活性需求动机的增加，另一方面面临债务融资成本提升，权衡融资成本与未来收益，从而减少债务融资水平。第二，通过作用机制检验证实，战略差异通过提升企业财务灵活性动机、推高债务融资成本而减少了债务融资，从而证实了财务灵活性与债务融资成本在战略差异影响融资结构中发挥了重要中介作用。第三，最后研究发现，战略差异对融资结构的负向影响在金融发展水平低和资产专业性强的企业更加显著。这表明，在金融发展水平低的地区，企业面临较高的债务融资成本，权衡成本与收益，减少债务融资水平，而资产专用性强的企业，对财务灵活性有更强的需求动机，进而减少了对债务融资的依赖。

（2）战略差异显著影响融资期限，战略差异程度越大，企业债务期限越长，而资产流动性是战略差异影响融资期限的作用路径。此外，战略差异与融资期限的关系受产权性质和审计质量的异质性影响。在"战略差异对债务期限影响"一章中，结合财务领域的信息不对称理论、代理理论、流动性风险理论以及心理学领域的感知风险理论，推导战略差异影响债务期限的理论逻辑，接着通过六个关键战略维度复合度量方法构建战略差异指标，用（长期借款 + 一年内到期的长期负债)/（长期借款 + 一年内到期的长期负债 + 短期借款）构建债务期限结构，进而通过实证回归检验发现：第一，为了应对战略差异引起的流动性风险，企业倾向于举借长期债务，采用较长的债务期限结构，因而战略差异程度越高，公司债务期限结构越长。第二，影响机制的研究证实，战略差异会触发公司的流动性风险，采取战略差异的企业更倾向于增强资产流动性，以应对战略差异带来的流动性风险，流动性提升可以向银行等金融机构传递良好信号，为企业赢得了较长期限的债务期限。这表明资产流动性在其中发挥了重要的中介作用。第三，进一步检验发现，战略差异对公司债务期限结构的影响受产权性质和审计质量的影响。战略差异对债务期限结构的正向影响在非国有企业、非"四大"审计的企业更加显著，这是因为非国有企业或非"四大"审计的企业本身面临较高的流动性风险，这更加剧了战略差异对融资期限的正向影响。

（3）战略差异显著影响融资成本，战略差异程度越大，融资成本越高，而现金流波动和融资约束是战略差异影响融资成本的作用路径。此外，战略差异与融资成本的关系受产品市场竞争地位和财务困境的异质性影响。在"战略差异对融资成本影响"一章中，结合财务学领域的信息不对称理论与心理学领域的感知风险理论，推导战略定位差异影响股权再融资的理论逻辑，接着通过六个关键战略维度复合度量方法构建战略差异指标，借鉴姜付秀和陆正飞（2006）与林钟高等（2015）的方法，采用债务资本成本与权益资本成本加权计算的平均资本成本来衡量资本成本，进而通过实证回归检验发现：第一，战略差异能够显著影响融资成本，随着战略差异程度的增加，企业的融资成本也在提高。这表明投资者和债权人能够识别战略差异引致现金流波动风险和融资约束，对此收取了更多的风险补偿，进而增加了公司的融资成本。第二，机制检验发现，战略差异程度高的企业引起现金流波动和融资约束程度增加，进一步提升了资金成本，这表明现金流波动和融资约束在其中发挥了重要的中介作用。第三，异质性分组检验发现，战略差异对融资成本的负向影响在处于低竞争地位和高财务困境的企业中更加显著。这表明，低竞争地位的企业本身面临较高的现金流波动，加剧了战略差异对融资成本的正向影响；处于高财务困境中的企业因面临较高的融资约束，使得战略差异对融资成本的正向影响更为突出。

7.2 政策建议

以上研究结论表明，战略差异会对融资结构、融资期限和融资成本产生显著影响。本书的研究结论有助于人们在经济新常态背景下，理解实施战略差异所产生的融资效应，同时，可为政策制定机构如何更好地制定和执行公司战略制度提供理论指导，为上市公司如何应对战略差异对企业产生的融资后果，以及为投资者关注战略信息进行价值投资提供新的决策思路。本书政策性启示具体如下。

第一，对于政策制定机构而言，战略差异减少了债务融资水平，增加了债务期限，抬高了融资成本，说明战略差异的实施对企业存在风险。尽管企业通过储备财务灵活性，减少债务融资，为减少流动性风险（再融资风险）增加了债务期限，但与此同时，企业又面临较高的融资成本，企业本身隐含的流动性风险不容忽视，应引起监管机构关注。此外，政府应大力发展金融市场，缓解企业融资约束，进而降低战略差异公司的高融资成本。

第二，对上市公司而言。为了防止战略差异给企业带来的经营风险或流动性风险，应采用稳健的处理方式，积极储备财务灵活性，同时减少债务融资对企业的进一步冲击；通过增加资产流动性，向资本市场释放较高质量的公司信息，争取较长的债务期限，以减少公司的流动性风险。此外，对于战略差异对融资成本的影响，从影响机制来说，为降低实施战略差异公司的高融资成本，企业应当通过优化经营，加强公司治理，稳定业绩，从而减少现金流波动；从作用条件来说，为降低企业融资成本，实施战略差异的公司应提高企业竞争地位或缓解财务困境。

第三，对投资者和债权人而言。《深圳证券交易所上市公司投资者关系管理指引》指出，引导投资者关系管理负责人应当对战略规划及发展前景等持续进行自愿性信息披露，帮助信息使用者作出理性的判断和决策。如何利用好战略差异信息进行决策是投资者和债权人需要面对的问题。虽然战略的初衷是为了获取竞争优势，但战略差异对经营风险的影响是不容忽视的，尽管上市公司已经通过减少债务融资或增加债务期限进行了积极应对，但潜在的经营风险仍然是存在的。因此，本书的研究发现提醒投资者和债权人在决策时要关注企业战略差异引起的潜在的经营风险，通过提高回报率进行风险对冲。

7.3　研究局限和未来研究方向

由于笔者知识、精力、能力和时间的局限性，本书的部分内容需要在后续研究中不断完善和深入。

第一，关于本书研究样本区间。由于战略差异指标所用到固定原值数据出自色诺芬经济金融数据库，从成都色诺芬信息技术有限责任公司了解到，2017 年后上市公司不再披露固定资产原值数据，这使得本书的研究样本区间只到 2017 年，以后的研究中可能用剔除固定资产更新维度重新计算战略差异指标。

第二，企业战略差异与融资行为的因果推断可能会受到反向因果、遗漏变量等内生性问题的干扰，为减轻内生性的影响，书中已经采用工具变量进行两阶段回归（IV－2SLS）、Heckman 两阶段回归等，下一步研究将考虑在行业市场出现重大变化、企业被迫进行战略调整的时机来进行研究，以减轻研究中的内生性。

第三，企业整体战略可能通过财务战略影响财务管理，而且在公司发展的不同生命周期阶段，其对融资管理有重要的影响。在未来的研究中将考虑财务战略在战略差异影响融资行为中所起的作用，同时考虑企业发展的不同生命周期阶段。

第四，对于战略差异的度量方法，国内关于战略差异的研究是在借鉴汤等（Tang et al., 2011）、叶康涛等（2014；2015）、王化成等（2017）的方法，基于会计信息的视角，从资源分配模式的六个战略维度构建战略差异指标，但是该方法作为战略差异的代理变量具有一定局限性。如基于会计信息的战略指标，往往是战略实施的结果。笔者打算从文本分析入手，基于公司披露的文本信息或媒体公开报道的信息构造出反映前因的战略指标。

参考文献

［1］蔡卫星，曾诚．公司多元化对证券分析师关注度的影响——基于证券分析师决策行为视角的经验分析［J］．南开管理评论，2010，13（4）：125 – 133.

［2］柴才，黄世忠，叶钦华．竞争战略、高管薪酬激励与公司业绩——基于三种薪酬激励视角下的经验研究［J］．会计研究，2017（6）：45 – 52.

［3］车嘉丽，段然．战略差异度、女性高管与企业成本粘性——来自制造业上市公司的经验证据［J］．广东财经大学学报，2016，31（6）：64 – 74.

［4］陈海强，韩乾，吴锴．现金流波动，盈利稳定性与公司价值——基于沪深上市公司的实证研究［J］．金融研究，2012（9）：181 – 194.

［5］陈峻，王雄元，彭旋．环境不确定性、客户集中度与权益资本成本［J］．会计研究，2015（11）：76 – 82.

［6］陈胜蓝，王璟，李然．诉讼风险与公司资本结构——基于法官异地交流的准自然实验［J］．上海财经大学学报（哲学社会科学版），2020，22（2）：69 – 80.

［7］陈晓敏．财务重述公司盈余质量特征及其经济后果研究［D］．广州：暨南大学，2011.

［8］陈彦百，陈如焰．企业战略、终极控制人与现金持有水平——基于我国 A 股上市公司数据的分析［J］．商业研究，2017（12）：117 – 126.

［9］陈永强，潘奇．国际化经营对企业履行社会责任的影响——以慈善捐赠为例的上市公司实证研究［J］．杭州师范大学学报（社会科学版），2016（3）：128 – 136.

［10］程智荣．内部控制确否显著降低资本成本探讨［J］．现代财经（天津财经大学学报），2012（6）：50 – 60.

［11］楚有为．公司战略与银行借款融资［J］．上海金融，2020（6）：38 – 48.

［12］代彬，匡慧，刘怡．国际化战略会影响企业的现金持有行为吗?——来自中国 A 股上市公司的实证研究［J］．云南财经大学学报，2019，35（12）：75 – 85.

［13］邓可斌，丁重．多元化战略与资本结构之间关系探析［J］．管理学报，2010，7（7）：1075 – 1084.

［14］樊纲等：《中国市场指数——各省区市场相对花进程 2011 年度报告》［M］．北京：经济科学出版社，2011.

［15］范海峰，石水平．财务信息透明度/机构投资者与公司股权融资成本［J］．暨南学报，2016（4）：42 – 52.

［16］方红星，施继坤．自愿性内部控制鉴证与权益资本成本——来自沪市 A 股非金融类上市公司的经验证据［J］．经济管理，2011（12）：137 – 143.

［17］付玉梅，张丽平．多元化经营战略与公司的现金股利政策——基于融资约束和代理冲突两大视角的探讨［J］．商业研究，2018（12）：133 – 143.

［18］高梦捷．公司战略、高管激励与财务困境［J］．财经问题研究，2018（3）：101 – 108.

［19］高增亮，张俊瑞，李海霞．高管金融网络关系、融资约束与资本结构［J］．金融论坛，2019.

［20］顾乃康，宁宇．公司的多样化战略与资本结构关系的实证研究［J］．南开管理评论.2004（6）：89 – 93.

［21］顾乃康，周艳利．卖空的事前威慑、公司治理与企业融资行为——基于融资融券制度的准自然实验检验［J］．管理世界.2017（2）：120 – 134.

［22］郭鹏飞，孙培源．资本结构的行业特征：基于中国上市公司的实证研究［J］．经济研究，2003（5）：66 – 73，9.

［23］郭照蕊，黄俊．公司多元化经营与会计信息价值相关性——来自中国证券市场的经验证据［J］．中央财经大学学报，2020（1）：58 – 69.

［24］韩艳锦．企业战略差异度与高管薪酬——来自效率契约说的新证据［J］．科研管理，2021（2）：181 – 189.

［25］何靖．政治关系、金融发展和民营信贷成本歧视［J］．山西财经大学学报，2011（6）：36 – 45.

［26］何熙琼，杨昌安．公司多元化与分析师预测准确性［J］．财经科学，2020，383（2）：45 – 57.

［27］何熙琼，尹长萍．企业战略差异度能否影响分析师盈余预测——

基于中国证券市场的实证研究 [J]. 南开管理评论, 2018 (2): 149 - 159.

[28] 何玉润, 徐云. 企业战略差异度会影响分析师盈利预测的准确性吗? [J]. 北京工商大学学报 (社会科学版), 2017, 32 (2): 58 - 66.

[29] 洪道麟, 熊德华. 所有权性质、多元化经营和资本结构内生性 [J]. 经济学季刊, 2007 (7): 1165 - 1185.

[30] 侯德帅, 赵鹤临, 董曼茹, 等. 企业战略定位差异与商业信用 [J]. 数理统计与管理, 2020, 39 (3): 135 - 154.

[31] 胡刘芬. 企业战略对融资约束的影响及机理研究 [J]. 南开经济研究, 2021 (1): 58 - 84.

[32] 胡楠, 邱芳娟, 梁鹏. 竞争战略与盈余质量——基于文本分析的实证研究 [J]. 当代财经, 2020 (9): 138 - 148.

[33] 胡奕明, 谢诗蕾. 银行监督效应与贷款定价——来自上市公司的一项经验研究 [J]. 管理世界, 2005 (5): 34 - 43.

[34] 黄波, 王满, 吉建松. 战略差异、环境不确定性与商业信用融资 [J]. 现代财经 (天津财经大学学报), 2018 (1): 37 - 52.

[35] 黄贵海, 宋敏. 资本结构的决定因素——来自中国的证据 [J]. 经济学 (季刊), 2004 (1): 141 - 160.

[36] 黄娟娟, 肖珉. 信息披露、收益不透明度与权益资本成本 [J]. 中国会计评论, 2006, 4 (1): 69 - 84.

[37] 黄明峰, 吴斌. 税收政策的变化影响公司资本结构吗? ——基于两税合并的经验数据 [J]. 南方经济. 2010 (8): 17 - 28.

[38] 江伟, 雷光勇. 制度环境、审计质量与债务融资 [J]. 当代经济科学, 2008 (2): 117 - 123.

[39] 江伟, 李斌. 制度环境、国有产权与银行差别贷款 [J]. 金融研究, 2006 (11): 119 - 129.

[40] 姜付秀, 刘志彪, 李焰. 不同行业内公司之间资本结构差异研究——以中国上市公司为例 [J]. 金融研究, 2008, (5): 172 - 185.

[41] 姜付秀, 刘志彪. 行业特征、资本结构与产品竞争市场 [J]. 管理世界, 2005 (10): 74 - 81.

[42] 姜付秀, 陆正飞. 多元化与资本成本的关系——来自中国股票市场的证据 [J]. 会计研究, 2006 (6): 48 - 55.

[43] 姜付秀, 屈耀辉, 陆正飞, 等. 产品市场竞争与资本结构动态调整 [J]. 经济研究, 2008 (3): 99 - 110.

［44］蒋琰，陆正飞. 公司治理与股权融资成本——单一与综合机制的治理效应研究［J］. 数量经济技术经济研究，2009（2）：60－75.

［45］蒋琰. 权益成本、债务成本与公司治理：影响差异性研究［J］. 管理世界，2009（11）：144－155.

［46］靳毓，文雯. 税收政策不确定性与企业债务融资决策［J］. 当代财经，2020，426（5）：137－149.

［47］雷新途. 我国企业资产专用性研究——来自制造业上市公司的经验证据［J］. 中南财经政法大学学报，2010（1）：101－106.

［48］李丹，袁淳. 信贷紧缩与短期债务的流动性成本［J］. 中央财经大学学报，2019，381（5）：51－63.

［49］李刚，陈利军，刘国栋. 会计信息可比性与债务融资——基于中国上市公司的实证分析［J］. 中国注册会计师，2015（3）：68－74.

［50］李刚，张伟，王艳艳. 会计盈余质量与权益资本成本关系的实证分析［J］. 审计与经济研究，2008，23（5）：57－62.

［51］李高波，于博. 企业战略差异与商业信用模式［J］. 财经问题研究，2021（6）：100－109.

［52］李高波，朱丹. 战略异质性与现金持有——基于预防动机的实证检验［J］. 东岳论丛，2016（8）：81－99.

［53］李高波. 战略差异与商业信用提供［J］. 北京工商大学学报（社会科学版），2020，216（6）：84－96.

［54］李广子，刘力. 债务融资成本与民营信贷歧视［J］. 金融研究，2009（12）：137－150.

［55］李敏. 行业多元化，地域多元化对企业外部审计的影响［J］. 中国注册会计师，2020，258（11）：55－61.

［56］李庆华. 企业战略定位：一个理论分析构架［J］. 科研管理，2004，25（1）：7－13.

［57］李晓东，张晓婕. 公司战略、盈余管理与债务成本［J］. 会计论坛，2018（1）：72－95.

［58］李志刚，施先旺. 战略差异、管理层特征与银行借款契约——基于风险承担的视角［J］. 中南财经政法大学学报，2016（2）：68－77.

［59］李志军，王善平. 货币政策、信息披露质量与公司债务融资［J］. 会计研究，2011（10）：56－62.

［60］厉国威，沈晓艳. 企业战略差异，高管薪酬激励与审计师选择

[J]. 财经论丛，2020，267（12）：72 – 79.

[61] 梁亚松，钟田丽，胡彦斌. 产品多元化战略与融资结构决策：理论模型与实证检验 [J]. 管理评论. 2016，178 – 185.

[62] 廖冠民，唐弋宇，吴溪. 经营风险、产权性质、银行竞争与企业债务期限结构：基于流动性风险理论的实证检验 [J]. 中国会计与财务研究，2010，12（4）：1 – 75.

[63] 林斌，孙烨，刘瑾. 内部控制、信息环境与资本成本——来自中国上市公司的经验证据 [J]. 证券市场导报，2012（11）：26 – 31.

[64] 林川，张思璨. 国际化经营、创始人 CEO 与创业板上市公司股价崩盘风险 [J]. 哈尔滨商业大学学报（社会科学版），2019（5）：46 – 55.

[65] 林晚发. 机构投资者与债务资本成本：基于信息不对称视角 [J]. 珞珈管理评论，2016，12（2）：65 – 82.

[66] 林钟高，郑军，卜继栓. 环境不确定性、多元化经营与资本成本 [J]. 会计研究，2015（2）：36 – 43.

[67] 刘冰，方政. 公司内部治理机制与股权融资成本——股权性质差异条件下的影响因素分析 [J]. 经济管理，2011（12）：135 – 140.

[68] 刘东博. 企业战略差异与债务融资成本 [D]. 石河子：石河子大学，2018.

[69] 刘会芹，施先旺. 企业战略差异对分析师行为的影响 [J]. 山西财经大学学报，2018（1）：112 – 123.

[70] 刘井建，焦怀东，南晓莉. 高管薪酬激励对公司债务期限的影响机理研究 [J]. 科研管理，2015（8）：96 – 103.

[71] 刘磊，王亚星，潘俊. 经济政策不确定性，管理层治理与企业债务融资决策 [J]. 山西财经大学学报，2019（11）：86 – 100.

[72] 刘卿龙，杨兴全. 多元化经营与现金股利政策：代理冲突还是融资约束？[J]. 会计与经济研究，2018（4）：76 – 89.

[73] 刘星河. 公共压力、产权性质与企业融资行为——基于"PM2.5 爆表"事件的研究 [J]. 经济科学，2016（2）：67 – 80.

[74] 刘行. 企业的战略类型会影响盈余特征吗？——会计稳健性视角的考察 [J]. 南开管理评论，2016，19（4）：111 – 121.

[75] 刘永冠. 中国制度背景下的上市公司债务成本研究 [D]. 成都：西南财经大学，2013.

[76] 刘媛媛，韩艳锦，张琪. 多元化结构、金字塔层级与投资效

率——来自于国有企业集团的证据 [J]．中国经济问题，2016(5)：99 - 109．

[77] 卢文彬，官峰，张佩佩，等．媒体曝光度、信息披露环境与权益资本成本 [J]．会计研究，2014 (12)：66 - 71，96．

[78] 陆正飞，高强．中国上市公司融资行为研究——基于问卷调查的分析 [J]．会计研究，2003 (10)：16 - 24．

[79] 吕伟，陈丽花，佘名元．商业战略，声誉风险与企业避税行为 [J]．经济管理，2011 (11)：121 - 129．

[80] 罗琦，胡亦秋．公司自由现金流与资本结构动态调整 [J]．财贸研究，2016 (3)：117 - 125．

[81] 罗忠莲．上市公司战略差异度对会计信息质量的影响研究 [D]．武汉：中南财政政法大学，2019．

[82] 雒敏，麦海燕．审计意见、审计质量与债务期限结构——基于我国上市公司的经验证据 [J]．经济管理，2011 (7)：121 - 130．

[83] 雒敏，聂文忠．财政政策、货币政策与企业资本结构动态调整——基于我国上市公司的经验证据 [J]．经济科学，2012 (5)：18 - 32．

[84] 马宁，王雷．企业生命周期、竞争战略与风险承担 [J]．当代财经，2018 (5)：72 - 82．

[85] 马文超，胡思玥．货币政策、信贷渠道与资本结构 [J]．会计研究，2012 (11)：39 - 48．

[86] 倪娟，彭凯，胡熠．连锁董事的"社会人"角色与企业债务成本 [J]．中国软科学，2019 (2)：98 - 114．

[87] 潘俊，王亚星．战略差异影响企业税收激进程度吗？——基于"账税差异"的检验 [J]．中南财经政法大学学报，2019 (6)：52 - 60．

[88] 潘镇，杨柳，殷华方．中国企业国际化的社会责任效应研究 [J]．经济管理，2020 (9)：27 - 48．

[89] 钱雪松，唐英伦，方胜．担保物权制度改革降低了企业债务融资成本吗？——来自中国《物权法》自然实验的经验证据 [J]．金融研究，2019 (7)：115 - 134．

[90] 任秀梅，杜慧慧，施继坤．财务重述对债务融资成本影响的实证研究 [J]．辽宁工程技术大学学报（社会科学版），2015 (6)：593 - 598．

[91] 邵军，刘志远．多元化战略对管理层激励的影响——来自中国资本市场的经验证据 [J]．当代经济科学，2006，28 (2)：1 - 10．

[92] 邵军，邵兵．多元化战略对上市公司资本结构的影响 [J]．辽宁

工学院学报，2005，7（5）：14－17.

［93］盛明泉，周洁，汪顺．产权性质、企业战略差异与资本结构动态调整［J］．财经问题研究，2018（11）：98－103.

［94］苏冬蔚，曾海舰．宏观经济因素与公司资本结构变动［J］．经济研究，2009（12）：52－65.

［95］孙嘉舸，王满．竞争战略、地区要素市场化水平与费用粘性［J］．财经问题研究，2019（1）：105－113.

［96］孙健，王百强，曹丰，等．公司战略影响盈余管理吗？［J］．管理世界，2016（3）：160－169.

［97］孙健，王百强，曹丰．公司战略影响股价崩盘风险吗？［J］．经济管理，2016（12）：47－61.

［98］孙洁，殷方圆．行业竞争、战略差异度与企业金融化［J］．当代财经，2020（12）：137－148.

［99］孙铮，刘凤委，李增泉．市场化程度、政府干预与企业债务期限结构——来自我国上市公司的经验证据［J］．经济研究，2005（5）：53－63.

［100］田高良，赵莉君．所得税对我国上市公司资本结构的影响［J］．西安交通大学学报（社会科学版），2008（3）：33－38，68.

［101］田园．企业战略对费用粘性影响研究——基于代理成本视角［D］．大连：东北财经大学，2018.

［102］佟孟华，艾永芳，孙光林．公司战略、大股东持股以及股价崩盘风险［J］．当代经济管理，2017，39（1）：73－80.

［103］汪炜，蒋高峰．信息披露、透明度与资本成本［J］．经济研究，2004，39（7）：107－114.

［104］王百强，伍利娜．审计师对采用差异化战略的客户区别对待了吗？［J］．审计研究，2017（5）：56－63.

［105］王东静，张祥建．市场条件、竞争行为与公司债务期限决策［J］．管理评论，2008（1）：47－54.

［106］王福胜，宋海旭．终极控制人、多元化战略与现金持有水平［J］．管理世界，2012（7）：124－136.

［107］王红建，杨筝，阮刚铭，等．放松利率管制、过度负债与债务期限结构［J］．金融研究，2018（2）：100－117.

［108］王化成，高鹏，张修平．企业战略影响超额在职消费吗？［J］．会计研究，2019（3）：40－46.

［109］王化成，侯粲然，刘欢．战略定位差异、业绩期望差距与企业违约风险［J］．南开管理评论，2019（4）：4 – 19.

［110］王化成，李昕宇，孟庆斌．公司战略、诉讼风险与市场反应［J］．中国会计评论，2018（3）：311 – 350.

［111］王化成，张修平，高升好．企业战略影响过度投资吗？［J］．南开管理评论，2016，19（4）：87 – 97，110.

［112］王化成，张修平，侯粲然，等．企业战略差异与权益资本成本——基于经营风险和信息不对称的中介效应研究［J］．中国软科学，2017（9）：99 – 113.

［113］王化成，钟凯，郝恩琪，等．企业战略定位与公司财务行为：理论研究框架与建议［J］．财务研究，2018（6）：5 – 15.

［114］王会娟，魏春燕，张然．私募股权投资对被投资企业债务契约的影响研究［J］．山西财经大学学报，2014（10）：24 – 34.

［115］王亮亮，王跃堂．基于非债务税盾视角的分析［J］．中国工业经济，2015（11）：125 – 140.

［116］王亮亮．真实活动盈余管理与权益资本成本［J］，管理科学，2013（5）：87 – 99.

［117］王茜，张鸣．基于经济波动的控股股东与股利政策关系研究——来自中国证券市场的经验证据［J］．财经研究，2009，35（12）：50 – 60.

［118］王任飞．创新型战略企业的资本结构选择［J］．管理学报，2004（3）：281.

［119］王艺霖，王爱群．内控缺陷披露，内控审计与债务资本成本——来自沪市 A 股上市公司的经验证据［J］．中国软科学，2014（2）：150 – 160.

［120］王艺霖，王爱群．内控缺陷披露、内控审计对权益资本成本的影响——来自沪市 A 股上市公司的经验证据［J］．宏观经济研究，2014（2）：123 – 130.

［121］王跃堂，王亮亮，彭洋．产权性质，债务税盾与资本结构［J］．经济研究，2010（9）：122 – 136.

［122］王运通，姜付秀．多个大股东能否降低公司债务融资成本［J］．世界经济，2017，40（10）：119 – 143.

［123］魏志华，王贞洁，吴育辉，等．金融生态环境、审计意见与债务融资成本［J］．审计研究，2012（3）：98 – 105.

［124］魏志华，曾爱民，李博．金融生态环境与企业融资约束——基于

中国上市公司的实证研究 [J]. 会计研究，2014（5）：73 – 80.

[125] 温忠麟，叶宝娟. 中介效应分析：方法和模型发展 [J]. 心理科学进展，2014，22（5）：731 – 745.

[126] 温忠麟，张雷，侯杰泰，等. 中介效应检验程序及其应用 [J]. 心理学报，2004（5）：111 – 117.

[127] 吴昊旻，墨沈微，孟庆玺. 公司战略可以解释高管与员工的薪酬差距吗？[J]. 管理科学学报，2018，21（9）：110 – 122.

[128] 吴昊旻，王华. 行业产品市场竞争与上市公司债务融资选择实证研究 [J]. 暨南学报（哲学社会科学版），2009（6）：124 – 132.

[129] 吴昊旻，王杰，买生. 多元化经营、银行信贷与商业信用提供——兼论融资约束与经济周期的影响 [J]. 管理评论，2017，29（10）：223 – 233.

[130] 吴芃，顾燚炀，卢珊，等. 市场竞争战略与会计师事务所选择——来自制造业上市公司的证据 [J]. 东南大学学报（哲学社会科学版），2019（6）：76 – 84.

[131] 吴芃，杨小凡，巴娟娟，等. 高管过度自信、竞争战略和财务报告舞弊——来自中国 A 股市场的证据 [J]. 东南大学学报（哲学社会科学版），2016，18（1）：52 – 64.

[132] 吴兴宇，王满，马勇. 客户集中度只会加剧债务融资成本吗？——来自我国上市公司的经验证据 [J]. 商业研究，2020（1）：113 – 122.

[133] 肖浩，夏新平. 政府干预、政治关联与权益资本成本 [J]. 管理学报，2010，7（6）：921.

[134] 肖泽忠，邹宏. 中国上市公司资本结构的影响因素和股权融资偏好 [J]. 经济研究，2008（6）：119 – 134.

[135] 肖作平，廖理. 公司治理影响债务期限水平吗？——来自中国上市公司的经验证据 [J]. 管理世界，2008（11）：143 – 156.

[136] 肖作平，吴世农. 我国上市公司资本结构影响因素实证研究 [J]. 证券市场导报，2002（8）：39 – 44.

[137] 肖作平，周嘉嘉. 制度环境和权益资本成本——来自中国省际数据的比较研究 [J]. 证券市场导报，2012（8）：19 – 27.

[138] 肖作平. 对我国上市公司债务期限结构影响因素的分析 [J]. 经济科学，2005（3）：80 – 89.

[139] 肖作平. 公司治理结构对资本结构类型的影响——一个 Logit 模

型 [J]. 管理世界, 2005 (9): 137 – 147.

[140] 肖作平. 制度因素对资本结构选择的影响分析 [J]. 证券市场导报, 2009 (12): 40 – 47.

[141] 肖作平. 资本结构影响因素实证研究综述 [J]. 证券市场导报, 2005 (11): 33 – 40.

[142] 辛清泉, 林斌, 王彦超. 政府控制、经理薪酬与资本投资 [J]. 经济研究, 2007 (8): 112 – 124.

[143] 邢立全, 陈汉文. 产品市场竞争, 竞争地位与审计收费——基于代理成本与经营风险的双重考量 [J]. 审计研究, 2013 (3): 50 – 58.

[144] 徐业坤, 陈十硕, 马光源. 多元化经营与企业股价崩盘风险 [J]. 管理学报, 2020 (3): 127 – 134.

[145] 薛求知, 李茜. 企业国际化, 国内产业增长和高管薪酬——基于 2006 ~ 2010 年制造业上市公司面板数据分析 [J]. 兰州学刊, 2012 (11): 117 – 123.

[146] 闫焕民, 魏珊珊, 张亮. 公司战略与盈余管理路径选择——兼论审计治理效应 [J]. 管理评论, 2020 (6): 292 – 306

[147] 杨澄. 差异化战略, 产业政策与成本粘性 [J]. 暨南学报 (哲学社会科学版), 2018 (2): 76 – 87.

[148] 杨兴全, 刘东博, 王裕. 战略差异提高了企业债务融资成本吗? [J]. 中南财经政法大学学报, 2018 (4): 56 – 63.

[149] 杨兴全, 梅波. 公司治理机制对债务期限结构的影响——来自我国上市公司的经验证据 [J]. 财贸研究, 2008, 19 (1): 134 – 140.

[150] 杨兴全, 曾春华. 市场化进程、多元化经营与公司现金持有 [J]. 管理科学, 2013, 25 (6): 43 – 54.

[151] 杨兴全, 张兆慧. 战略差异如何影响公司现金持有 [J]. 贵州财经大学学报, 2018 (3): 41 – 53.

[152] 杨照江, 蔡正毅. 多元化经营对公司资本成本的影响——基于盈余质量的分析 [J]. 云南财经大学学报, 2011 (1): 139 – 146.

[153] 杨忠海, 张丽萍, 李瑛玫. 财务报告可比性与股权资本成本关系研究——来自中国 A 股市场的经验证据 [J]. 当代会计评论, 2015 (2): 83 – 103.

[154] 姚立杰, 李刚, 程小可, 等. 多元化经营、公司价值和投资效率 [J]. 科学决策, 2010 (12): 9 – 18.

[155] 叶康涛, 董雪雁, 崔倚菁. 企业战略定位与会计盈余管理行为选

择 [J]. 会计研究，2015（10）：23 – 29，96.

[156] 叶康涛，陆正飞. 中国上市公司股权融资成本影响因素分析 [J]. 管理世界，2004（5）：127 – 131，142.

[157] 叶康涛，张姗姗，张艺馨. 企业战略差异与会计信息的价值相关性 [J]. 会计研究，2014（5）：44 – 51.

[158] 游家兴，刘淳. 嵌入性视角下的企业家社会资本与权益资本成本——来自我国民营上市公司的经验证据 [J]. 中国工业经济，2011（6）：109 – 119.

[159] 于富生，张敏. 信息披露质量与债务成本——来自中国证券市场的经验证据 [J]. 审计与经济研究，2007，22（5）：93 – 96.

[160] 于晓红，卢相君. 基于行业环境条件下的上市公司创新战略与资本结构 [J]. 经济管理，2012（2）：50 – 56.

[161] 袁克丽，闫红悦，翟淑萍. 上市公司战略定位影响资本结构吗？ [J]. 南方金融，2020（7）：57 – 68.

[162] 袁仁淼，周兵. 企业竞争战略、股权制衡度与盈余管理分析 [J]. 广州大学学报（社会科学版），2018（11）：43 – 48.

[163] 袁蓉丽，陈黎明，文雯. 上市公司内部控制审计报告自愿披露的经济效果研究——基于倾向评分匹配法和双重差分法的分析 [J]. 经济理论与经济管理，2014，34（6）：71 – 83.

[164] 袁蓉丽，李瑞敬，夏圣洁. 战略差异度与企业避税 [J]. 会计研究，2019（4）：74 – 80.

[165] 袁卫秋. 我国上市公司的债务期限结构——基于权衡思想的实证研究 [J]. 会计研究，2005（12）：53 – 58.

[166] 曾爱民，傅元略，魏志华. 金融危机冲击、财务柔性储备和企业融资行为——来自中国上市公司的经验证据 [J]. 金融研究，2011（10）：155 – 169.

[167] 曾海舰，苏冬蔚. 信贷政策与公司资本结构 [J]. 世界经济，2010（8）：17 – 42.

[168] 曾令涛，汪超. 地方财政刺激会影响企业的资本结构吗？——基于A股上市公司的实证研究 [J]. 中央财经大学学报，2015（12）：9 – 21.

[169] 曾颖，陆正飞. 信息披露质量与股权融资成本 [J]. 经济研究，2006（2）：69 – 79.

[170] 翟淑萍，孙雪娇，闫红悦. 企业战略激进程度与债务期限结构

［J］，金融论坛，2019（12）：38 - 49.

［171］张传奇，孙毅，芦雪瑶.现金流不确定性、管理者风险偏好和企业创新［J］.中南财经政法大学学报，2019（6）：71 - 81.

［172］张宏亮.多元化的盈余质量效应：中国上市公司的证据［J］.北京工商大学学报（社会科学版），2012（3）：65 - 73.

［173］张霁若，杨金凤.公司战略对内部控制缺陷信息披露的影响研究［J］.会计研究，2020，392（6）：173 - 182.

［174］张静，张焰朝.企业战略差异度与融资约束——基于信息不对称视角的研究［J］.北京工商大学学报（社会科学版），2021，36（2）：92 - 104.

［175］张良贵.市场化进程与企业外部融资成本间关系的演变——来自1990 ~ 2010 年中国数据的实证检验［J］.中国经济问题，2013：32 - 44.

［176］张玲，杜鎏，任贺.外部环境因素对房地产行业资本结构的影响［J］.经济问题，2012（1）：50 - 53.

［177］张然，王会娟，许超.披露内部控制自我评价与鉴证报告会降低资本成本吗？——来自中国 A 股上市公司的经验证据［J］.审计研究，2012（1）：96 - 102.

［178］张蕊，王洋洋.公司战略影响审计契约吗？——基于中国资本市场的经验证据［J］.审计研究，2019（2）：55 - 63.

［179］张先治，刘坤鹏，李庆华.战略偏离度、内部控制质量与财务报告可比性［J］.审计与经济研究，2018，33（6）：35 - 47.

［180］张先治，柳志南.公司战略、产权性质与风险承担［J］.中南财经政法大学学报，2017（5）：23 - 31.

［181］张学伟，徐丙岩.集团财务公司对"去杠杆"和"降成本"的作用——基于上市公司债务融资的实证研究［J］.常州大学学报（社会科学版），2020，21（1）：68 - 76.

［182］张则斌，朱少醒，吴健中.上市公司资本结构的影响因素［J］.系统工程理论方法应用，2000，9（2）：106 - 112.

［183］章细贞.公司多元化战略对资本结构影响的研究——基于面板数据的实证分析［J］.财经理论与实践，2009，3（6）：61 - 67.

［184］章细贞.竞争战略对资本结构影响的实证研究［J］.中南财经政法大学学报，2008（1）：56 - 60.

［185］章细贞.制度环境、政治联系与民营企业债务期限结构［J］.财经论丛（浙江财经大学学报），2011（2）：76 - 83.

［186］赵蒲, 孙爱英. 资本结构与产业生命周期: 基于中国上市公司的实证研究 ［J］. 管理工程学报, 2005, 19 (3): 42－46.

［187］周兵, 钟延勇, 徐辉, 等. 企业战略、管理者预期与成本粘性——基于中国上市公司经验证据 ［J］. 会计研究, 2016 (7): 58－65.

［188］周楷唐, 麻志明, 吴联生. 持续经营审计意见是否具有额外价值? ——来自债务融资的证据 ［J］. 会计研究, 2016 (8): 81－88.

［189］朱杰. 财务战略影响公司商业信用融资能力吗? ［J］. 审计与经济研究, 2018, 33 (6): 75－86.

［190］朱武祥, 陈寒梅, 吴迅. 产品市场竞争与财务保守行为——以燕京啤酒为例的分析 ［J］. 经济研究, 2002 (8): 28－36.

［191］Ackoff R L. Redesigning the Future ［M］. New York: Willer, 1974.

［192］Adizes, Ichak. Managing Corporate Life Cycle, 2nd editon ［M］. Santa Barbara, CA: The Adizes Institute Publishing, 2004.

［193］Aggarwal, R, Goodell, J W. Markets and Institutions in Financial Intermediation: National Characteristics as Determinants ［J］. Journal of Banking and Finance, 2009 (33): 1770－1780.

［194］Aggarwal, R., Kyaw, N. A. Transparency and Capital Structure in Europe: Evidence of Firm, Industry, and National Institutional Influences. In: Oxelheim, L. (Ed.), Corporate and Institutional Transparency for Economic Growth in Europe. Elsevier, Netherlands, 2006.

［195］Akerlof, G. A. The Market for Lemons: Quality Uncertainty and the Market Mechanism ［J］. The Quarterly Journal of Economics, 1970 (84): 488－500.

［196］Akindayomi A, A M. Does Business Strategy Affect Dividend Payout Policies? (August 8, 2019). Available at SSRN: https://ssrn.com/abstract = 3434152.

［197］Albanez T. Impact of the Cost of Capital on the Financing Decisions of Brazilian Companies ［J］. International Journal of Managerial Finance, 2015, 11 (3): 285－307.

［198］Allaya, M., Derouiche, I., Muessig, A. Voluntary Disclosure, Ownership Structure, and Corporate Debt Maturity: A Study of French Listed Firms ［J］. International Review of Financial Analysis, 62. doi: 10.1016/j. irfa. 2018. 12. 008.

［199］Almeida, Heitor, Murillo Campello, and Michael S. Weisbach. The

Cash Flow Sensitivity of Cash [J]. Journal of Finance, 2004, 59 (4): 1777 –
1804.

[200] Alnori F. and F. Alqahtani, Capital Structure and Speed of Adjust-
ment in Non-financial Firms: Does Sharia Compliance Matter? Evidence from Sau-
di Arabia [J]. Emerging Markets Review, https://doi. org/10. 1016/j. ememar.
2019. 03. 008.

[201] Alter A, Elekdag S. Emerging Market Corporate Leverage and Global
Financial Conditions. IMF Working Papers, 2016.

[202] Altman, E. I. Financial Ratios, Discriminant Analysis and the Predic-
tion of Corporate Bankruptcy [J]. The journal of finance, 1968, 23 (4): 589 –609.

[203] Al-Najjar, B. , Hussainey, K. Revisiting the Capital Structure Puzzle:
UK Evidence [J]. The Journal of Risk Finance, 2011, 12 (4): 329 –338.

[204] Al-Najjar, B. , Taylor, P. The Relationship between Capital Struc-
ture, and Ownership Structure: New Evidence from Jordanian Panel Data [J].
Managerial Finance, 2008, 34 (12): 919 –933.

[205] Amarjit, G. , Nahum, B. , Harvinder, S. M. , & Charul,
S. Corporate Governance and Capital Structure of Small Business Service Firms in
India [J]. International Journal of Economics and Finance, 2012, 4 (8): 83 –92.

[206] Amihud, Y. , Mendelson, H. and Pedersen, L. H. Liquidity and
Asset Prices [J]. Foundation and Trends in Finance, 2005, 1 (4): 269 –360.

[207] Amihud, Y. Illiquidity and Stock Returns: Cross-section and Time
Series Effects [J]. Journal of Financial Markets, 2002 (5): 31 –56.

[208] Anderson, M. C. , Banker, R. D. , Janakiraman, S. N. Are Sell-
ing, General, and Administrative Costs "Sticky"? [J]. Journal of Accounting
Research, 2003, 41 (1): 47 –63.

[209] Anderson, R. C. Mansi, S. A. and Reeb, D. M. Borad Characteris-
tics, Accounting Report Integrity, and the Cost of Debt [J]. Journal of Account-
ing and Economics, 2004 (37): 315 –342.

[210] Andrade S C, Bernile G, Hood F M. SOX, Corporate Transparency,
and the Cost of Debt [J]. Journal of Banking and Finance, 2014 (38): 145 –165.

[211] Andres, C. , Cumming, D. , Karabiber, T. , & Schweizer, D. Do
Markets Anticipate Capital Structure Decisions? —Feedback Effects in Equity Liq-
uidity [J]. Journal of Corporate Finance, 2014 (27): 133 –156.

［212］ Andrews, K. R. The Concept of Corporate Strategy ［M］. New York, 1971.

［213］ Andrews, K. R. The Concept of Corporate Strategy ［M］. R. D. Irwin, 1980.

［214］ Ang, J. S. , Chua, J. H. & McConnell, J. J. The Administrative Costs of Corporate Bankruptcy: A Note ［J］. The Journal of Finance, 1982, 37 (1): 219 – 226.

［215］ Ansoff, H. I. Corporate Strategy: An Analytic Approach to Business Policy for Growth and Expansion ［M］. McGraw – Hill, New York, 1965.

［216］ Antoniou A, Guney Y, Paudyal K. The Determinants of Capital Structure: Capital Market-Oriented versus Bank-Oriented Institutions ［J］. Journal of Financial & Quantitative Analysis, 2008, 43 (1): 59 – 92.

［217］ Antoniou, A. , Guney, Y. , Paudyal, K. The Determinants of Debt Maturity Structure: Evidence from France, Germany and the UK ［J］. European Financial Management, 2006 (12): 161 – 194.

［218］ Arata N, Sheng H H, Lora M I. Internationalization and Corporate Cash Holdings: Evidence from Brazil and Mexico ［J］. Pacific Affairs, 2015, 19 (9): 1 – 19.

［219］ Arena, M. P. Corporate Litigation and Debt ［J］. Journal of Banking & Finance, 2018 (87): 202 – 215.

［220］ Arena, M. P. , & Dewally, M. Firm Location and Corporate Debt ［J］. Journal of Banking and Finance, 2012 (36): 1079 – 1092.

［221］ Ariss R T. Legal Systems, Capital Structure, and Debt Maturity in Developing Countries ［J］. Corporate Governance: An International Review, 2016, 24 (2): 130 – 144.

［222］ Armstrong, C. S. , Guay, W. R. , & Weber, J. P. The Role of Information and Financial Reporting in Corporate Governance and Debt Contracting ［J］. Journal of Accounting and Economics, 2010 (50): 179 – 234.

［223］ Arrow, K. Essays in the Theory of Risk Bearing ［M］. Chicago, IL: Markham, 1971.

［224］ Arslan A, Florackis C, Ozkan A. Financial Flexibility, Corporate Investment and Performance: Evidence from Financial Crises ［J］. Review of Quantitative Finance and Accounting, 2014, 42 (2): 211 – 250.

［225］Ashbaugh, H. , Collins, D. W. and LaFond, R. Corporate Govern-ance and the Cost of Equity Capital, SSRN Working Paper Series, 2004.

［226］Ashbaugh-Skaife H, Collins D W, Kinney W R, et al. The Effect of SOX Internal Control Deficiencies on Firm Risk and Cost of Equity ［J］. Journal of Accounting Research, 2010, 47 (1): 1－43.

［227］Ashbaugh-Skaife, H. , Collins, D. and LaFond, R. The Effects of Corporate Governance on Firm's Credit Ratings ［J］. Journal of Accounting and E-conomics, 2006 (42): 203－243.

［228］Ashraf B N, Shen Y. Economic Policy Uncertainty and Banks' Loan Pricing ［J］. Journal of Financial Stability, 2019 (44): 100695.

［229］Attig, N. , O. Guedhami, and D. Mishra. Multiple Large Shareholde-rs, Control Contests and Implied Cost of Equity ［J］. Journal of Corporate Fi-nance, 2008 (14): 721－737.

［230］Attig, N. , S. Cleary, S. El Ghoul, and O. Guedhami. Institutional Investment Horizons and the Cost of Equity Capital ［J］. Financial Management, 2013 (42): 441－477.

［231］Bae, K. H. , Goyal, V. K. Creditor Rights, Enforcement, and Bank Loans ［J］. Journal of Finance, 2009 (64): 823－860.

［232］Baker, M. , and J. Wurgler. Market Timing and Capital Structure ［J］. Journal of Finance, 2002 (57): 1－32.

［233］Balakrishnan S. and Fox I. Asset Specificity, Firm Heterogeneity and Capital Structure ［J］. Strategic Management Journal, 1993 (14): 3－16.

［234］Ballas A, Naoum V C, Vlismas O. The Effect of Strategy on the Asymmetric Cost Behavior of SG&A Expenses ［J］. European Accounting Review, 2020 (2): 1－39.

［235］Balvers R, Du D, Zhao X. Temperature Shocks and the Cost of Equi-ty Capital: Implications for Climate Change Perceptions ［J］. Journal of Banking and Finance, 2017 (77): 18－34.

［236］Bancel F, Mittoo U R. Cross-Country Determinants of Capital Struc-ture Choice: A Survey of European Firms ［J］. Financial Management, 2004 (33): 103－132.

［237］Barclay M J, Smith C W. The Maturity Structure of Corporate Debt ［J］. Journal of Finance, 1995 (50): 609－631.

［238］ Barclay, M. J. , Smith, Jr. , C. W. , & Morellec, E. On the Debt Capacity of Growth Options ［J］. The Journal of Business, 2006, 79 (1): 37 – 60.

［239］ Barone G J. Essays on the Effects of Variation in Earnings Quality on the Cost of Equity Capital ［D］. 2002.

［240］ Barth M E, Beaver W H, Hand J R M, et al. Accruals, Accounting-Based Valuation Models, and the Prediction of Equity Values ［J］. Journal of Accounting, Auditing and Finance, 2005, 20 (4): 311 – 345.

［241］ Bartlett, C. A. , Ghoshal, S. Managing across Borders. The Transnational Solution ［M］. Boston, Mass: Harvard Business School Press, 1989.

［242］ Barton, S. L. and P. J. Gordon. Corporate Strategy and Capital Structure ［J］. Strategic Management Journal, 1988, 9 (6): 623 – 632.

［243］ Bas, T. , Muradoglu, G. , & Phylaktis, K. Determinants of Capital Structure in Developing Countries, Working Paper, 2009.

［244］ Batra, R. , & Sinha, I. Consumer-Level Factors Moderating the Success of Private Label Brands ［J］. Journal of Retailing, 2000, 76 (2), 175 – 191.

［245］ Bauer, R. A. Consumer Behavior as Risk Taking. In Hancock R (eds). Dynamic marketing for a changing world. American Marketing Association: Chicago, IL, 1960: 389 – 398.

［246］ Baum C F, Caglayan M, Ozkan N, et al. The Impact of Macroeconomic Uncertainty on Non-Financial Firms' Demand for Liquidity ［J］. Review of Financial Economics, 2006 (15): 289 – 304.

［247］ Baum J A C, Singh J V. Organizational Niches and the Dynamics of Organizational Founding ［J］. Organization Science, 1994, 5 (4): 483 – 501.

［248］ Bazerman M H, Schoorman F D. Diversification Strategy and R&D Intensity in Multiproduct Firms ［J］. The Academy of Management Journal, 1983 (32): 310 – 322.

［249］ Beck, T. & Levine, R. Industry Growth and Capital Allocation: Does Having a Market-or Bank-Based System Matter? Journal of Financial Economics, 2002 (64): 147 – 180.

［250］ Bens, D. , P. Berger, and S. Monahan. Discretionary Disclosure in Financial Reporting: An Examination Comparing Internal Firm Data to Externally Reported Segment Data ［J］. The Accounting Review, 2011 (86): 417 – 449.

［251］ Bentley K A, Omer T C, Sharp N Y. Business Strategy, Financial

Reporting Irregularities, and Audit Effort [J]. Contemporary Accounting Research, 2013, 30 (2): 780 – 817.

[252] Bentley-Goode K A, Omer T C, Twedt B J. Does Business Strategy Impact a Firm's Information Environment? [J]. Journal of accounting, auditing & finance, 2019, 34 (4): 563 – 587.

[253] Bentley-Goode, K. A., Newton, N. J., Thompson, A. M. Business Strategy, Internal Control over Financial Reporting, and Audit Reporting Quality [J]. Auditing: a Journal of Practice and Theory, 2017 (36): 49 – 69.

[254] Ben-Nasr, H., Boubaker, S., & Rouatbi, W. Ownership Structure, Control Contestability, and Corporate Debt maturity [J]. Journal of Corporate Finance, 2015 (35): 265 – 285.

[255] Berger P G, Hann R N. Segment Profitability and the Proprietary and Agency Costs of Disclosure [J]. The Accounting Review, 2007, 82 (4): 869 – 906.

[256] Berger P G, Yermack O. Managerial Entrenchment and Capital Structure Decisions [J]. Journal of Finance, 1997, 52 (4): 1411 – 1438.

[257] Berger, P., and R. Hann. Segment Profitability and the Proprietary and Agency Costs of Disclosure [J]. The Accounting Review, 2007 (82): 869 – 906.

[258] Berger, P. G., Ofek, E., & Yermack, D. L. Managerial Entrenchment and Capital Structure Decisions [J]. The Journal of Finance, 2012, 52 (4): 1411 – 1438.

[259] Berle, A., & Means, G. The Modern Corporation and Private Property [M]. New York, NY: Macmillan, 1932.

[260] Bernanke B. and Blinder A. Credit, Money and Aggregate Demand [J]. American Economic Review, 1988 (78): 435 – 439.

[261] Berry, C. H. Corporate Growth and Diversification [J]. Journal of Law and Economics, 1971, 14 (2): 371 – 383.

[262] Bettis, R. A. Risk Considerations in Modelling Corporate Strategy [J]. Academy of Management Proceedings, 1982: 22 – 25.

[263] Beuselinck C, Du Y. Determinants of Cash Holdings in Multinational Corporation's Foreign Subsidiaries: US Subsidiaries in China [J]. Corporate Governance, 2017, 25 (2): 100 – 115.

[264] Bhabra, H. S., Liu, T., & Tirtiroglu, D. Capital Structure Choice in a Nascent Market, Evidence from Listed Firms in China [J]. Financial Man-

agement, 2008, 37 (2): 341 – 364.

[265] Bhamra H S, Kuehn L A, Strebulaev I A. The Aggregate Dynamics of Capital Structure and Macroeconomic Risk [J]. Review of Financial Studies, 2010, 23 (12): 4187 – 4241.

[266] Bharath, S., Pasquariello, P., & Wu, G. Does Asymmetric Information Drive Capital Structure Decisions? [J]. Review of Financial Studies, 2009, 22 (8): 3211 – 3243.

[267] Bharath, S. T., J. Sunder, S. V. Sunder. Accounting Quality and Debt Contracting [J]. The Accounting Review, 2008, 83 (1): 1 – 28.

[268] Bhatia, A., Ali, M. J., Balachandran, B., Jurdi, D., Audit Fees and Capital Structure Decision. Paper presented at the 6th Financial Markets and Corporate Governance Conference, Fremantle, Western Australia. Available at SSRN: http://dx. doi. org/10. 2139/ssrn. 2564129.

[269] Bhattacharya, U., H. Daouk, and M. Welker. The World Pricing of Earnings Opacity [J]. The Accounting Review, 2003 (78): 641 – 678.

[270] Bhojraj, S., Sengupta, P. Effect of Corporate Governance on Bond Ratings and Yields: The Role of Institutional Investors and outside Directors [J]. Journal of Business, 2003 (76): 455 – 475.

[271] Bloom, Nick, Bond, Stephen, Van Reenen, John. Uncertainty and Investment Dynamics [J]. Review of Economic Studies, 2007, 74 (2): 391 – 415.

[272] Bolton, P., & Scharfstein, D. S. A Theory of Predation Based on A-gency Problems in Financial Contracting [J]. The American Economic Review, 1990, 80 (1), 93 – 106.

[273] Booth, L., Aivazian, V., Demirguc-kunt, A. & Maksimovic, V. Capital Structures in Developing Countries [J]. The Journal of Finance, 2001 (56): 87 – 130.

[274] Botosan C A. Disclosure Level and the Cost of Equity Capital [J]. Accounting Review, 1997, 72 (3): 323 – 349.

[275] Boubaker S, Saffar W, Sassi S. Product Market Competition and Debt Choice [J]. Journal of Corporate Finance, 2018: S0929119917304480.

[276] Boubakri N, Saffar W. State Ownership and Debt Choice: Evidence from Privatization [J]. Journal of Financial & Quantitative Analysis, 2019, 54 (3): 1313 – 1346.

[277] Bowen, R. M., Daly, L. A. and Huber, C. C. Evidence on the Existence and Determinants of Inter-Industry Differences in Leverage [J]. Financial Management, 1982, 11 (1): 10 – 20.

[278] Bradley, D., Pantzalis, C., Yuan, X. Policy Risk, Corporate Political Strategies, and the Cost of Debt [J]. Journal of Corporate Finance, 2016 (40): 254 – 275.

[279] Bradley, M., Jarrell, G., & Kim, H. On the Existence of an Optimal Capital Structure: Theory and Evidence [J]. Journal of Finance, 1984, 39 (4), 857 – 878.

[280] Brailsford, T. J., Oliver, B. R., & Pua, S. L. H. On the Relation between Ownership Structure and Capital Structure [J]. Accounting and Finance, 2002, 42 (1): 1 – 26.

[281] Brandt, L. and Li, H. Bank Discrimination in Transition Economies: Ideology, Information, or Incentives? [J]. Journal of Comparative Economics, 2003 (31): 387 – 413.

[282] Brick, I. E., Ravid, S. A. On the Relevance of Debt Maturity Structure [J]. Journal of Finance, 1985 (40): 1423 – 1437

[283] Brockman P, Martin X, Unlu E. Executive Compensation and the Maturity Structure of Corporate Debt [J]. The Journal of Finance, 2010, 65 (3): 1123 – 1161.

[284] Brogaard, J., Detzel, A. The Asset-Pricing Implications of Government Economic Policy Uncertainty [J]. Management Science, 2015 (61): 3 – 18.

[285] Brounen D, Jong A D, Koedijk K. Capital Structure Policies in Europe: Survey Evidence [J]. Social Science Electronic Publishing, 2006, 30 (5): 1409 – 1442.

[286] Bui, B., Moses, O., Houqe, M. Carbon Disclosure, Emission Intensity and Cost of Equity Capital: Multi-Country Evidence [J]. Accounting and Finance, 2020 (60): 47 – 71.

[287] Bulan, Laarni and Zhipeng Yan. The Pecking Order of Financing in the Firm's Life Cycle [J]. Banking and Finance Letters, 2009, 1 (3): 129 – 40.

[288] Burgman, T. A. An Empirical Examination of Multinational Corporate Capital Structure [J]. Journal of International Business Studies, 1996 (27): 553 – 570.

[289] Byoun S. Financial Flexibility and Capital Structure Decision [DB]. SSRN Working Paper 1108850, 2011.

[290] Byoun S. How and When Do Firms Adjust Their Capital Structures Toward Targets? [J]. Social Science Electronic Publishing, 2008, 63 (6): 3069 – 3096.

[291] Caglayan, M. , & Rashid, A. The Response of Firms' Leverage to Risk: Evidence from UK Public Versus Nonpublic Manufacturing Firms. Economic Inquiry, 2014, 52 (1): 341 – 363.

[292] Cai K, Fairchild R, Guney Y. Debt Maturity Structure of Chinese Companies [J]. Pacific-Basin Finance Journal, 2008, 16 (3): 268 – 297.

[293] Cai K, Zhu H. Customer-Supplier Relationships and the Cost of Debt [J]. Journal of Banking and Finance, 2020, 110: 105686.

[294] Campello M, Giambona E, Graham J R, Harvey C R. Liquidity Management and Corporate Investment during a Financial Crisis [J]. The Review of Financial Studies, 2011 (6): 1944 – 1979.

[295] Cao, Zhangfan and Lee, Edward, Does Business Strategy Influence Short-term Financing? Evidence from Trade Credit (2020) . Available at SSRN: https://ssrn. com/abstract = 3674554.

[296] Cappa F, Cetrini G, Oriani R. The Impact of Corporate Strategy on Capital Structure: Evidence from Italian Listed Firms [J]. The Quarterly Review of Economics and Finance, 2020: 76.

[297] Cespedes, J. , González, M. , & Molina, A. C. Ownership and Capital Structure in Latin America [J]. Journal of business research, 2010, 63 (3): 248 – 254.

[298] Chan Y C, Saffar W, Wei K C J. How Economic Policy Uncertainty Affects the Cost of Raising Equity Capital: Evidence from Seasoned Equity Offerings [J]. Journal of Financial Stability, 2020, 53: 100841.

[299] Chancharat N, Krishnamurti C, Tian G. Board Structure and Survival of New Economy IPO Firms [J]. Corporate Governance An International Review, 2012, 20 (2): 144 – 163.

[300] Chandler A D. Strategy and Structure: Chapters in the History of American Industrial Enterprise, Cambridge [M]. MA: MIT Press, 1962.

[301] Chang W C, Lin H Y, Koo M. The Effect of Diversification on Auditor Selection in Business Groups: A Case from Taiwan [J]. International Review

of Economics and Finance, 2017, 49 (5): 422 – 436.

[302] Chang, C., Lee, A. C., & Lee, C. F. Determinants of Capital Structure Choice: A Structural Equation Modeling Approach [J]. The Quarterly Review of Economics and Finance, 2009, 49 (2): 197 – 213.

[303] Chang, X., Dasgupta, S., Hilary, G. The Effect of Auditor Quality on Financing Decisions [J]. The Accounting Review, 2009 (4): 1085 – 1117.

[304] Chauhan Y. Group Affiliation and Corporate Debt Maturity: Co-Insurance or Expropriation [J]. International Journal of Managerial Finance, 2020, ahead-of-print (ahead-of-print).

[305] Chen C, Li L, Ma M L Z. Product Market Competition and the Cost of Equity Capital: Evidence from China [J]. Asia-Pacific Journal of Accounting and Economics, 2014, 21 (3): 227 – 261.

[306] Chen H, Huang H H, Lobo G J, et al. Religiosity and the Cost of Debt [J]. Journal of Banking & Finance, 2016, 70 (9): 70 – 85.

[307] Chen T Y, Dasgupta S, Yu Y. Transparency and Financing Choices of Family Firms [J]. Journal of Financial & Quantitative Analysis, 2014, 49 (2): 381 – 408.

[308] Chen Y, Eshleman J D, Soileau J S. Business Strategy and Auditor Reporting [J]. AUDITING: A Journal of Practice & Theory, 2017, 36 (2): 63 – 86.

[309] Chen, C.; C. S. A. Cheng; J. He; and J. Kim. An Investigation of the Relationship between International Activities and Capital Structure [J]. Journal of International Business Studies, 1997, 28 (3): 563 – 577.

[310] Chen, H., J. Z. Chen, G. J. Lobo, and Y. Wang. Effects of Audit Quality on Earnings Management and Cost of Equity Capital: Evidence from China [J]. Contemporary Accounting Research, 2011 (28): 892 – 925.

[311] Chen, H. Macroeconomic Conditions and the Puzzles of Credit Spreads and Capital Structure [J]. Journal of Finance, 2010, 65 (6): 2171 – 2212.

[312] Chen, J. J. Determinants of Capital Structure of Chinese-Listed Companies [J]. Journal of Business Research, 2004, 57 (12): 1341 – 1351.

[313] Chen, Ming-Jer and Danny, Miller. Competitive Attack, Retaliation and Performance: An Expectancy-Valence Framework [J]. Strategic Management Journal, 1994, 15 (2): 18.

[314] Cheynel E. A Theory of Voluntary Disclosure and Cost of Capital [J].

Review of Accounting Studies, 2013, 18 (4): 987 - 1020.

［315］Chi SK. Diversification and Cost Stickiness Behavior ［J］. Management and Information Systems Review, 2012, 31 (4): 539 - 557.

［316］Chiang, Y. -C. , & Wang, C. -D. Corporate International Activities and Cash Holdings ［J］. African Journal of Business Management, 2011, 5 (7): 2992 - 3000.

［317］Childs, P. D. , Mauer, D. C. , Ott, S. H. Interactions of Corporate Financing and Investment Decisions: The Effects of Agency Conflicts ［J］. Journal of Financial Economics, 2005 (76): 667 - 690.

［318］Chitiavi, M. S. , Musiega, M. G. , Alala, O. B. , Musiega, D. , & Maokomba, C. O. Capital Structure and Corporate Governance Practices. Evidence from Listed Non-Financial Firms on Nairobi Securities Exchange Kenya ［J］. Journal of Business and Management, 2013, 10 (2): 8 - 16.

［319］Chowdhury, D. Incentives, Control and Development: Governance in Private and Public Sector with Special Reference to Bangladesh. Dhaka: Viswavidyalay Prakashana Samstha, 2004.

［320］Christensen H B, Nikolaev V V, Wittenberg-Moerman R. Accounting Information in Financial Contracting: The Incomplete Contract Theory Perspective ［J］. Journal of Accounting Research, 2016, 54 (2): 397 - 435.

［321］Chui A C W, Kwok C C Y, Zhou G S. National Culture and the Cost of Debt ［J］. Journal of banking and finance, 2016 (69): 1 - 19.

［322］Claessens, S. , Fan, J. P. H. , 2002. Corporate Governance in Asia: A Survey ［J］. International Review of Finance, 2002 (3): 71 - 103.

［323］Clark, B. The Impact of Financial Flexibility on Capital Structure Decisions: Some Empirical Evidence. Working Paper Available at SSRN 1499497, 2010.

［324］Clausing K A. Multinational Firm Tax Avoidance and Tax Policy ［J］. National Tax Journal, 2009, 62 (4): 703 - 725.

［325］Conyon M J, He L. Executive Compensation and Corporate Governance in China ［J］. Journal of Corporate Finance, 2011, 17 (4): 1158 - 1175.

［326］Cook, D. & Tang, T. Macroeconomic Conditions and Capital Structure Adjustment Speed ［J］. Journal of Corporate Finance, 2010, 16 (1): 73 - 87.

［327］Costello, A. M. & Wittenberg-Moerman, R. The Impact of Financial

Reporting Quality on Debt Contracting: Evidence from Internal Control Weakness Reports [J]. Journal of Accounting Research, 2011 (49): 97 – 136.

[328] Cox, D. F. Risk Taking and Information Handling in Consumer Behavior. In Cox DF (eds). Risk Taking and Information Handling in Consumer Behavior. Harvard University Press: Boston, MA; 1967: 604 – 639.

[329] Cunningham, S. M. The Major Dimensions of Perceived Risk. In Cox DF (eds). Risk Taking and Information Handling in Consumer Behavior. Harvard University Press: Boston, MA. 1967.

[330] Custodio, C., Ferreira, M. A., & Laureano, L. Why are U. S. Firms Using More Short-Term Debt? [J]. Journal of Financial Economics, 2013, 108 (1): 182 – 212.

[331] Damodaran, A. Corporate Finance [M]. New York, NY: John Wiley, 1997.

[332] Dang, V. A., & Garrett, I. On Corporate Capital Structure Adjustments [J]. Finance Research Letters, 2015 (14): 56 – 63.

[333] Dang, V. A., Kim, M., & Shin, Y. Asymmetric Adjustment Toward Optimal Capital Structure: Evidence from a Crisis [J]. International Review of Financial Analysis, 2014 (33): 226 – 242.

[334] Datta S, Doan T, Iskandar-Datta M. Policy Uncertainty and the Maturity Structure of Corporate Debt [J]. Journal of Financial Stability, 2019 (44): 100694.

[335] Datta, S., Iskandar-Datta, M., & Raman, K. Managerial Stock Ownership and the Maturity Structure of Corporate Debt [J]. The Journal of Finance, 2005, 60 (5): 2333 – 2350.

[336] De Jong, A., Kabir, R., & Nguyen, T. T. Capital Structure Around the World: The Roles of Firm-and Country-Specific Determinants [J]. Journal of Banking & Finance, 2008, 32 (9): 1954 – 1969.

[337] DeAngelo H, DeAngelo L, Whited T M. Capital Structure Dynamics and Transitory Debt [J]. Journal of Financial Economics, 2011, 99 (2): 235 – 261.

[338] DeAngelo, H., & Masulis, R. W. Optimal Capital Structure under Corporate and Personal Taxation [J]. Journal of Financial Economics, 1980, 8 (1): 3 – 29.

[339] DeAngelo, L. Auditor Size and Audit Quality [J]. Journal of Ac-

counting and Economics, 1981 (3): 183 – 199.

[340] Deephouse, D. L. Does Isomorphism Legitimate? [J]. Academy of Management Journal, 1996, 39 (4): 1024 – 1039.

[341] Deephouse, D. L. To Be Different, or to Be Same? It's a Question and Theory of Strategic Balance [J]. Strategic Management Journal, 1999, 20 (2): 147 – 166.

[342] Deesomsak, R. , Paudyal, K. and Pescetto, G. Debt Maturity Structure and the 1997 Asian Financial Crisis [J]. Journal of Multinational Financial Management, 2009, 19 (1), 26 – 42.

[343] Delcoure, N. The Determinants of Capital Structure in Transitional Economies [J]. International Review of Economics & Finance, 2007, 16 (3): 400 – 415.

[344] Deloof, Marc and Woutervan Overfelt. Were Modern Capital Structure Theories Valid in Belgium before World War I? [J]. Journal of Business Finance and Accounting, 2008, 35 (3-4): 491 – 515.

[345] Demirguc-Kunt, A. & Maksimovic, V. Funding Growth in Bank Based and Market-Based Financial Systems: Evidence from Firm Level Data [J]. Journal of Financial Economics, 2002 (65): 337 – 363.

[346] Demirguc-Kunt, A. & Maksimovic, V. Law, Finance, and Firm Growth [J]. The Journal of Finance, 1998 (53): 2107 – 2137.

[347] Demirguc-Kunt, A. & Maksimovic. Institutions, Financial Markets and Firm Debt Maturity [J]. Journal of Financial Economics, 1999 (54): 295 – 336.

[348] Demsetz, H. , & Lehn, K. The Structure of Corporate Ownership: Causes and Consequences [J]. Journal of Political Economy, 1985, 93 (6): 1155 – 1177.

[349] Demski, J. & Feitham, G. Economic Incentives in Budgetary Control Systems [J]. The Accounting Review, 1978 (53): 336 – 359.

[350] Deng S E, Elyasiani E, Mao C X. Diversification and the Cost of Debt of Bank Holding Companies [J]. Journal of Banking and Finance, 2007, 31 (8): 2453 – 2473.

[351] Dennis, Steven, Debarshi Nandy, and Ian Sharpe. Determinants of Contract Terms in Bank Revolving Lines of Credit [J]. Journal of Financial and Quantitative Analysis, 2000 (35): 87 – 109.

[352] Desai, Mihir A. , C. Fritz Foley, and James Hines. Dividend Policy inside the Multinational Firm. Financial Management, 2007, 36 (1): 5 - 26.

[353] Dey, A. , Engel, E. , Liu, X. CEO and Board Chair Roles: To Split or not to Split? [J]. Journal of Corporate Finance, 2011 (17): 1595 - 1618.

[354] Dhaliwal D S, Gleason C A, Heitzman S, et al. Auditor Fees and Cost of Debt [J]. Journal of Accounting, Auditing and Finance, 2008, 23 (1): 1 - 22.

[355] Dhaliwal, D. , Hogan, C. , Trezevant, R. , & Wilkins, M. Internal Control Disclosures, Monitoring, and the Cost of Debt [J]. The Accounting Review, 2011, 86 (4): 1131 - 1156.

[356] Dhalla R, Oliver C. Industry Identity in an Oligopolistic Market and Firms' Responses to Institutional Pressures [J]. Organization Studies, 2013, 34 (12): 1803 - 1834.

[357] Diamond D W, Verrecchia R E. Disclosure, Liquidity, and the Cost of Capital [J]. Journal of Finance, 1991, 46 (4): 1325 - 1359.

[358] Diamond, D. W. Debt Maturity Structure and Liquidity Risk [J]. Quarterly Journal of Economics, 1991 (106): 709 - 737.

[359] Diamond, D. W. Reputation Acquisition in Debt Markets [J]. Journal of Political Economy, 1989, 97 (4): 828 - 862.

[360] Diamond, D. W. Seniority and Maturity of Debt Contracts [J]. Journal of Financial Economics, 1993 (33): 341 - 368.

[361] DiMaggio, Paul J. , and Walter W. Powell. The Iron Cage Revisited: Institutional Isomorphism and Collective Rationality in Organizational Fields [J]. American Sociological Review, 1983 (35): 60 - 147.

[362] DiMaggio, P. J, Powell, W. W. The New Institutionalism in Organizational Analysis [M]. University of Chicago Press, Chicago, 1991.

[363] Do T K. Financial Statement Comparability and Corporate Debt Maturity [J]. Finance Research Letters, 2020: 101693.

[364] Dong X, Chan KC, Cui Y, et al. Strategic Deviance and Cash Holdings. [J]. Journal of Business Finance and Accounting, 2020: 1 - 41.

[365] Dong X, Gao J, Sun S L, et al. Doing Extreme by Doing Good [J]. Asia Pacific Journal of Management, 2019 (3): 1 - 25.

[366] Doukas, J. , and C. Pantzalis. Geographic Diversification and Agency

Costs of Debt of Multinational Firms [J]. Journal of Corporate Finance, 2003, 9 (1): 59 –92.

[367] Drobetz, W., Schilling, D. C., & Schröder, H. Heterogeneity in the Speed of Capital Structure Adjustment across Countries and over the Business Cycle [J]. European Financial Management, 2015, 21 (5): 936 –973.

[368] Durnev, A. & H. Kim. To Steal or not to Steal: Firm Attributes, Legal Environment and Valuation [J]. Journal of Finance, 2005 (55): 1461 –1493.

[369] Duru A, Reeb D M. International Diversification and Analysts' Forecast Accuracy and Bias [J]. The Accounting Review, 2002, 77 (2): 415 –433.

[370] Dutta S, Nezlobin A. Information Disclosure, Firm Growth, and the Cost of Capital [J]. Journal of Financial Economics, 2016, 123 (2): 415 –431.

[371] Easley, D. & O'Hara, M. Information and the Cost of Capital [J]. The Journal of Finance, 2004 (59): 1553 –1583.

[372] Eduardo José M enéndez Alonso. The Effect of Firm Diversification on Capital Structure: Evidence from Spanish Firm. Available at SSRN: https://ssrn. com/abstract =250230or http://dx. doi. org/10. 2139/ssrn. 250230.

[373] Eisenhardt, K. M. Agency Theory: An Assessment and Review [J]. Academy of Management Review, 1989, 14 (1): 57 –74.

[374] Elnaggar A O. Tax Reform Act of 1986 Effect on Corporate Capital Structure [D]. University of kentucky, 1996.

[375] Erhemjamts O, Raman K, Shahrur H. Industry Structure and Corporate Debt Maturity [J]. Financial Review, 2010 (45): 627 –657.

[376] Faccio M, Xu J. Taxes and Capital Structure [J]. Journal of Financial and Quantitative Analysis, 2015, 50 (3): 277 –300.

[377] Fama, Eugene F. and Kenneth R. French. Financing Decisions: Who Issues Stock? [J]. Journal of Financial Economics, 2005, 76 (3): 549 –582.

[378] Fama, E., & Jensen, M. Separation of Ownership and Control [J]. Journal of Law and Economics, 1983, 26 (2): 301 –325.

[379] Fama, E. Agency Problems and the Theory of the Firm [J]. Journal of Political Economy, 1980, 88 (2): 288 –307.

[380] Fama, E. F, K. R. French. Common Risk Factors in the Returns on Stocks and Bonds [J]. Journal of Financial Economics, 1993, 33 (1): 3 –56.

[381] Fama, E. F., & French, K. R. Testing Trade-Off and Pecking Order

Predictions about Dividends and Debt [J]. The Review of Financial Studies, 2002, 15 (1): 1 – 33.

[382] Fan, J., Wei, K. C. J., & Xu, X. Corporate Finance and Governance in Emerging Markets: A Selective Review and an Agenda for Future Research [J]. Journal of Corporate Finance, 2011, 17 (2): 207 – 214.

[383] Fan, J. P. H., S. Titman, e G. Twite. An International Comparison of Capital Structure and Debt Maturity Choices [J]. Journal of Financial and Quantitative Analysis, 2012, 47 (1): 23 – 56.

[384] Fang X., Li Y., Xin B., et al. Financial Statement Comparability and Debt Contracting: Evidence from the Syndicated Loan Market [J]. Accounting Horizons, 2016, 30 (2): 277 – 303.

[385] Fatemi, A. M. The Effect of International Diversification on Corporate Financing Policy [J]. Journal of Business Research, 1988, 16 (1): 17 – 30.

[386] Faulkender M, Wang R. Corporate Financial Policy and the Value of Cash [J]. Journal of Finance, 2006, 61 (4): 1957 – 1990.

[387] Faysal S, Salehi M, Moradi M. The Impact of Ownership Structure on the Cost of Equity in Emerging Markets [J]. Management Research Review, 2020, 43 (10): 1221 – 1239.

[388] Feng Y, Huang H, Wang C, et al. Effects of Anti-Takeover Provisions on the Corporate Cost of Debt: Evidence from China [J]. Accounting & Finance, 2020. DOI: 10. 1111/acfi. 12728.

[389] Fernandes N, Gonenc H. Multinationals and Cash Holdings [J]. Journal of Corporate Finance, 2016 (39): 139 – 154.

[390] Finkelstein, S. and Hambrick, D. C. Top-Management-Team Tenure and Organizational Outcomes: The Moderating Role of Managerial Discretion [J]. Administrative Science Quarterly, 1990, 35 (3): 484 – 503.

[391] Flannery M J, Ztekin Z. Firm Operations and Financing: Evidence Based on the Relation between Working-Capital and Financialleverage: SSRN paper, 2020: 1 – 64.

[392] Flannery M J. Asymmetric Information and Risky Debt Maturity Choice [J]. The Journal of Finance, 1986, 41 (1): 19 – 37.

[393] Flannery, M. J., & Rangan, K. P. Partial Adjustment toward Target Capital Structures [J]. Journal of Financial Economics, 2006, 79 (3): 469 – 506.

[394] Florackis, C., & Ozkan, A. Managerial Incentives and Corporate Leverage: Evidence from the United Kingdom [J]. Accounting and finance, 2009, 49 (3): 531 −553.

[395] Francis J, Lafond R, Olsson P, et al. The Market Pricing of Accruals Quality [J]. Journal of Accounting & Economics, 2005, 39 (2): 295 −327.

[396] Francis, J., Nanda, D. and Olsson, P. Voluntary Disclosure, Earnings Quality, and Cost of Capital [J]. Journal of Accounting Research, 2008 (46): 1 −47.

[397] Francis, J. LaFond, R. Olsson, P. and Schipper, K. Costs of Equity and Earnings Attributes [J]. The Accounting Review, 2004, 79 (4): 967 −1010.

[398] Francis, J. R., Khurana, I. K., & Pereira, R. Disclosure Incentives and Effects on Cost of Capital around the World [J]. The Accounting Review, 2005, 80 (4): 1125 −1162.

[399] Franco, F., Urcan, O., & Vasvari, F. P. Corporate Diversification and the Cost of Public Debt: The Role of Segment Disclosures. The Accounting Review, 2016, 91 (7): 1139 −1163.

[400] Frank M Z, Goyal V K. The Effect of Market Conditions on Capital Structure Adjustment [J]. Finance Research Letters, 2004, 1 (1): 47 −55.

[401] Frank, M. Z., & Goyal, V. K. Capital Structure Decisions: Which Factors Are Reliably Important?[J]. Financial Management, 2009, 38 (1): 1 −37.

[402] Frank, M. Z., & Goyal, V. K. Testing the Pecking Order Theory of Capital Structure [J]. Journal of Financial Economics, 2003, 67 (2): 217 −248.

[403] Fu, Xudong and Huang, Minjie and Tang, Tian, CEO Pay Duration and Corporate Debt Maturity Structure, 2019. Available at SSRN: https://ssrn. com/abstract =3404522 or http://dx. doi. org/10. 2139/ssrn. 3404522.

[404] Gajurel, D. P. Macroeconomic Influences on Corporate Capital Structure, 2006. Available at SSRN: http://ssrn. com/abstract = 899049 or http://dx. doi. org/10. 2139/ssrn. 899049.

[405] Galai, D., and R. W. Masulis. The Option Pricing Model and the Risk Factor of Stock [J]. Journal of Financial Economics, 1976 (3): 53 −81.

[406] Ganiyu Y O, Abiodun B Y. The Impact of Corporate Governance on Capital Structure Decision of Nigerian Firms [J]. Research Journal in Organizational Psychology and Educational Studies, 2012, 1 (2): 121 −128.

[407] Gao H, Wang J, Wang Y, et al. Media Coverage and the Cost of Debt [J]. Journal of Financial & Quantitative Analysis, 2020, 55 (2): 429 – 471.

[408] Gao X, Jia Y. The Role of Internal Control in the Equity Issue Market [J]. Journal of Accounting, Auditing and Finance, 2015, 32 (3): 303 – 328.

[409] Gao, H., Li, K., Ma, Y. Stakeholder Orientation and the Cost of Debt: Evidence from a Natural Experiment [J]. Journal of Financial and Quantitative Analysis, 2020: 1 – 37.

[410] Garcia-Teruel, P. J., Martinez-Solano, P., & Sanchez-Ballesta, J. P. Accruals Quality and Debt Maturity Structure [J]. Abacus, 2010, 46 (2): 188 – 210.

[411] García-Teruel, P. J., Martínez-Solano, P., & Sánchez-Ballesta, J. P. Supplier Financing and Earnings Quality [J]. Journal of Business Finance and Accounting, 2014, 41 (9 – 10): 1193 – 1211.

[412] García-Teruel, P. J., Martínez-Solano, P. Ownership Structure and Debt Maturity: New Evidence from Spain [J]. Review of Quantitative Finance and Accounting, 2010 (35): 473 – 491.

[413] Gaspar J, Massa M Idiosyncratic Volatility and Product Market Competition [J]. Journal of Business, 2006, 79 (6): 3125 – 3152.

[414] Gaud, P., Jani, E., Hoesli, M., & Bender, A. The Capital Structure of Swiss Companies: An Empirical Analysis Using Dynamic Panel Data [J]. European Financial Management, 2005, 11 (1): 51 – 69.

[415] Ge, W., Kim, J-B. Real Earnings Management and Cost of Debt. CAAA Annual Conference, 2010.

[416] Geletkanycz M A, Hambrick D C. The External Ties of Top Executives: Implications for Strategic Choice and Performance [J]. Administrative Science Quarterly, 1997, 42 (4): 654 – 681.

[417] Ghoul El S, Guedhami O, Kwok C C Y, et al. Collectivism and the Costs of High Leverage [J]. Journal of Banking & Finance, 2019 (106): 227 – 245.

[418] Ghoul, El S., Guedhami, Omrane and Ni, Yang and Pittman, Jeffrey A. and Saadi, Samir, Does Religion Matter to Equity Pricing? Journal of Business Ethics volume, 2012 (111): 491 – 518.

[419] Ghoul, El S., Guedhami, O., Pittman, J. A. and Rizeanu, S. Cross-Country Evidence on the Importance of Auditor Choice to Corporate Debt Ma-

turity [J]. Contemporary Accounting Research, 2016, 33 (2): 718 – 751.

[420] Giannetti, M. Do Better Institutions Mitigate Agency Problems? Evidence from Corporate Finance Choices. Journal of Financial & Quantitative Analysis, 2003 (38): 185 – 212.

[421] Gilson, R., & Gordon, J. Controlling Controlling Shareholders. University of Pennsylvania Law Review, 2003, 152 (2), 785 – 843.

[422] Givoly D, Hayn C, Ofer A R, et al. Taxes and Capital Structure: Evidence from Firms' Response to the Tax Reform Act of 1986 [J]. Review of Financial Studies, 1992, 5 (2): 331 – 355.

[423] Gomez-Mejia B. Toward a Contingency Theory of Compensation Strategy [J]. Strategic Management Journal, 1987, 8 (2): 169 – 182.

[424] Graham J R, Harvey C R. The Theory and Practice of Corporate Finance: Evidence from the Field [J]. Journal of Financial Economics, 2001, 60 (2): 187 – 243.

[425] Graham J R, Harvey C R. The Theory and Practice of Corporate Finance: Evidence from the Field [J]. Journal of Financial Economics, 2001, 60 (2-3): 187 – 243.

[426] Graham J R. Taxes and Corporate Finance: A Review [J]. Review of Financial Studies, 2003, 16 (4): 1075 – 1129.

[427] Graham, J. R. How Big Are the Tax Benefits of Debt? [J]. Journal of Finance, 2000, 55 (5): 1901 – 1941.

[428] Gu T. U. S. Multinationals and Cash Holdings [J]. Journal of Financial Economics, 2017, 125 (2): 344 – 368.

[429] Guay, W. and Verrecchia, R. E. Conservative Disclosure, Working paper, University of Pennsylvania. 2007. Available at http://papers. ssrn. com/sol3/papers. cfm? abstract_id = 995562.

[430] Guedes, J., Opler, T., 1996. The Determinants of the Maturity of Corporate Debt Issues [J]. Financ, 1996 (51): 1809 – 1833.

[431] Guidara, A., Achek, I., & Dammak, S. Internal Control Weaknesses, Family Ownership and the Cost of Debt: Evidence from the Tunisian Stock Exchange [J]. Journal of African Business, 2016 (17): 148 – 166.

[432] Guiso L, Sapienza P, Zingales L. Does Culture Affect Economic Outcomes? [J]. The journal of economic perspectives, 2006, 20 (2): 23 – 48.

［433］Guiso L, Sapienza P, Zingales L. The Role of Social Capital in Financial Development ［J］. American Economic Review, 2004, 94 (3): 526 –556.

［434］Guney, Y., Li, L., & Fairchild, R. The Relationship between Product Market Competition and Capital Structure in Chinese Listed Firms ［J］. International Review of Financial Analysis, 2011, 20 (1): 41 –51.

［435］Gungoraydinoglu, A., & Öztekin, Ö. Firm and Country-Level Determinants of Corporate Leverage: Some New International Evidence ［J］. Journal of Corporate Finance, 2011, 17 (5): 1457 –1474.

［436］Guo P. Business Strategy and Intra-Industry Information Transfers ［J］. Accounting and Finance Research, 2017, 6 (3).

［437］Gupta A Raman K, Chenguang S. Social Capital and the Cost of Equity ［J］. Journal of Banking & Finance, 2018 (87): 102 –117.

［438］Haan L D, Bie T D. Market Timing and Capital Structure: Evidence for Dutch Firms ［J］. De Economist, 2007, 155 (2): 183 –206.

［439］Habib A, Hasan M M, Faff R. Business Strategies and Annual Report Readability ［J］. Accounting and Finance, 2020 (60): 2513 –2547.

［440］Habib A, Hasan M M. Business Strategy and Labor Investment Efficiency ［J］. International Review of Finance, 2019.

［441］Habib A, Hasan M M. Business Strategy, Overvalued Equities, and Stock Price Crash Risk ［J］. Research in International Business and Finance, 2017.

［442］Hackbarth, Dirk, Jianjun Miao, and Erwan Morellec. Capital Structure, Credit Risk, and Macroeconomic Conditions ［J］. Journal of Financial Economics, 2006, 82 (3): 519 –550.

［443］Halit Gonenc & Daniel J. de Haan. Firm Internationalization and Capital Structure in Developing Countries: The Role of Financial Development, Emerging Markets Finance and Trade, 2014, 50 (2): 169 –189.

［444］Halling M, Yu J, Zechner J. Leverage Dynamics over the Business Cycle ［J］. Journal of Financial Economics, 2012, 122 (1): 21 –41.

［445］Hann, R., M. Ogneva, and O. Ozbas. Corporate Diversification and the Cost of Capital ［J］. Journal of Finance, 2013 (68): 1961 –1999.

［446］Hanousek, J. & Shamshur, A. A Stubborn Persistence: Is the Stability of Leverage Ratios Determined by the Stability of the Economy? ［J］. Journal of

Corporate Finance, 2011, 17 (5): 1360 – 1376.

[447] Harford J, Kai L, Zhao X. Corporate Boards and the Leverage and Debt Maturity Choices [J]. International Journal of Corporate Governance, 2008, 1 (1): 3 – 27.

[448] Haron, R. , & Ibrahim, K. Determinants of Target Capital Structure: Evidence on South East Asia Countries [J]. Journal of Business and Policy Research, 2011, 6 (3): 39 – 61.

[449] Harris M, Raviv A. Corporate Control Contests and Capital Structure [J]. Journal of Financial Economics, 1988, 20 (1-2): 55 – 86.

[450] Harris, M, Raviv A. The Theory of Capital Structure [J]. Journal of Finance, 1991, 46 (1): 297 – 356.

[451] Harris, M. , and Raviv A. Capital Structure and the Informational Role of Debt [J]. Journal of Finance, 1990 (45): 321 – 349.

[452] Hart, O. , & Moore, J. Debt and Seniority: An Analysis of the Role of Hard Claims in Constraining Management. National Bureau of Economic Research Working Paper No. w4886, 1994.

[453] Hart, O. and Moore, J. A Theory of Debt Based on the Inalienability of Human Capital [J]. Quarterly Journal of Economics, 1994 (109): 841 – 879.

[454] Hart, O. D. The Market Mechanism as an Incentive Scheme [J]. The Bell Journal of Economis, 1983 (14): 366 – 382.

[455] Hasan I, Hoi C K, Wu Q, et al. Social Capital and Debt Contracting: Evidence from Bank Loans and Public Bonds [J]. Journal of Financial & Quantitative Analysis, 2017, 52 (3): 1017 – 1047.

[456] Hass L H, Johan S, Schweizer D. Is Corporate Governance in China Related to Performance Persistence? [J]. Journal of Business Ethics, 2016, 134 (4): 575 – 592.

[457] He J, Plumlee M A, Wen H, et al. Voluntary Disclosure, Mandatory Disclosure and the Cost of Capital [J]. Journal of Business Finance and Accounting, 2019, 46 (3 – 4): 307 – 335.

[458] Henderson, B. D. Henderson on Corporate Strategy, Abt Books, Cambridge, Mass, 1979.

[459] Hennessy, C. A. , & Whited, T. M. Debt Dynamics [J]. The Journal of Finance, 2005, 60 (3): 1129 – 1165.

[460] Herbert TT, Deresky H. Generic Strategies: An Empirical Investigation of Typology Validity and Strategy Content [J]. Strategy Management Journal, 1987, 8 (2): 135 –147.

[461] Higgins D, Omer T C, Phillips J D. The Influence of a Firm's Business Strategy on its Tax Aggressiveness [J]. Contemporary Accounting Research, 2015, 32 (2): 674 –702.

[462] Highfield M J. On the Maturity of Incremental Corporate Debt Issues [J]. Quarterly Journal of Finance and Accounting, 2008, 47 (2): 45 –67.

[463] Hoejmose S, Brammer S, Millington A. An Empirical Examination of the Relationship between Business Strategy and Socially Responsible Supply Chain Management [J]. International Journal of Operations & Production Management, 2013, 33 (5): 589 –621.

[464] Hong J. Managerial Compensation Incentives and Corporate Debt Maturity: Evidence from FAS 123R [J]. Journal of Corporate Finance, 2019 (56): 388 –414.

[465] Hooley, G. J. and Saunders, J. Competitive Positioning: The Key to Marketing Strategy [M]. Trowbridge, UK: Prentice-Hall, 1993.

[466] Houqe, Muhammad Nurul and Kerr, Ryan and Monem, Reza M. and van Zijl, Tony, Business Strategy and Earnings Quality: A Cross-Country Study (December 24, 2017). Available at SSRN: https://ssrn. com/abstract = 3092932.

[467] Hovakimian, A. Are Observed Capital Structures Determined by Equity Market Timing? [J]. Journal of Financial and Quantitative Analysis, 2006, 41 (1): 221 –243.

[468] Hribar P, Jenkins N T. The Effect of Accounting Restatements on Earnings Revisions and the Estimated Cost of Capital [J]. Review of Accounting Studies, 2004, 9 (2/3): 337 –356.

[469] Hsieh CC, Ma Z, Novoselov K E. Accounting Conservatism, Business Strategy, and Ambiguity [J]. Accounting, Organizations and Society, 2019 (74): 41 –55.

[470] Huang Ronghong, Kelvin, et al. CEO Overconfidence and Corporate Debt Maturity [J]. Journal of Corporate Finance, 2016 (36): 93 –110.

[471] Huang, R. , & Ritter, J. R. Testing Theories of Capital Structure

and Estimating the Speed of Adjustment [J]. Journal of Financial and Quantitative Analysis, 2009, 44 (2): 237 - 271.

[472] Hussainey, K., & Aljifri, k. Corporate Governance Mechanisms and Capital Structure in UAE [J]. Journal of Applied Accounting Research, 2012, 13 (2): 145 - 160.

[473] Imen K E M, Seboui S. Corporate Diversification and Earnings Management [J]. Review of Accounting & Finance, 2011, 10 (2): 176 - 196.

[474] Imhof M J, Seavey S E, Smith D B. Comparability and Cost of Equity Capital [J]. Accounting Horizons, 2017, 31 (2): 125 - 138.

[475] Indjejikian R J. Accounting Information, Disclosure, and the Cost of Capital [J]. Journal of Accounting Research, 2007, 45 (2): 421 - 426.

[476] Jacoby, J., & Kaplan, L. B. The Components of Perceived Risk [J]. Advances in Consumer Research, 1972, 3 (3): 382 - 383.

[477] James Higgins. Organizational Policy and Strategy Management: Text and Cases [M]. Chicago: Dryden Press, 1983.

[478] Jensen, M., & Meckling, W. Theory of the Firm: Managerial Behavior, Agency Costs, and Ownership Structure [J]. Journal of Financial Economics, 1976, 3 (4): 305 - 360.

[479] Jensen, M. C. Agency Costs of Free Cash Flow, Corporate Finance and Takeovers [J]. American Economic Review, 1986 (76): 323 - 329.

[480] Jia, N. Corporate Innovation Strategy and Stock Price Crash Risk [J]. Journal of Corporate Finance, 2018, 53 (12): 155 - 173.

[481] Jiang G, Lee C M C, Yue H. Tunneling through Intercorporate Loans: The China Experience [J]. Journal of Financial Economics, 2010, 98 (1): 1 - 20.

[482] Jieying Hong. Managerial Compensation Incentives and Corporate Debt Maturity: Evidence from FAS 123R [J]. Journal of Corporate Finance, 2019 (56): 388 - 414.

[483] Jiraporn P, Kim Y S, Mathur I. Does Corporate Diversification Exacerbate or Mitigate Earnings Management?: An Empirical Analysis [J]. International Review of Financial Analysis, 2008, 17 (5): 1087 - 1109.

[484] John, L, Campbell, et al. Financing Constraints and the Cost of Capital: Evidence from the Funding of Corporate Pension Plans [J]. The Review

of Financial Studies, 2012, 25 (3): 868 –912.

[485] John, S, Hughes, et al. Information Asymmetry, Diversification, and Cost of Capital [J]. The Accounting Review 82 (3): 705 –729.

[486] Johnson S A. Debt Maturity and the Effects of Growth Opportunities and Liquidity Risk on Leverage [J]. Review of Financial Studies, 2003 (16): 209 –236.

[487] Jordan, J. , Lowe, J. , Taylor, P. Strategy and Nancial Policy in UK Small Firms [J]. Journal of Business Finance and Accounting, 1998, 25 (1-2): 1 –27.

[488] Juan Manuel García Lara, Beatriz García Osma, Penalva F. Conditional Conservatism and Cost of Capital [J]. Review of Accounting Studies, 2011, 16 (2): 247 –271.

[489] Jung, J. , Herbohn, K. , & Clarkson, P. Carbon Risk, Carbon Risk Awareness and the Cost of Debt Financing [J]. Journal of Business Ethics, 150 (4): 1154 –1171.

[490] Kalafatis S P, Tsogas M H, Blankson C. Positioning Strategies in Business Markets [J]. Journal of Business & Industrial Marketing, 2000, 15 (6): 89 –90.

[491] Kale J R, Loon Y C. Product Market Power and Stock Market Liquidity [J]. Journal of Financial Markets, 2011, 14 (2): 376 –410.

[492] Kale, J. , Noe, T. Risky Debt Maturity Choice in a Sequential Equilibrium [J]. Journal of Financial Research, 1990, 13 (2): 155 –165.

[493] Kane, A. , Marcus, A. J. and McDonald, R. L. Debt Policy and the Rate of Return Premium to Leverage [J]. Journal of Financial and Quantitative Analysis, 1985 (20): 479 –499.

[494] Kaplan S N, Zingales L. Do Investment-Cash Flow Sensitivities Provide Useful Measures of Financing Constraints? [J]. Quarterly Journal of Economics, 1997, 112 (1): 169 –215.

[495] Kaplan, L. B. , Szybillo, G. J. , & Jacoby, J. Components of Perceived Risk in Product Purchase: A cross Validation [J]. Journal of Applied Psychology, 1974, 59 (3): 278 –291.

[496] Karpaviius S, Yu F. The Impact of Interest Rates on Firms' Financing Policies [J]. Journal of Corporate Finance, 2017 (45): 262 –293.

[497] Kayhan, A. , & Titman, S. Firms' Histories and Their Capital Structures [J]. Journal of Financial Economics, 2007, 83 (1): 1 – 32.

[498] Kedia, S. , Mozumdar, A. Foreign Currency Denominated Debt: An Empirical Examination [J]. Journal of Business, 2003, 44 (76): 521 – 546.

[499] Kent, R. A. and Bu, D. The Importance of Cash Flow Disclosure and Cost of Capital [J]. Accounting and Finance, 2020, 80 (4): 877 – 908.

[500] Khedmati M, Lim E K Y, Naiker V, et al. Business Strategy and the Cost of Equity Capital: An Evaluation of Pure versus Hybrid Business Strategies [J]. Journal of Management Accounting Research, 2019, 31 (2): 111 – 141.

[501] Killi A. , Rapp M. , Schmid T. Can Financial Flexibility Explain the Debt Conservatism Puzzle? Cross-Country Evidence from Listed Firms [R]. Working Paper, 2011, Available at SSRN, 1814182.

[502] Kim H. Debt, Maturity, and Corporate Governance: Evidence from Korea [J]. Emerging Markets Finance and Trade, 2015, 51 (3): 3 – 19.

[503] Kim, C. S. , Mauer, D. C and Stohs, M. H. Corporate Debt Maturity Policy and Investor Tax-Timing Options: Theory and Evidence [J]. Financial Management, 1995 (24): 33 – 45.

[504] Kirch, G. , & Terra, P. R. S. Determinants of Corporate Debt Maturity in South America: Do Institutional Quality and Financial Development Matter? [J]. Journal of Corporate Finance, 2012 (18): 980 – 993.

[505] Kling, Gerhard and Lo, Yuen and Murinde, Victor and Volz, Ulrich, Climate Vulnerability and the Cost of Debt (June 18, 2018) . Available at SSRN: https://ssrn. com/abstract = 3198093 or http://dx. doi. org/10. 2139/ssrn. 3198093.

[506] Kling, G. A Theory of Operational Cash-Holding, Endogenous Financial Constraints, and Credit Rationing [J]. European Journal of Finance. 2018 (24): 59 – 75.

[507] Klock, M. S. Mansi, S. A. and Maxwell, W. F. Does Corporate Governance Matter to Bondholders? Working paper, George Washington University, Virginia Tech and University of Arizona, 2004.

[508] Kochhar, R. , and M. A. Hitt. Linking Corporate Strategy to Capital Structure: Diversification Strategy, Type and Source of Financing [J]. Strategic Management Journal, 1998 (19): 601 – 610.

［509］Kong D，Yang X，Liu C，et al. Business Strategy and Firm Efforts on Environmental Protection：Evidence from China ［J］. Business Strategy and the Environment，2020：29.

［510］Korajczyk，R.，& Levy，A. Capital Structure Choice：Macroeconomic Conditions and Financial Constraints ［J］. Journal of Financial Economics，2003，68（1）：75 – 109.

［511］Kotler，P. Marketing Management. Upper Saddle River，NJ：Prentice-Hall，2000.

［512］Kraus，A. and Litzenberger，R. H. A State-Preference Model of Optimal Financial Leverage ［J］. The Journal of Finance，1973，28（4）：911 – 922.

［513］Krishnaswami，S.，Spindt，P.，Subramaniam，V. Information Asymmetry，Monitoring and the Placement Structure of Corporate debt ［J］. Journal of Financial Economics，1999，51（3）：407 – 434.

［514］Kuo，H. C.，Wang，L. H.，& Liu，H. W. Corporate Governance and Capital Structure：Evidence from Taiwan SMEs ［J］. Review of Economics & Finance，2012（2）：43 – 58.

［515］La Porta，R.，Lopez-de-Silanes，F.，Shleifer，A. & Vishny，R. Law and Finance ［J］. Journal of Political Economy，1998（106）：1113 – 1155.

［516］La Porta，R.，Lopez-de-Silanes，F.，Shleifer，A.，Vishny，R. Investor Protection and Corporate Governance ［J］. Journal of Financial Economics，2000（58）：3 – 27

［517］La Rocca，M.，La Rocca，T.，Gerace，D.，and Smark，C. Effect of Diversification on Capital Structure ［J］. Accounting and Finance，2009，49（4）：799 – 826.

［518］Lakdawala A，Moreland T. Monetary Policy and Firm Heterogeneity：The Role of Leverage Since the Financial Crisis ［J］. Social Science Electronic Publishing，10. 2139/ssrn. 3405420.

［519］Learned E，Christensen R，Andrews K，Guth W. Business Policy：Text and Cases ［M］. Irwin：Homewood，IL. 1969.

［520］Leary M T. Bank Loan Supply，Lender Choice，and Corporate Capital Structure ［J］. Journal of Finance，2009，64（3）：1143 – 1185.

［521］Leland，H. E.，Toft，K. B. Optimal Capital Structure，Endogenous Bankruptcy，and the Term Structure of Credit spreads ［J］. Journal of Finance，

1996 (51): 987 −1019.

[522] Lemma, T. T. , Negash, M. , Mlilo, M. , & Lulseged, A. Institutional Ownership, Product Market Competition, and Earnings Management: Some Evidence from International Data [J]. Journal of Business Research, 2018, 90 (9): 151 −163.

[523] Lewellen, W. G. A Pure Financial Rationale for the Conglomerate Merger [J]. Journal of Finance, 1971 (26): 521 −537.

[524] Li X, Luo J, Chan K C. Political Uncertainty and the Cost of Equity Capital [J]. Finance Research Letters, 2018 (26): 215 −222.

[525] Li X, Su D. How Does Economic Policy Uncertainty Affect Corporate Debt Maturity? [M]. IWH Discussion Papers, 2020.

[526] Li Y, Zhang X Y. Impact of Board Gender Composition on Corporate Debt Maturity Structures [J]. European Financial Management, 2019, 25 (5): 1286 −1320.

[527] Li, Xi. Accounting Conservatism and the Cost of Capital: An International Analysis [J]. Journal of Business Finance & Accounting, 2015, 42 (5-6): 555 −582.

[528] Lim, Chu, Yeong, et al. China's "Mercantilist" Government Subsidies, the Cost of Debt and Firm Performance [J]. Journal of Banking and Finance, 2018, 86 (1): 37 −52.

[529] Lim, Edwin, KiaYang, et al. The Influence of Business Strategy on Annual Report Readability [J]. Journal of accounting and public policy, 2018, 37 (1): 65 −81.

[530] Lin F L. Internationalization and Capital Structure of Taiwan Electronic Corporations [J]. International Business Research, 2012, 5 (1): 164 −171.

[531] Lin Y E, Li Y W, Cheng T Y, et al. Corporate Social Responsibility and Investment Efficiency: Does Business Strategy Matter? [J]. International Review of Financial Analysis, 2020, 73 (1): 101585.

[532] Lin, J. W. & Hwang, M. I. Audit Quality, Corporate Governance, and Earnings Management: A Meta-Analysis [J]. International Journal of Auditing, 2010, 14 (1): 57 −77.

[533] Liu C, Kong D. Business Strategy and Sustainable Development: Evidence from China [J]. Business Strategy and the Environment, 2020.

［534］Liu Dongbo, Yu Wang & Changling Sun. Industrial Policy, Corporate Strategic Differences, and Debt Financing Cost ［J］. Asia-Pacific Journal of Accounting & Economics, DOI: 10. 1080/16081625. 2019. 1673195.

［535］Long M, Malitz I. The Investment-Financing Nexus: Some Empirical Evidence ［J］. Midland Corporate Finance Journal, 1985 (3): 53 – 59.

［536］Lopes, A. B. , & de Alencar, R. C. Disclosure and Cost of Equity Capital in Emerging Markets: The Brazilian Case ［J］. The International Journal of Accounting, 2010, 45 (4): 443 – 464.

［537］Lorca C, Sanchez-Ballesta J P, Garcta-Meca E. Board Effectiveness and Cost of Debt ［J］. Journal of Business Ethics, 2011, 100 (4): 613 – 631.

［538］Lowe, J. , A. Naughton and P. Taylor. The Impact of Corporate Strategy on the Capital Structure of Australian Companies ［J］. Managerial and Decision Economics, 1994 (15): 245 – 257.

［539］Luo X, Zheng Q. How Firm Internationalization Is Recognized by Outsiders: The Response of Financial Analysts ［J］. Journal of Business Research, 2018 (90): 87 – 106.

［540］López-Gracia J, R Mestre-Barberá. Tax Effect on Spanish SME Optimum Debt Maturity Structure ［J］. Journal of Business Research, 2011, 64 (6): 649 – 655.

［541］MacKay, P. , & Phillips, G. M. How Does Industry Affect Firm Financial Structure? ［J］. The Review of Financial Studies, 2005, 18 (4): 1433 – 1466.

［542］Magerakis E, Tzelepis D. The Impact of Business Strategy on Corporate Cash Policy ［J］. Journal of Applied Accounting Research, 2020, forthcoming.

［543］Mallette, P. , and Fowler, K. L. Effects of Board Composition and Stock Ownership on the Adoption of Poison Pills ［J］. Academy of Management Journal, 1992, 35 (5): 1010 – 1035.

［544］Mansi S A, Maxwell W F, Miller D P. Does Auditor Quality and Tenure Matter to Investors? Evidence from the Bond Market ［J］. Journal of Accounting Research, 2004, 42 (4): 755 – 793.

［545］Mansi, S. A. , Reeb, D. M. Corporate Diversification: What Gets Discounted? ［J］. Journal of Finance, 2002 (57): 2167 – 2183.

［546］Martinez A L, Ferreira B A. Business Strategy and Tax Aggressiveness in Brazil ［J］. Journal of Strategy and Management, 2019, 12 (4): 522 – 535.

[547] Martins H C, Schiehll E, Terra P R S. Country-Level Governance Quality, Ownership Concentration, and Debt Maturity: A Comparative Study of Brazil and Chile [J]. Corporate Governance: An International Review, 2017 (25): 236 – 54.

[548] Mauri A J, Lin J, Figueiredo J N D. The Influence of Strategic Patterns of Internationalization on the Accuracy and Bias of Earnings Forecasts by Financial Analysts [J]. International Business Review, 2013, 22 (4): 725 – 735.

[549] Mcnulty J E, Akhigbe A. What Do a Bank's Legal Expenses Reveal about Its Internal Controls and Operational Risk? [J]. Journal of Financial Stability, 2016: 181 – 191.

[550] McWilliams, A. , & Siegel, D. Corporate Social Responsibility: A Theory of the Firm Perspective [J]. Academy of Management Review, 2001, 26 (1), 117 – 127.

[551] Meyer J W, Rowan B. Institutionalized Organizations: Formal Structure as Myth and Ceremony [J]. The American Journal of Sociology, 1977, 83 (2): 340 – 363.

[552] Mian, S. L. and C. W. Smith Jr. Accounts Receivable Management Policy: Theory and Evidence [J]. Journal of Finance, 1992, 47 (3): 169 – 200.

[553] Michaelas N, Chittenden F, Poutziouris P. Financial Policy and Capital Structure Choice in UK SMEs: Empirical Evidence from Company Panel Data [J]. Small Business Economics, 1999, 12 (2): 113 – 30.

[554] Michaels, A. , Grüning, M. Relationship of Corporate Social Responsibility Disclosure on Information Asymmetry and the Cost of Capital [J]. Journal of Management Control, 2017 (28): 251 – 274.

[555] Michaely, R. and Vincent, C. Do Institutional Investors Influence Capital Structure Decisions? Johnson School Research Paper Series, 2012.

[556] Miguel, A. , & Pindado, J. Determinants of Capital Structure: New Evidence from Spanish Panel Data [J]. Journal of Corporate Finance, 2001, 7 (1): 77 – 99.

[557] Miles, R. , and C. Snow. Organizational Strategy, Structure, and Process. Stanford, CA: Stanford University Press, 2003.

[558] Miles, R. E. , Snow, C. C. Organizational Strategy, Structure and Process [M]. New York: McGraw-Hill, 1978.

［559］ Miller, D. Configurations of Strategy and Structure: Towards a Synthesis ［J］. Strategic Management Journal, 1986, 7 (3): 233 –249.

［560］ Mimouni K, Temimi A, Goaied M, et al. The Impact of Liquidity on Debt Maturity After a Financial Crisis: Evidence from the Gulf Cooperation Council Region ［J］. Emerging Markets Finance & Trade, 2019, 55 (1-3): 181 –200.

［561］ Minnis, M. The Value of Financial Statement Verification in Debt Financing: Evidence from Private U. S. Firms ［J］. Journal of Accounting Research, 2011, 49 (2): 457 –506.

［562］ Mintzberg H. The Strategy Concept I: Five Ps for Strategy ［J］. California management review, 1987, 30 (1): 11 –24.

［563］ Mintzberg, Henry. Patterns in Strategy Formation ［J］. Management Science, 1978, 24 (9): 934 –948.

［564］ Mintzberg, H. Covert Leadership: Notes ［J］. Harvard Business Review, 1998 (76): 140 –147.

［565］ Mitani, H. Capital Structure and Competitive Position in Product Market ［J］. International Review of Economics & Finance, 2014 (29): 358 –371.

［566］ Mitchell, K. The Debt Maturity Choice: An Empirical Investigation ［J］. Journal of Financial Research, 1993 (16): 309 –320.

［567］ Mittoo, U R, and Z Zhang. The Capital Structure of Multinational Corporations: Canadian Versus U. S. Evidence ［J］. Journal of Corporate Finance, 2008, 14 (5): 706 –720.

［568］ Modigliani, E. F. and Miller, M. H. The Cost of Capital, Corporate Finance and the Theory of Investment ［J］. The American Economist, 1958 (48): 261 –297.

［569］ Modigliani, F. , & Miller, M. H. Corporate Income Taxes and the Cost of Capital-A Correction ［J］. American Economic Review, 1963, 53 (3), 433 –443.

［570］ Morck, R. , Yeung, B. , & Yu, W. The Information Content of Stock Markets: Why do Emerging Markets Have Synchronous Stock Price Movements? ［J］. Journal of Financial Economics, 58 (1-2), 215 –260.

［571］ Morris, J. R. Factors Affecting the Maturity Structure of Corporate Debt ［J］. Working Paper. University of Colorado at Denver, 1992.

［572］ Morris, J. R. On Corporate Debt Maturity Strategies ［J］. Journal of

Finance, 1976 (31): 29 – 37.

[573] Muthama, C., Mbaluka, P., Kalunda, E. An Empirical Analysis of Macro-Economic Influences on Corporate Capital Structure of Listed Companies in Kenya [J]. Journal of Finance and Investment Analysis, 2013, 2 (2): 41 – 62.

[574] Myers S. C. Determinants of Corporate Borrowing [J]. Journal of Financial Economics, 1977, 5 (2), 147 – 175.

[575] Myers, S. C, Rajan R G. The Paradox of Liquidity [J]. Quarterly Journal of Economics, 1998 (113): 733 – 771.

[576] Myers, S. C. and Majluf, N. S. Corporate Financing and Investment Decisions When Firms Have Information that Investors Do Not Have [J]. Journal of Financial Economics, 1984 (13): 187 – 221.

[577] Myers, S. C. Capital Structure [J]. The Journal of Economic Perspectives, 2001 (15): 81 – 102.

[578] Myers, S. C. The Capital Structure Puzzle [J]. The Journal of Finance, 1984, 39 (3), 574 – 592.

[579] Nagarajan, N. J., and S. S. Sridhar. Corporate Responses to Segment-Disclosure Requirements [J]. Journal of Accounting and Economics, 1996 (21): 253 – 275.

[580] Navissi F, Sridharan V, Khedmati M, et al. Business Strategy, O-ver- (Under-) Investment, and Managerial Compensation [J]. Journal of Management Accounting Research, 2017, 29 (2): 63 – 86.

[581] Ni X, Yin S. Shareholder Litigation Rights and the Cost of Debt: Evidence from Derivative Lawsuits [J]. Journal of Corporate Finance, 2018 (48): 169 – 186.

[582] Nieves, Lidia, Díaz-Díaz, et al. Debt Maturity Structure in Private Firms: Does the Family Control Matter? [J]. Journal of Corporate Finance, 2016 (37): 393 – 411.

[583] Oeztekin O, Flannery M J. Institutional Determinants of Capital Structure Adjustment Speeds [J]. Journal of Financial Economics, 2012, 103 (1): 88 – 112.

[584] Ogneva M, Subramanyam K R, Raghunandan K. Internal Control Weakness and Cost of Equity: Evidence from SOX Section 404 Disclosures [J]. The Accounting Review, 2007, 82 (5): 1255 – 1297.

［585］Olibe K O, Rezaee Z, Flagg J, et al. Corporate Diversification, Debt Maturity Structures and Firm Value: The Role of Geographic Segment Data ［J］. The Quarterly Review of Economics and Finance, 2019 (74): 206 – 219.

［586］Ozkan, A. An Empirical Analysis of Corporate Debt Maturity Structure ［J］. European Financial Management, 2000, 6 (2): 197 – 212.

［587］Ozkan, A. Determinants of Capital Structure and Adjustment to Long Run Target: Evidence from UK Company Panel Data ［J］. Journal of Business Finance and Accounting, 2001, 28 (1-2): 175 – 198.

［588］O'brien J P. The Capital Structure Implications of Pursuing a Strategy of Innovation ［J］. Strategic Management Journal, 2003, 24 (5): 415 – 431.

［589］O'brien, P. C. and Bhushan, R. Analyst Following and Institutional Ownership ［J］. Journal of Accounting Research, 1999 (28): 55 – 76.

［590］Paligorova, T., Xu, Z. Complex Ownership and Capital Structure ［J］. Journal of Corporate Finance, 2012 (18): 701 – 716.

［591］Pandey R, Biswas P K, Ali M J, et al. Female Directors on the Board and Cost of Debt: Evidence from Australia ［J］. Accounting & Finance, 2020 (60): 4031 – 4060.

［592］Park Y J, Matkin D S T, Marlowe J. Internal Control Deficiencies and Municipal Borrowing Costs ［J］. Public Budgeting & Finance, 2017, 37 (1): 88 – 111.

［593］Park, C. Monitoring and Structure of Debt Contracts ［J］. Journal of Finance, 2000 (55): 2157 – 2195.

［594］Pathak J. What Determines Capital Structure of Listed Firms in India?: Some Empirical Evidences from The Indian Capital Market: SSRN paper, 2010, 1 – 40.

［595］Pavlou, P A. Consumer Acceptance of Electronic Commerce: Integrating Trust and Risk with the Technology Acceptance Model ［J］. International Journal of Electronic Commerce, 2003, 7 (3): 69 – 103.

［596］Peng, Wu, Lei, et al. Business Strategy, Market Competition and Earnings Management: Evidence from China ［J］. Chinese Management Studies, 2007, 9 (3): 401 – 424.

［597］Penman S, Zhang X J. A Theoretical Analysis Connecting Conservative Accounting to the Cost of Capital ［J］. Journal of Accounting and Economics,

2019，69（1）：101236.

［598］Peter F. Drucker. The Practice of Management ［M］. New York：Harper & Brothers，1954.

［599］Peters E. The Functions of Affect in the Construction of Preferences. In：Lichtenstein S，Slovic P（eds）The construction of preference. Cambridge University Press，New York，2006：454 – 463.

［600］Petersen M A. Estimating Standard Errors in Finance Panel Data Sets：Comparing Approaches ［J］. The review of financial studies，2009（22）：435 – 480.

［601］Petersen M A，Rajan R G. The Efect of Credit Market Competition on Lending Relationships ［J］. Quarterly Journal of Economics，1995（5）：407 – 443.

［602］Pevzner，M. ，Xie，F. ，& Xin，X. When Firms Talk，do Investors Listen？The Role of Trust in Stock Market Reactions to Corporate Earnings Announcements ［J］. Journal of Financial Economics，2015，117（1）：190 – 223.

［603］Pfister H-R，Böhm G. The Multiplicity of Emotions：A Framework of Emotional Functions in Decision Making ［J］. Judgment and Decision Making，2008，3（1）：5 – 17.

［604］Pham，A. V. Political Risk and Cost of Equity：The Mediating Role of Political Connections ［J］. Journal of Corporate Finance，2019（56）：64 – 87.

［605］Pitman，J. A. and Fortin，S. Auditor Choice and the Cost of Debt Capital for Newly Public Firms ［J］. Journal of Accounting and Economics，2004（37）：113 – 136.

［606］Poitevin，M. Financial Signaling and the "Deep Pocket" Argument ［J］. RAND Journal of Economics，1989，20（1）：26 – 40.

［607］Porac，Joseph F. ，Howard Thomas，and Charles Baden-Fuller. Competitive Groups as Cognitive Communities：The Case of Scottish Knitwear Manufacturers ［J］. Journal of Management Studies，1989，26（4）：397 – 416.

［608］Porter M. E. Competitive Advantage Creating and Sustaining Superior Performance ［M］. Free Press，New York，1985.

［609］Porter M. E. Competitive Strategy：Techniques for Analyzing Industries and Competitors ［M］. Free Press，New York，1980.

［610］Porter M. E. What Is Strategy ［J］. Harvard Business Review，1996，74（6）：61 – 78.

［611］Pástor，L'. ，Veronesi，P. Political Uncertainty and Risk Premia

[J]. Journal of Financial Economics, 2013 (110): 520 – 545.

[612] Qi J, Diao W. Diversification Strategy and Stock Price Crash Risk: Evidence from China [J]. International Journal of Business and Management, 2020, 15 (3): 94.

[613] Qi Y, Roth L, Wald J K. Political Rights and the Cost of Debt [J]. Journal of Financial Economics, 2010, 95 (2): 202 – 226.

[614] Rajan R, Winton A. Covenants and Collateral as Incentives to Monitor [J]. Journal of Finance, 2012, 50 (4): 1113 – 1146.

[615] Rajan, R., H. Servaes, and L. Zingales. The Cost of Diversity: The Diversification Discount and Inefficient Investment [J]. Journal of Finance, 2000 (55): 35 – 80.

[616] Rajan, R. G., & Zingales, L. What do We Know about Capital Structure? Some Evidence from International Data [J]. Journal of Finance, 1995, 50 (5): 1421 – 1460.

[617] Reeb, D. M., Mansi, S. A., Allee, J. M., Firm Internationalization and the Cost of Debt Financing: Evidence from Non-Provisional Publicly Traded Debt [J]. Journal of Financial and Quantitative Analysis, 2001 (36): 395 – 414.

[618] Ries, A. and Trout, J. Positioning: The Battle for Your Mind, Warner [M]. NY, 1982.

[619] Roberts G, Yuan L E. Does Institutional Ownership Affect the Cost of Bank Borrowing?[J]. Journal of Economics and Business, 2010, 62 (6): 604 – 626.

[620] Rocca M L, Rocca T L, Cariola A. Capital Structure Decisions During a Firm's Life Cycle [J]. Small Business Economics, 2011, 37 (1): 107 – 130.

[621] Ronda-Pupo G A, Luis Ángel Guerras-Martin. Dynamics of the Evolution of the Strategy Concept 1962 ~ 2008: A Co-Word Analysis [J]. Strategic Management Journal, 2012, 33 (2): 162 – 188.

[622] Ronen, J., & Balchandran, K. Agency Theory: An Approach to Incentive Problems in Management Accounting [J]. Asian Review of Accounting, 1995, 3 (1): 127 – 151.

[623] Roselius, T. Consumer Rankings of Risk Reduction Methods [J]. Journal of Marketing, 1971, 35 (1), 56 – 61.

[624] Ross, S. The Economic Theory of Agency: The Principal's Problem [J]. American Economic Review, 1973, 63 (2): 134 – 139.

［625］ Rusmin, R. Auditor Quality and Earnings Management: Singaporean Evidence ［J］. Managerial Auditing Journal, 2010, 25 (7): 618 – 638.

［626］ Sahbay Ghorghi E, Lari Dashtebayazi M, Amir Mohammad Fakoor Saghih. Auditor Reporting and Audit Fees: The Role of Business Strategies ［J］. Accounting and Auditing Review, 2020, 26 (4): 517 – 543.

［627］ Sarkar, S. Illiquidity Risk, Project Characteristics, and the Optimal Maturity of Corporate Debt ［J］. Journal of Financial Research, 1999 (22): 353 – 370.

［628］ Sassi S, Boubaker S, Chourou L, et al. External Governance and the Cost of Equity Financing ［J］. Journal of Financial Research, 2019, 42 (4): 817 – 865.

［629］ Sbeti W M, Moosa I. Firm-Specific Factors as Determinants of Capital Structure in the Absence of Taxes ［J］. Applied Financial Economics, 2012, 22 (1-3): 209 – 213.

［630］ Scharfstein, D. S. , and J. C. Stein. The Dark Side of Internal Capital Markets: Divisional Rent-Seeking and Inefficient Investment ［J］. Journal of Finance, 2000 (55): 2537 – 2564.

［631］ Scherr F C, Hulburt H M. The Debt Maturity Structure of Small Firms ［J］. Financial Management, 2001 (30): 85 – 111.

［632］ Schmukler S L, Vesperoni E. Financial Globalization and Debt Maturity in Emerging Economies ［J］. Journal of Development Economics, 2006, 79 (1): 183 – 207.

［633］ Schneider, A. & Church, B. K. The Effect of Auditors' Internal Control Opinions on Loan Decisions ［J］. Journal of Accounting and Public Policy, 2008 (27): 1 – 18.

［634］ Schneider, A. , Gramling, A. , Hermanson, D. , & Ye, Z. A Review of Academic Literature on Internal Control Reporting under SOX ［J］. Journal of Accounting Literature, 2009 (28): 1 – 46.

［635］ Schwartz, E. and Aronson, R. Some Surrogate Evidence in Support of the Concept of Optimal Financial Structure ［J］. Journal of Finance, 1967 (22): 10 – 18.

［636］ Scott, Institutions and Organizations: Ideas, Interests, and Identities (4th ed.) Thousand Oaks, CA: Sage Publications, 2014.

［637］ Scott, W. R. Financial Accounting Theory (6th ed.) . Pearson,

Inc, 2012.

[638] Scott, W. R. Institutions and Organizations. SAge, Thousand Oaks, CA, 1995.

[639] Sengupta P. Corporate the Disclosure Quality and Cost of Debt [J]. The Accounting Review, 1998, 73 (4): 459 –474.

[640] Shailer G, Wang K. Government Ownership and the Cost of Debt for Chinese Listed Corporations [J]. Emerging Markets Review, 2015, 22 (3): 1 –17.

[641] Sharfman M P, Fernando C S. Environmental Risk Management and the Cost of Capital [J]. Strategic Management Journal, 2008 (29): 569 –592.

[642] Shaver J M. The Benefits of Geographic Sales Diversification: How Exporting Facilitates Capital Investment [J]. Strategic Management Journal, 2011, 32 (10): 1046 –1060.

[643] Shleifer, A., & Vishny, R. W. A Survey of Corporate Governance [J]. Journal of Finance, 1997, 52 (2), 737 –789.

[644] Showalter, D. Strategic Debt: Evidence in Manufacturing [J]. International Journal of Industrial Organization, 1999, 17 (3), 319 –333.

[645] Shyam-Sunder, L., & C. Myers, S. Testing Static Tradeoff Against Pecking Order Models of Capital Structure [J]. Journal of Financial Economics, 1999, 51 (2): 219 –244.

[646] Shyu Y W, Lee C I. Excess Control Rights and Debt Maturity Structure in Family-Controlled Firms [J]. Corporate Governance an International Review, 2010, 17 (5): 611 –628.

[647] Silva, A. F., & Valle M. R. Análise da Estrutura de Endividamento: Um Estudo Comparativo Entre Empresas Brasileiras e Americanas [J]. Revista de Administração Contemporânea, 2008, 12 (1).

[648] Simerly, R. L., & Li, M. Environmental Dynamism, Capital Structure and Performance: A Theoretical Integration and an Empirical Test [J]. Strategic Management Journal, 2000, 21 (1): 31 –49.

[649] Simons, R. Accounting Control Systems and Business Strategy: An Empirical Analysis [J]. Accounting, Organizations and Society, 1987 (12): 357 –374.

[650] Simpson, W. G., Gleason, A. E., 1999. Board Structure, Ownership, and Financial Distress in Banking Firms [J]. International Review of Eco-

nomics & Finance, 1999 (8): 281 – 292.

[651] Singh, M. , & Nejadmalayeri, A. Internationalization, Capital Structure, and Cost of Capital: Evidence from French Corporations [J]. Journal of Multinational Financial Management, 2004, 14 (2): 153 – 169.

[652] Singh, M. , Davidson, W. N. , & Suchard, J. A. Corporate Diversification Strategies and Capital Structure [J]. The Quarterly Review of Economics and Finance, 2003, 43 (1): 147 – 167.

[653] Slovic P, Finucane ML et al. The Affect Heuristic. In: Gilovich T, Griffin D, Kahneman D (eds) Intuitive judgment: heuristics and biases. Cambridge University Press, New York, 2002: 397 – 420.

[654] Smith, C. W. , and Warner J. B. On Financial Contracting: An Analysis of Bond Covenants [J]. Journal of Business, 1979 (69): 117 – 161.

[655] Smith, M. Shareholder Activism by Institutional Investors: Evidence from CalPERS [J]. Journal of Finance, 1996, 51 (1): 227 – 252.

[656] Song, J. , & Philippatos, G. Have We Resolved Some Critical Issues Related to International Capital Structure? Empirical Evidence from The 3OOECD Countries. Working Paper, University of Tennessee, 2004.

[657] Sorokina, N. Y. Bank Capital and Theory of Capital Structure. Kent State University, 2014.

[658] Steiner, G. A. Management Policy and Strategy: Texts, Readings and Cases [M]. N. Y. : Macmillan Publishing Co. , 1982: 6.

[659] Stiglitz, J. E. and Weiss, A. Credit Rationing in Markets with Imperfect Information [J]. American Economic Review, 1981 (17): 393 – 410.

[660] Stiglitz, J. E. Information and the Change in the Paradigm in Economics [J]. American Economic Review, 2002, 92 (3): 460 – 501.

[661] Stohs, M. H. and D. C. Mauer. The Determinants of Corporate Debt Maturity Structure [J]. Journal of Business, 1996 (69): 279 – 312.

[662] Stulz R M. Financial Structure, Corporate Finance and Economic Growth [J]. International Review of Finance, 2000 (1): 11 – 38.

[663] Stulz R M. Managerial Discretion and Optimal Financing Policies [J]. Journal of Financial Economics, 1990 (26): 3 – 27.

[664] Stulz, R. M. and Johnson, H. An Analysis of Secured Debt [J]. Journal of Financial Economics, 1985, 14 (4): 501 – 521.

[665] Subramaniam V, Wasiuzzaman S. Corporate Diversification and Dividend Policy: Empirical Evidence from Malaysia [J]. Journal of Management and Governance, 2019, 23 (3): 735 – 758.

[666] Suchman, M. C. Managing Legitimacy: Strategic and Institutional Approaches [J]. Academy of Management Review, 1995, 20 (3): 571 – 610.

[667] Suijs J. On the Value Relevance of Asymmetric Financial Reporting Policies [J]. Journal of Accounting Research, 2008, 46 (5): 1297 – 1321.

[668] Suto, M. Capital Structure and Investment Behaviour of Malaysian Firms in the 1990s: A Study of Corporate Governance before the Crisis [J]. Corporate Governance: An International Review, 2003 (11): 25 – 39.

[669] Swanpitak T, Pan X, Suardi S. Family Control and Cost of Debt: Evidence from Thailand [J]. Pacific-Basin Finance Journal, 2020 (62): 101376 – 1 – 101376 – 20.

[670] Sánchez-Ballesta J P & Emma García-Meca. Ownership Structure and the Cost of Debt [J]. European Accounting Review, 2011, 20 (2): 389 – 416.

[671] Talberg M, Winge C, Frydenberg S, et al. Capital Structure Across Industries [J]. International Journal of the Economics of Business, 2008, 15 (2): 181 – 200.

[672] Tang J, Crossan M, Rowe W G. Dominant CEO, Deviant Strategy, and Extreme Performance: The Moderating Role of a Powerful Board [J]. Journal of Management Studies, 2011, 48 (7): 1479 – 1503.

[673] Tang, T. Information Asymmetry and Firms' Credit Market Access: Evidence from Moody's Credit Rating Format Refinements [J]. Journal of Financial Economics, 2009 (93): 325 – 351.

[674] Thomas L, Florian K, Stefan S. The Effect of Internationalization on Firm Capital Structure: A Meta-Analysis and Exploration of Institutional contingencies [J]. International Business Review, 2018 (27): 1238 – 1249.

[675] Tian L, Han L, Zhang S. Business Life Cycle and Capital Structure: Evidence from Chinese Manufacturing Firms [J]. China & World Economy, 2015, 23 (2): 22 – 39.

[676] Titman S. The Effect of Capital Structure on a Firm's Liquidation Decision [J]. Journal of Financial Economics, 1984, 13 (1): 137 – 151.

[677] Titman, S. & Wessels, R. The Determinants of Capital Structure

Choice [J]. The Journal of finance, 1988, 43 (1): 1 – 19.

[678] Tong Z. Firm Diversification and the Value of Corporate Cash Holdings [J]. Journal of Corporate Finance, 2011, 17 (3): 741 – 758.

[679] Tor-Erik Bakke, Tiantian Gu. Diversification and Cash Dynamics [J]. Journal of Financial Economics, 2017 (123): 580 – 601.

[680] Tosun O K, Senbet L W. Does Internal Board Monitoring Affect Debt Maturity? [J]. Review of Quantitative Finance and Accounting volume, 2020 (54): 205 – 245.

[681] Trueman, B., & Titman, S. An Explanation for Accounting Income Smoothing [J]. Journal of Accounting Research, 1988 (26): 127 – 139.

[682] Tsao S M, Lu H T, Keung E C. Internationalization and Auditor Choice [J]. Journal of International Financial Management & Accounting, 2017, 28 (3): 235 – 273.

[683] Valta P. Competition and the Cost of Debt [J]. Journal of Financial Economics, 2012, 105 (3): 661 – 682.

[684] Vicente-Lorente J D. Specificity and Opacity as Resource-Based Determinants of Capital Structure: Evidence for Spanish Manufacturing Firms [J]. Strategic Management Journal, 2001, 22 (2): 157 – 177.

[685] Voutsinas K, Werner R A. Credit Supply and Corporate Capital Structure: Evidence from Japan [J]. International Review of Financial Analysis, 2011, 20 (5): 320 – 334.

[686] Víctor M. González, Alvarez-Botas C. Institutions, Banking Structure and the Cost of Debt: New International Evidence [J]. Accounting and Finance, 2019.

[687] Waisman M, Ye P, Zhu Y. The Effect of Political Uncertainty on the Cost of Corporate Debt [J]. Journal of Financial Stability, 2015 (16): 106 – 117.

[688] Wan, P. Corporate Governance Mechanisms and the Cost of Capital: Evidence from Canadian Firms, Degree of Master of Science in Administration (Finance) at Concordia University Montreal, Quebec, 2015.

[689] Wang C W, Chiu W C, King T H D. Debt Maturity and the Cost of Bank Loans [J]. Journal of Banking & Finance, 2017. S0378426617302546.

[690] Wang Y, Liang S, Kong D, et al. High-speed rail, small city, and cost of debt: Firm-level evidence [J]. Pacific-Basin Finance Journal, 2019, 57:

101194.

[691] Wang Y, N Zhou, Y Gao, et al. Does Organizational Strategy Influence the Design of Equity Incentive Plans? Empirical Evidence from Chinese Listed Companies [J]. China Accounting and Finance Review, 2020, 22 (4): 1 –53.

[692] Watts, R. L. , & Zimmerman, J. L. Agency Problems, Auditing, and the Theory of the Firm: Some Evidence [J]. Journal of Law and Economics, 1983, 26 (3): 613 –634.

[693] Webster FE. The Changing Role of Marketing in the Corporation [J]. Journal of Marketing, 1992 (56): 1 – 17.

[694] Webster, F. E. , Jr. Industrial Marketing Strategy [M]. New York: Wiley. 1991.

[695] Welch, Ivo. Capital Structure and Stock Returns [J]. Journal of Political Economy, 2004 (112): 106 –131.

[696] Widyaningsih, I. U. , Gunardi, A. , Rossi, M. , & Rahmawati, R. Expropriation by the Controlling Shareholders on Firm Value in the Context of Indonesia: Corporate Governance as Moderating Variable [J]. International Journal of Managerial and Financial Accounting, 2017, 9 (4): 322 –337.

[697] Williamson, O. E. Corporate Finance and Corporate Governance [J]. Journal of Finance, 1988 (43): 567591.

[698] Williamson, O. E. The Economic Institutions of Capitalism. New York, NY: Free Press, 1985.

[699] Wilson, R. On the theory of syndicates. Econometrica, 1968, 36 (1): 119 –132.

[700] Wiwattanakantang, Y. An Empirical Study on the Determinants of the Capital Structure of Thai Firms [J]. Pacific-Basin Finance Journal, 1999 (7): 371 –403.

[701] Wolfgang D, Sadok E G, Omrane G, et al. Policy Uncertainty, Investment, and the Cost of Capital [J]. Journal of Financial Stability, 2018 (39): 28 –45.

[702] Wu L Yue H. Corporate Tax, Capital Structure, and the Accessibility of Bank Loans: Evidence from China [J]. Journal of Banking & Finance, 2009, 33 (1): 30 –38.

[703] Wu W, Yang Y, Zhou S. Multinational Firms and Cash Holdings:

Evidence from China [J]. Finance Research Letters, 2017 (20): 184 – 191.

[704] Y Shao, R Hernández, P Liu. Government Intervention and Corporate Policies: Evidence from China [J]. Journal of Business Research, 2015, 68 (6): 1205 – 1215.

[705] Yan S A, Zh B, Chen L C, et al. How does Business Strategy Affect Wage Premium? Evidence from China [J]. Economic Modelling, 2019 (83): 31 – 41.

[706] YE Lin, YW Li, TY Cheng, K Lam. Corporate Social Responsibility and Investment Efficiency: Does Business Strategy Matter? [J]. International Review of Financial Analysis, 2020, 73 (1): 101585.

[707] Ye, K., Guan, J. X., & Zhang, B. Strategic Deviation and Stock Return Synchronicity [J]. Journal of Accounting, Auditing and Finance, 2018.

[708] Yu, U. J., Lee, H. H., & Damhorst, M. L. Exploring Multidimensions of Product Performance Risk in the Online Apparel Shopping Context: Visual, Tactile, and Trial risks. Clothing and Textiles Research, 2012.

[709] Yuan Y, Lu L Y, Tian G, et al. Business Strategy and Corporate Social Responsibility [J]. Journal of Business Ethics, 2020, 162 (2): 359 – 377.

[710] Zeitun R, Temimi A, Mimouni K. Do Financial Crises Alter the Dynamics of Corporate Capital Structure? Evidence from GCC Countries [J]. The Quarterly Review of Economics and Finance, 2017 (63).

[711] Zhang R. Business Strategy, Stock Price Informativeness, and Analyst Coverage Efficiency [J]. Review of Financial Economics, 2021, 39 (1): 27 – 50.

[712] Zheng S. Cancorporate Diversification Induce More Tax Avoidance? [J]. Journal of Multinational Financial Management, 2017 (41).

[713] Zheng, Xiaolan, El Ghoul, Sadok, Guedhami, Omrane, et al. National Culture and Corporate Debt Maturity [J]. Journal of Banking & Finance, 2012, 36 (2): 468 – 488.

[714] Zhong T, Sun F, Zhou H, et al. Business Strategy, State-Owned Equity and Cost Stickiness: Evidence from Chinese Firms [J]. Sustainability, 2020, 12 (5): 1850.

[715] Zhu F. Corporate Governance and the Cost of Capital: An International Study [J]. International Review of Finance, 2014, 14 (3): 393 – 429.

[716] Zimmerman M A, Zeitz G J. Beyond Survival: Achieving New Venture Growth by Building Legitimacy [J]. The Academy of Management Review, 2002, 27 (3): 414.

[717] Zohreh Hajiha. Business Strategy, Material Weaknesses of Internal Controls and Audit Report Delay [J]. Empirical Research in Accounting, 2019, 9 (1): 154 –180.

[718] Ztekin Z, Flannery M J. Institutional Determinants of Capital Structure Adjustment Speeds [J]. Journal of Financial Economics, 2012, 103 (1): 88 –112.

[719] Zwiebel, J. Corporate Conservatism and Relative Compensation [J]. Journal of Political Economy, 1995 (103): 1 –25.

[720] Öztekin, Ö. Capital Structure Decisions around the World: Which Factors Are Reliably Important? [J]. Journal of Financial and Quantitative Analysis, 2013, 50 (3): 301 –323.

后　记

不是在最美的时光遇到了交大，而是在交大才有了最美的时光！

蓦然回首，在北京交通大学走过了八年的求学路。因为对学术的热爱，硕士毕业后虽然有稳定的工作，但我却毅然选择了读博。在经历四年不寻常的考博后，很幸运地被交大收留，成为会计系一名博士生，开始了梦寐以求的博士生活。然而，"在职＋大龄＋基础弱"却是自己不得不面临的现实问题，凭着对学术的热爱，我依然相信有"诗与远方"，不管未来的路是平坦还是崎岖，是风还是雨，我始终相信，风雨之后能见到彩虹；崎岖山路的尽头一定能见到平坦大道。随着匿名评审的返回，得到评审专家的认可后，终于释然了，但是心情却久久不能平静。回想过去的日日夜夜，有太多难忘的瞬间，甚至有的带点苦味，是身边老师、同学、朋友、家人们一次次的鼓励和帮助，才使我能够坚持住，战胜一个又一个困难，得以品尝最后的喜悦。

在博士求学路上，不仅是学习专业知识，更重要的是学习科研方法、锻炼科研思维和培养科研素养。要感谢我的导师周守华教授，当我在苦苦寻找博士大门时，是周守华教授收留了我。自从入学以后老师就鼓励我积极开展科研实践，尽早进行小论文写作与投稿，为后面博士论文选题做准备。老师知识渊博，但是在大论选题时，先不指定题目，而是循循善诱，让我自己先尝试选题，去验证，然后向老师汇报。老师给予指点，并建议找校内外学者进行交流，广泛听取选题建议，等到感觉火候到了，就完成了开题。后来，每逢师门交流活动，老师都关心我论文写作进展，哪怕想法再浅薄，老师总是耐心听取汇报，给予指点和鼓励。即便是在一同开会的途中，老师也拿出休息的时间与我交流。老师的鼓励和点拨如同一盏明灯，当我的研究处于迷茫时，总能照亮我前行的路。最让我感动的是，老师对待科研严谨的态度，每当给老师送去论文，老师总是认真阅读、反复阅读，大到文章逻辑，小到遣词造句，提出完善建议；在对待论文评审意见回复时，老师教会我既要有礼貌，又要有理有据，能修改之处，给出修改说明；值得商榷之处，说出自己的理由；与老师相处，后来才慢慢体会出，老师这样做是在传授我科研方法论，培养我独立开展研究的思维，并在潜移默化中培养我的科研素养。同时，在生活中，在从老师每次跟我们相处的一言一行中、在老师与学者们交往中，学习老师做人的实在和做事的睿智，这些为人处事的智慧无时无刻不在影响我，将爱心传递给师门及身边的人。一日为师，终身为父，师恩无以为报，只能以更踏实的工作回报老师的教导，并向您表达学生内心最诚挚的感谢和衷心的祝福。

感谢博士期间所有给予我指导的老师们。仍清晰地记着，北京交通大学马忠教授给我们上的《实证会计研究方法论》，使我基本掌握了科研方法论和初步形成了实证研究思维；学习程小可教授、郭雪萌教授《财务会计前沿专题》、张立民教授的《审计理论研究前沿专题》和马忠教授《公司治理专题》，使我了解了财务、会计、审计及公司治理研究的主文献、研究理论和研究框架，这些为我后期科研工作的开展奠定了基础。感谢肖翔教授、李远慧教授、张珊珊副教授、童立静博士、欧阳才越博士、张霖琳博士对我学业的关心。感谢张立民教授、崔永梅教授和周绍妮教授对我论文开题的把关与细心指导；感谢张秋生教授、程小可教授和周绍妮教授对我预答辩的帮助，张秋生教授的科研方法论思维的分享让我受益很多，对完善论文研究设计帮助特别大；程小可教授提出的加权资金成本视角和周绍妮教授提出的融资结构的视角丰富了论文中融资行为的研究内涵，并且直接帮助我打通了论文研究逻辑的"任督二脉"，让我切身感受到了交大老师宽广的学术视野和对学生无私的爱心帮助。

感谢中国人民大学叶康涛教授，是在学习叶老师在国内外重要期刊发表的关于"战略差异"经济后果的文章时，使我产生了对战略差异研究的浓厚兴趣，也坚定了我研究企业战略差异融资后果的信念。后来，记得叶老师在我投稿 CJAS 的编辑回信中说，"在研究战略差异与商业信用模式关系时，商业信用也有自己的理论，建议补充"，使我恍然大悟，原来在研究具体问题时，需要用到解释它的理论，而研究财务问题，必然用到财务相关理论，这一领悟直接为后续的研究开展提供了思路。感谢经管学院宋光森老师、杜迎雪老师和原婷老师在博士培养各环节的热情指导和帮助。感谢中央财经大学吴溪教授、孙健教授，曾听过您的实证会计与 Stata 课，使我加深了对当年课堂所学实证会计研究方法论的认识，并初步掌握了 Stata 基本操作命令；感谢对外经济贸易大学钟凯博士对我学习 Stata 的帮助，是他在交大读博士时发给我的 Stata 学习资料，使我熟练了 Stata 操作，成为完成博士论文数据处理及结果呈现的必备工具。

感谢会计学术联盟平台的会计名家、会计学者、青年博士（生）对我学业的关心、支持与帮助。因在 2013 年 5 月 28 日创建会计研究交流 QQ 群（现在会计学术联盟的前身），后来经常举办线上、线下交流，有的甚至已经成为不错的朋友，陪伴我度过读博的时光。感谢厦门大学曲晓辉教授、西南财经大学蔡春教授、暨南大学沈洪涛教授、西安交通大学田高良教授、山东财经大学王爱国教授、中央财经大学袁淳教授、中央财经大学王彦超教授、华南理工大学曾萍教授、对外经济贸易大学郑建明教授、湖南大学丁方飞教授等对我学业的关心；感谢哈尔滨工程大学杨忠海教授、云南财经大学吴昊旻教授、天津财经大学黄宏斌教授、西南财经大学廖林副教授、山东财经大学韩跃副教授、中央财经大学李哲副教授、天津财经大学于博副教授、南京财经大学谭文浩副教授、兰州大学王雷副教授、南昌大学闫焕民副教授、深圳大学顾俊博士、哈尔滨工业大学丁鑫博士、天津财经大学傅绍正博士、西安交通大学伊兴强博士、西安邮电大学王杰博士、南京审计大学赵娜博士对我论文的修改或建议，是大家用集体的力量与智慧拉我上岸。

感谢冯丽艳博士、孟为博士、赵妍博士、夏子航博士、姜永盛博士、李浩举博士、许婴鹏博士、郑伟博士、郭育敏博士，张鹏博士、王逸博士、阿布都博士，在校的日子里我们一起上课、朝夕相处，那段记忆终生难忘。感谢周绍妮博士、张敬峰博士、房小兵博士、王志亮博士、王欣博士、谢东明博士、李英博士、唐勇军博士、马文超博士、金玉娜博士、陶春华博士、吴春雷博士、汪玉兰博士、朱丹博士、谢凡博士、陈珍红博士、孙晓燕博士、谢知非博士、曹雷博士、李怡博士、苏畅博士、刘聪颖博士等同门，师门兄弟姐妹我们一起成长，互相帮助，特别感谢周绍妮师姐对师弟的帮助，无论是入学，还是开题、预答辩等环节，都是师姐在为我操心。感谢张自巧博士、史艳丽博士、崔雯雯博士、彭雯博士、黄琳琳博士、邢春玉博士、李超锋博士、李欣奥博士、王言博士、王中超博士、郑立东博士、杨鸣京博士、孙乾博士，在求学路上有你们的帮助，让我感受到交大会计博士大家庭的温暖。

感谢爹和娘对儿子的爱，为了支持儿的学业，无条件为家庭付出。记得在女儿还在妈妈肚子里时，老娘就来京上岗了，等孩子出生后，爹也一起帮着照看孩子，支持我考博；后来读了博，就支持我读书，担当起接送孩子上幼儿园、上小学的重任；当我在计算机旁写论文时，老娘还经常给儿子倒水、送水果，还要照顾这个已过不惑之年的儿；得知论文送外审，还为孩祈福，外审终于过了，儿可以答辩毕业了，这是送给二老最好的礼物。二老对孩的爱，儿要通过好好工作和生活，来报答你们的大恩大德。

感谢爱人对我学业的支持，自从进入这个家以后，就一起来北京读研了，但也是过着各自住宿舍的漂泊生活，没有给她一个完整的家。研究生毕业后，开始租房住。好不容易工作稳定了，我又要考博，考上了又要读，连考再读好多年过去了，中间经历孩子出生、带孩子，买房及房子装修，是她在为这个小家默默付出，支持我这个"老学生"。感谢女儿对爸爸的理解与支持，女儿在 2011 年 9 月 2 日出生，直到 2013 年考上博士，女儿从肚子里都在见证我的考博之路（去产检我都拿着考博英语单词）。记得是在 8 月 28 日博士生入学报到时，女儿差四天满两周，我骑着电动自行车，孩子被妈妈抱着坐在后面，高高兴兴陪我去上学，还有当时报到现场合影留念，后来还逛了明湖。再到后来上课、外出参加研讨会、在家写论文，陪孩子的时间少之又少，我有愧于女儿，但孩子挺支持的。求学这些年，牺牲了陪伴家人和孩子的时间，之前是孩子和家人陪我上学，以后我要陪孩子上学，陪家人一起成长。

交大陪我走过了美好而难忘的博士求学生涯，我将铭记交大的"知行"校训，传承交大的饮水思源精神，做人不忘根、不忘本。我将从会计前辈那学到的、领悟的宝贵知识和思想，借助会计学术联盟的平台，汇聚众多海内外青年博士，牢记青年博士使命：传播会计前辈思想，引领青年一代成长，传递学术的正能量，造福行业奉献社会。再品交通大学之名，我更是体会出，人的一生需要"广交朋友"，才能"通达天下"；我始终相信一个人可以走得快，但一群人可以走得更远，爱心将成为一个人，乃至一群人发展不竭的动力。我将与财会界的朋友们一起，借助会计学术联盟的平台，不忘青年博士的初心：因缘分相聚，因互助成长，因智慧光华。

在北京交通大学的求学生涯的结束意味着我人生新的开始，知行合一，广交朋友，通达天下，与有缘人共勉！

李高波

2023 年 10 月